幼儿园情境音乐教学法

魏勇刚　杨　丹　著

西南大学出版社
SWUP
国家一级出版社　全国百佳图书出版单位

图书在版编目(CIP)数据

幼儿园情境音乐教学法 / 魏勇刚, 杨丹著. -- 重庆 : 西南大学出版社, 2024. 8. -- ISBN 978-7-5697-2477-6

Ⅰ. G613.5

中国国家版本馆CIP数据核字第2024NQ2860号

幼儿园情境音乐教学法

YOU'ERYUAN QINGJING YINYUE JIAOXUEFA

魏勇刚　杨　丹　著

责任编辑：符华婷
特约编辑：张泽昊
责任校对：王　宁
装帧设计：散点设计
排　　版：李　燕
出版发行：西南大学出版社（原西南师范大学出版社）
地址：重庆市北碚区天生路2号
邮编：400715
经　　销：新华书店
印　　刷：重庆紫石东南印务有限公司
成品尺寸：185 mm×260 mm
印　　张：25
字　　数：532千字
版　　次：2024年8月　第1版
印　　次：2024年8月　第1次
书　　号：ISBN 978-7-5697-2477-6
定　　价：68.00元

作者简介

ABOUT THE AUTHOR

◆魏勇刚

魏勇刚，博士，教授，博士研究生导师。重庆师范大学教育科学学院副院长，重庆幼儿师范学院副院长，重庆特殊教育学院副院长，重庆市学前教育质量监测与评估研究中心主任。教育部首批国家级职教团队培训基地（幼儿保育与学前教育）首席专家，中国学前教育研究会理事及学前教育教师发展专业委员会委员，重庆市教育学会幼儿教育专业委员会常务理事及学术委员会副主任。入选教育部课程思政教学名师，教育部国培专家库专家，重庆市高校优秀人才支持计划，重庆市社会科学普及专家。主持全国教育科学规划国家一般项目、教育部教师队伍建设示范项目等国家级和省部级教学科研课题 20 余项，在《心理学报》《学前教育研究》、*Journal of Computer Assisted Learning*、*Education and Information Technologies* 等刊物发表论文近 100 篇，主编国家规划教材 1 部，出版学术译著 1 部，获国家级教学成果奖 2 项，重庆市教学成果奖 4 项，重庆市社会科学优秀成果奖 1 项，重庆市发展研究奖 1 项。

◆杨　丹

杨丹，宝鸡文理学院、重庆文化艺术职业学院等多所院校特聘讲师，重庆市学前教育质量监测与评估研究中心研究员，中国音乐家协会会员，墨尔本国际音乐比赛优秀指导教师，中新国际音乐比赛优秀指导教师。深耕音乐教育 13 年，达斯夫音乐教育联合创立者，同时在全国多家教育机构及推广中心、幼儿园担任音乐课程策划总监，为儿童及学龄前幼儿专项开发音乐艺术启蒙课程，指导多位音乐教师参赛获得教学一等奖。多次参加德国、美国、奥地利、加拿大等音乐专家在全国各地举办的音乐教育教学课程学习与研讨。曾多次被“全国幼儿园音乐教育”论坛、云南教育界培训者培训论坛等邀请为主讲专家。曾先后在北京、宁夏、陕西、四川、上海、山东、重庆等 13 个省（自治区、直辖市）进行师资培训及公开课演讲。其风格创新、生动活泼的教学特色得到了国内外专家同行的认可与赞赏。

前言

PREFACE

《幼儿园教育指导纲要（试行）》和《3～6岁儿童学习与发展指南》将幼儿园教育活动分为了五个领域，分别是健康领域、语言领域、社会领域、科学领域、艺术领域，并强调这五个领域的教育活动应当相互联系和相互渗透。艺术领域的音乐教育活动除了能发挥其本身的音乐教育功能之外，还能为各领域的相互融合、彼此渗透起到桥梁作用。2020年，中共中央办公厅、国务院办公厅印发了《关于全面加强和改进新时代学校美育工作的意见》。2023年，教育部印发了《关于全面实施学校美育浸润行动的通知》。一系列政策文件的出台，彰显了学校美育工作在立德树人中的重要地位，也为新时代学校美育工作指明了新的方向。作为幼儿园美育工作内容之一的音乐教育活动，既能让幼儿学习并掌握音乐知识，又能让幼儿感受美、理解美、欣赏美、创造美，进而促进幼儿音乐素养的启蒙与发展。

然而，音乐教育往往是幼儿园美育工作的难点。幼儿园教师在实施音乐教育活动中面临诸多问题，主要表现在以下方面。第一，幼儿园教师的自身音乐能力和素养有待提升，教师能够组织音乐活动，但是音乐活动的教学效果与幼儿参与活动的体验效果不太理想。第二，在音乐活动目标的设定上存在顾此失彼的现象，有的只注重幼儿音乐学习的认知目标，忽略了技能目标和情感目标；或者只注重幼儿学习的技能目标，忽略情感目标和认知目标。第三，教师为了准备一场优质的音乐教育活动，常常面临音乐情境创设难、找适合幼儿年龄特点的音乐难、音乐活动编排难等现实困难。

为响应国家关于学校美育工作的政策要求，针对目前幼儿园组织实施音乐教育活动面临的困境，经过多年的理论创新与实践探索，我们生成了一套独具特色的情境音乐教学法（Situational Music Teaching Approach，SMTA）。该教学法是将音乐学科知识与幼儿教育学知识相结合，使幼儿在情境游戏中感受音乐、欣赏音乐、表达与创造音乐的一种教学方法，目的在于帮助幼儿园和幼儿园教师开展高质量的音乐教育活动，以促进幼儿音乐能力和音乐素养提升。它具体包含了立体感知、具身融入、自主探索、多元展现四个环节。与之对应，我们设计了A-I-E-P四步教学模式：感知（Apperceive）- 融入（Involve）- 探索（Explore）- 展现（Perform）。此教学法根据PCK（Pedagogical Content Knowledge）教育理念，将音乐学科知识、学前教育知识、儿童发展知识高度融合，实现幼儿在音乐情境中进行游戏学习，然后通过游戏学习得到身心和谐发展。我们创生的这套情境音乐教学法具有情景性、游戏性、生成性、可视化这四个显著特点。

传统意义而言，幼儿园音乐活动主要分为四种类型，分别是律动活动、打击乐活动、歌唱活动、音乐欣赏活动，每种活动的教学目标和内容都有所不同。情境音乐教学法作为一种具有独特操作性的教学方法，除了实现这四种类型的音乐教育活动各自的教育功能之外，还可以贯穿在不同类型的音乐教育活动中，甚至可以与其他领域活动相互融合，让幼儿在一个情境游戏中去感受音乐、认识音乐、理解音乐，达到寓教于乐与学科整合的教育效果。

本书在对音乐教育活动中的律动活动、打击乐活动、歌唱活动和音乐欣赏活动的基本概念论述基础之上，为了增加活动的趣味性、教育性、可视化，提出将情境音乐教学法作为设计和实施音乐教学活动的主要教学方法的构想，并提供了丰富的可以借鉴的教学案例，能够帮助幼儿园教师梳理音乐教育教学活动从设计到实施的整个流程，以及如何让幼儿在有趣的情境游戏中得到综合能力的发展。作为一种教学法理念和实践操作模式，情境音乐教学法可以贯穿于各级各类教育中进行设计和实施，包括幼儿园音乐教育、中小学音乐教育，乃至高校学前教育专业的音乐教育活动的设计与实施。

本教学法在实践探索过程中，得到了陆军军医大学校直幼儿园、重庆市渝中区区级机关幼儿园、重庆市大足区实验幼儿园、重庆市潼南区实验幼儿园、重庆市永川区红星幼儿园、重庆市长寿区示范幼儿园、四川省新城世纪幼儿园、北京市爱蕾幼儿园、北京市金典艺术幼儿园、为明幼儿园、陕西省瑞恩幼儿园、云南省金诺幼儿园等幼儿园的大力支持。本书第七章由重庆师范大学教育科学学院周巧副教授与陈市娇、张梦宇、刘思佳、杜强、苏宇程等人合作撰写完成。在此，对所有关心、支持和帮助本教学法创新与实践的各界同仁一并致谢。

目录 / CONTENTS

●附录

第一章

幼儿园情境音乐教学法概论

第一节 幼儿园情境音乐教学法的时代意蕴

一 幼儿园情境音乐教学法的问题指向

(一)幼儿园教师的音乐素养不足

在认知层面上,幼儿园教师虽然认同在音乐教学活动中要注重幼儿的感受和表现,但是在幼儿园音乐教育的具体实践中又时常会忽略幼儿的创造力和想象力等核心素养发展,在活动过程中只是让幼儿通过反复地练习单一的技能或者机械动作掌握音乐教学目标。或者,幼儿园教师虽然鼓励幼儿进行创造,但在最终的教学过程中并没有真正地将幼儿创编的元素纳入到教学过程中或者教学效果的显现中,而是让幼儿去复刻自己已经预设好的教学情境。

同时,幼儿园教师还缺乏一定的音乐理论知识和实操技能。由于大部分教师缺乏乐器与配器的知识,且无法准确地听出乐曲的节拍节奏,感知乐曲结构,所以无法正确地分析出乐曲的织体、配器、和声等要素,从而无法准确地分析音乐。因此,教师在设计音乐教学活动时就会分析不透音乐,从而无法科学地设计音乐活动教案的情况。

(二)幼儿园教师难以把握幼儿音乐学习特点

幼儿喜欢利用身体通过舞动、摇摆、拍打等形式去感知音乐的旋律和节奏,因此需要教师引导幼儿在音乐的旋律和节奏下进行身体动作的配合。但是大多数教师不了解幼儿音乐学习的特点和规律，导致在设计音乐教学活动时出现教学活动过于轻松或过于困难的情况。例如，由于幼儿的肌肉还在发展中，幼儿的身体动作协调性和灵活性相对较弱，因此教师在选择动作时节拍频率不宜过快，通常为两拍或四拍一换。

音乐教育活动共有律动活动、打击乐活动、歌唱活动和音乐欣赏活动四种类型。每个活动都有它本身的学习难点，需要教师对活动中可能面临的困难做好预判。因此，对于新手型老师来说，针对幼儿的音乐学习特点和学习困难的情况，设计和组织音乐教学活动显得更具有挑战性。

（三）幼儿园教师掌握音乐PCK不充分

近年来，随着PCK（Pedagogical Content Knowledge，即学科教学知识）教育理念研究的不断深入，研究所涉及的领域和学科日益广泛。但是在这样的研究发展趋势和背景下，有关艺术学科的PCK的研究仍然很少。虽然幼儿园也在努力尝试在各个领域使用PCK的教学理念，但大多数研究表明，幼儿园各领域PCK水平表现不一，仍有很大的进步空间。学者刘思敏初步提出并搭建幼儿园音乐领域教学知识的框架，形成了一个金字塔结构，从底部到顶端依次包含了音乐活动目标统领性知识、特定音乐作品学与教的知识、情境知识和音乐PCK①。学者王佳佳认为，目前幼儿园教师在音乐领域教学知识上存在的问题是教师缺失音乐教学情境知识。②由此可见，有关幼儿音乐PCK的研究少，导致幼儿园教师没有足够扎实的理论基础去推动幼儿音乐教育实践，导致幼儿园教师在设计和实施音乐领域教学活动时出现不知道教什么、怎样教的困境。

（四）幼儿园教师没有树立正确的幼儿音乐教育观

幼儿园教师对幼儿园音乐活动的目的和意义存在误区。一种是认为将预设好的音乐知识和技能传授给幼儿，让幼儿死板地掌握知识和技能，在这样的教学过程中忽略了幼儿欣赏美和感受美的能力，一定程度上限制了幼儿的想象力和创造力。另一种是让幼儿在音乐活动中一味地自我感受，没有为幼儿创设一定的教育情境，只重视幼儿在活动中的情绪体验，认为只要幼儿玩得开心就可以了，而忽视了音乐活动本身也是一场教育性活动，忽视了其本身的教育功能。

二　幼儿园情境音乐教学法的理念取向

音乐在人的生命中有着重要的作用。作为一门听觉的艺术，它不仅能够让人通过聆

①刘思敏.幼儿园教师音乐学科教学知识（PCK）研究[D].金华：浙江师范大学，2014.

②王佳佳.幼儿教育音乐领域教育知识存在的问题及对策研究——以滨州市为例[D].南充：西华师范大学，2015.

听和感受音乐去缓解生活中的焦虑和难过，体验音乐带来的轻松与愉悦，而且还能成为一种抒发情感和情绪的工具。但是，音乐除了是一门艺术以外，其对教育也发挥着重要的作用。人们通过聆听音乐，能够不断地提高听的能力，能够更灵敏地感知音高、音色、节奏等。音乐教育作为幼儿园艺术领域的活动，对幼儿想象力、表达力、创造力、社会性等的综合发展都具有举足轻重的作用。但音乐教育一直以来都是幼儿园教育活动设计与实施的短板。由此，我们基于幼儿园音乐教育存在的困境与幼儿园音乐教育的意义，在PCK教学理念的基础上，提出了该情境音乐教学法。

情境音乐教学法是在PCK教育理念的基础上经过创新实践而生成的一种教学方法。PCK是学科教学知识的简称，是指教育学知识和学科知识交融后产生的知识。这个理论最早是由美国教育家舒尔曼于1985年提出的。PCK教育理念中涉及有三个重要内容：学科本身的知识，学习者已有的知识和经验，教学方法中的知识。PCK有三个突出特征。第一，教学任务的设立是基于学生本身的认知水平出发，将学生需要学习的内容转化为学生可以理解学习的内容。第二，强调学科内容中包含的知识与学习者已有的知识和经验，与教学方法中的知识应是紧密联系的，这三者关系形成一个相互影响不断相互转化的三角形结构。第三，其教育理念是以学习对象为一切教学活动组织的起点，而非将学科本身的知识作为活动组织和实施的起点。

幼儿园教育本身存在特殊性，它与中小学教育在教学方法、教学目标的设定上存在不同。《幼儿园教育指导纲要（试行）》指出，幼儿以游戏为基本活动。因此，在音乐活动的教学方法上，幼儿园教育必然与中小学教育不同。幼儿园的教育活动中将“寓教于乐”的教学方式看得尤为重要。在音乐活动的教学目标上，幼儿园也与中小学教育不同。它并不要求幼儿在教学活动中要机械地掌握音乐知识与技能，而它更加关注的是教师是否从幼儿的身心发展特点出发，选定适合幼儿的音乐知识和幼儿喜欢的教学方式，让幼儿在音乐教学活动中感受音乐带来的快乐。

由此可见，幼儿园的教育活动组织方式与PCK教育理念观点有相同点，即都要求从幼儿的已有认知水平出发去设计和实施教学活动。幼儿园教师音乐PCK可以界定为幼儿园教师在特定的音乐教学活动情境中，从幼儿已有的知识经验和认知水平出发，将本身抽象、难以理解的音乐学科知识通过适合幼儿的教学方法让幼儿能够更加轻松地理解学科知识。在这个知识经验形成的过程中，包括了教师对音乐学科知识、幼儿教育学和心理学知识和教育方法知识的融合。幼儿园教师音乐PCK水平高低的关键并不在于对音乐学科知识的掌握多少，更多的是在于幼儿园教师知道教什么、怎样教。

情境音乐教学法能够辅助幼儿园教师音乐PCK水平的提升，这是因为情境性教学法本身就是从学习者的身心发展的特点出发选择适合学习的教学内容，帮助教师明确了“教什么”的难点。情境性教学法还有一个特点就是为了实现或达到某个教育目标，从而创设一个特定的学习情境，让学习者在一种特定的情境中轻松愉快地学习和掌握知识和技能，帮助教师解决了“怎样教”的难点。此外，幼儿的想象力发展的特点之一是从单纯地再造性想象向创造性想象生发，这决定了幼儿想象力发展的初期是需要教师或者家长辅助提供给幼儿想象的材料。而在音乐活动中，则需要教师为培养幼儿的想象力而创设一定的情境。这既符合幼儿的能力水平特点，也能够增加活动的趣味性，让幼儿在愉悦的音乐活动中收获音乐知识，感受音乐的美，实现“寓教于乐”的教学思想。

三　幼儿园情境音乐教学法的实践价值

首先，创设有趣的情境可以让幼儿更好地理解音乐的内涵，感知同一首音乐不同部分的差别。我们将音乐与游戏情境相互融合，让幼儿在丰富的游戏情境中去感受和学习音乐，能够让幼儿在一种自主、自愿、愉悦的活动中去学习，增加幼儿参与活动的积极性。

其次，情境音乐教学法为幼儿提供了广阔的想象空间。教师在音乐教学活动中起到的是辅助和引导的作用，辅助幼儿搭建一个有趣的音乐情境，引导和鼓励幼儿创编动作，来表达自己对音乐的认识和理解，充分尊重幼儿的主体性，同时激发和培养了幼儿的想象力、创造力和表达能力。

最后，情境性音乐教学法为幼儿社会性发展提供了一定的平台。人是具有社会属性的生物。幼儿在随着年龄、能力的发展，以及周围环境的不断变化影响下，也在不断地发展着自己的社会性。情境音乐教学的特点就是要创设一个特定的情境，而我们创设的情境也是依据一定的社会属性建立的。例如《猫小弟与嘟嘟熊》，猫小弟与嘟嘟熊一起玩捉迷藏的游戏，从社会性发展的角度来看，可以潜移默化地影响幼儿社会能力中的交往能力的发展。

第二节 幼儿园情境音乐教学法的国际借鉴

幼儿音乐教育是幼儿园艺术教育活动中不可或缺的一个部分。它承担着发展幼儿感受美、欣赏美和创造美的重要作用，是培养幼儿审美能力的重要组成部分，也是对幼儿进行审美素质教育的重要途径。自改革开放以来，我国音乐教育开始不断地向完备的音乐教育体系发展，音乐教育观念不断成熟、教育内容日趋合理、教学模式日益更新、教学方法日渐丰富。在这个不断成长和发展的过程中，我们深受奥尔夫音乐教育、柯达伊音乐教育和达尔克罗兹音乐教育这三大国际音乐教学法的启发，不断在学习和借鉴中尝试打造适合我国国情的本土化音乐教学法。

一 奥尔夫音乐教学法

(一)奥尔夫音乐教学法的基本原理

奥尔夫音乐教学法是一种强调“原本性”的音乐教育，其“原本性”可以从两个方面去理解。首先，从教育思想和理念上看，奥尔夫音乐教学法，强调遵循幼儿的身心发展规律特点，这是尊重幼儿生理的“原本”。它还强调幼儿要亲自参与音乐活动，在音乐活动中得到发展，这是遵循教育应是以幼儿为主体的教育理念，这是从心理上的“原本”。其次，从奥尔夫音乐本身来看，原本的音乐是指贴近自然、生活的，适用于任何人学习和体验的音乐，重视幼儿参与的过程而非结果，真正感受音乐本身的魅力。

因此，奥尔夫音乐教学法是一种以幼儿的身心发展特点和兴趣为本，通过为幼儿营造轻松愉悦的教学氛围环境，将艺术作为教学手段，正确引导和鼓励积极参与活动，潜移默化地影响幼儿的音乐认知和技能，并通过教学活动发展幼儿创造力、合作能力等的音乐教学方法。

（二）奥尔夫音乐教学法的主要特点

1.原本性

奥尔夫认为，幼儿才是音乐教育活动的主体，音乐教育应当是幼儿亲自参与的，幼儿不仅是音乐活动的观众，还是音乐活动的演奏家，幼儿在活动过程中通过自身对音乐的感知，会自由发挥和创造动作等来流露自己本身的情感。例如，他们往往会出现随着音乐哼唱、随意舞动、拍打物品来伴奏的行为来体会音乐最本身的魅力。奥尔夫音乐教学法中突出强调了简单的节奏训练，在音乐素材和教学形式上，选择最基本的节奏要素，并反复地采用最简单的节奏型，选择幼儿易唱的五声音阶，让身体本身作为“人体乐器”进行合奏。

2.综合性

奥尔夫音乐又被称为“元素性音乐”。所谓“元素性”是指自然原始的素材、人的身体本原、自然而然生成的音乐。其中自然原始的素材即指音乐中的节奏、语言、体感。他认为节奏是一切音乐的基础元素，不同的歌曲有不同的旋律，但是不同的歌可以打出同样的节奏型。语言是音乐的根，对幼儿诗歌、歌词进行朗诵和哼唱时是带有旋律与节奏的。他认为人体是最好的器乐，从人本身的自然性为出发点，不断地通过拍打身体、踏脚、捻指等动作激发人体内的音乐性。因此，音乐活动不只是与音乐有关，而是利用合理且多样的身体动作语言来表现音乐自然的韵律节奏，并与音乐课堂相结合的一种综合性的艺术活动组织方式。

3.创造性

奥尔夫认为音乐教学应从即兴开始，幼儿应当参与到课堂中，通过自己动手、动脚、唱歌，将自身真实的情绪情感通过即兴的表演创作抒发出来，从而激发幼儿内在强大的音乐创作潜能。

二　柯达伊音乐教学法

（一）柯达伊音乐教学法的基本原理

柯达伊音乐教学法是当代世界音乐教学中广泛应用和实践的音乐教育体系之一。柯达伊在音乐教育思想和音乐教学法上都具有其自身的特点。第一，从教育思想和理念上看，柯达伊音乐教学法重视早期教育、音乐普及教育和民族音乐发展。柯达伊认为歌唱是每个人都有的权利，因此音乐属于每一个人，音乐教育是为了帮助人们形成一个良好的人格，从而达到促进社会发展的目的。并且，柯达伊尤为重视民族音乐。他认为不同音乐的背后有着不同的民族风格，发扬和发展音乐，实质上也是在延续和发展本民族的音乐。第二，从教学上来看，柯达伊重视歌唱训练，从幼儿的身心发展特点与兴趣出发，选择适合幼儿的音乐素材，将歌唱游戏与歌曲合理地融合在一起，利用多样化的教学手段来组织和实施音乐教学活动。柯达伊的教学手段在传统的音乐教学手段上实现了突破，现在也深受世界各国的音乐教师喜爱，包括首调唱名法、节奏读法、科尔文手势和字母谱等。

(二)柯达伊音乐教学法的主要特点

1.普及性

柯达伊音乐教学法是面向全体人民的。他认为音乐不是单个人创造的，而是整个国家一起同创造的，音乐属于公共财产，每个人都有享受音乐的权利，音乐能给人带来无穷的精神力量。因此，柯达伊认为音乐教育应当从幼儿园就开始。3—7岁是幼儿个性形成的关键期，音乐在幼儿形成良好的性格上有着巨大的影响作用。他坚信音乐对人的一生发展都有着不可替代的作用，它不仅能够发展人的听觉，还能够塑造人的人格，让人能够在音乐中发现美、感受美、创造美，感受音乐给人身心带来的快乐。

2.民族性

重视民族音乐是柯达伊音乐教学法的重要特点。他认为音乐有着延续和发展本民族传统文化的重要意义，因此音乐教育应当重视民族音乐，选取音乐素材时要以民间音乐为主，这样可以在潜移默化中影响幼儿对民族音乐的认识。通过歌唱游戏等激发幼儿对民族音乐的兴趣，在音乐活动中不断地加强对本民族文化的认识和自信心，这样更有利于延续和传承本民族的文化。

三 达尔克罗兹音乐教学法

(一)达尔克罗兹音乐教学法的基本原理

达尔克罗兹音乐教学法是将体态律动、视唱练耳和即兴创作有机结合的，将身体、音乐和情感融为一体应用到教学中的一种教学方法。体态律动是指人在聆听音乐的同时，大脑本能地会对听到的音乐给出一定的感受和反应，并通过控制身体动作来迅速表现音乐。视唱练耳是一种利用视觉和听觉来帮助学习者练习唱歌和演奏乐器的发展学习者音乐能力、专注力的一种教学方法。达尔克罗兹认为，视唱练耳要与体态律动相结合，利用身体动作来呈现音乐的音阶、音程和旋律等，形成一种特殊的身体乐谱，从而培养学习者的音乐能力。即兴创作是指学习者在感受音乐时，会自发地将自己已有的音乐知识经验与音乐相结合，通过富有想象力的方式对音乐进行创造。由此，不断地促进学习者运动觉与内心听觉的发展，促进思维与内心情感的协调。

（二）达尔克罗兹音乐教学法的主要特点

1.情感反映

达尔克罗兹认为音乐源自于人的内心情感，身体的律动可以唤醒人的音乐直觉。达尔克罗兹音乐教学法可以调动人的运动觉与内心听觉，让人通过聆听音乐，将人内在的情感通过创造音乐和即兴的身体动作表现出来。

2.相互渗透

达尔克罗兹认为，节奏是音乐中必须存在的表现要素，无论是无意识的身体机能跳动，如心脏、脉搏的跳动，还是人有意识的行走、跑步、跳远等，都是节奏律动的表现。而人只有伴随音乐利用身体动作才能真正地体验和表达音乐。达尔克罗兹还在体态律动上与视唱练耳相结合，其主要的目的是学习音阶、调式、旋律等，让人在一种轻松愉悦的音乐游戏氛围中理解和提升音乐素养。即兴创造也是与体态律动相互融合和渗透的。在达尔克罗兹看来，音乐是人的一种情绪表达，而身体律动可以帮助人将内心情感世界外显化。俗话说，一千个人有一千个哈姆雷特。即便是同样的一个动作或一组动作对应在不同人的身上想要传递的情绪情感是各不相同的，这是具有个体创造性的。因此，在以达尔克罗兹音乐教学法为基础上组织的音乐活动中，能够感受到“体态律动”的核心地位，同时也能感受到它与视唱练耳和即兴创造的融合。

3.即兴创造

达尔克罗兹认为即兴创造是音乐教育中必不可少的教学过程。即兴创造不用学生提前构思准备，它的内核是在强调让学生用已有的音乐知识经验或素材与音乐相结合，根据当时的真实感受而产生的一种创造性的音乐表现，并且这种即兴创造也是一种学习能力的体现，要求学生有一定的反应能力和听觉的灵敏性。这样的教学过程不仅能够增强学生的参与感，同样也能让学生亲身体验音乐，感受理解音乐，从而获得表现、创造音乐的能力。

第三节 幼儿园情境音乐教学法的本土建构

奥尔夫、柯达伊和达尔克罗兹音乐教学法是世界上著名的，且在世界范围内应用最广泛的三大音乐教学法，深受喜爱。它们提倡从幼儿的身心发展特点出发，设计组织音乐教学活动，重视幼儿在活动中的主体地位，重视音乐对幼儿的创造力发展的影响。自改革开放后，我国的音乐教育事业也在不断地发展、音乐教育观念日益成熟、音乐教学模式不断地更新，教学方法也日渐多元化。在这个不断成熟发展的道路上，我们也在借鉴参考奥尔夫、柯达伊和达尔克罗兹的音乐教学法。然而，无论是德国的奥尔夫、匈牙利的柯达伊还是瑞士的达尔克罗兹，他们所身处的国家自身就有着浓厚的音乐氛围，每个人都有着一定的音乐基础，这与我国音乐教育的国民音乐素养存在差异。我国音乐发展的历史特别深远。但在古代，音乐被统治阶级作为一种上层的政治手段来控制人民。春秋时期，礼乐制度盛行，音乐都服务于上层统治者，普通的百姓是不可以享受的。即便古代民间音乐盛行，也无法改变音乐具有阶级性的特点，是贵族子弟身份的象征。即便是现在，大多数人也会觉得音乐是一种比较“贵”的艺术类型，这与学习音乐的物质成本有密切的关系。因此。这让很多人想学音乐但又无法接触音乐，导致我国即使音乐发展历史悠长，但音乐氛围相比于其他国家仍不够浓厚。

正是由于我国音乐氛围不够浓厚，所以真正掌握音乐基础能力的往往是专业从事音乐领域方向的少数人。然而，音乐教育又是我国国家基础课程建设发展中的重要内容，也是幼儿园教育中不可或缺的组成部分。这种反差，导致了幼儿园音乐教育的现实困境。幼儿园教师往往都是学前教育专业出身，更多的是对于教育理念的掌握，在音乐能力上存在短板。而奥尔夫、柯达伊和达尔克罗兹音乐教学法对教师的音乐水平有一定的要求，我国的幼儿园教师往往达不到他们所期望的音乐水平和要求，导致幼儿园教师出现了设计音乐活动难、组织实施音乐活动难、呈现较好的音乐教学效果难的困境。

基于我国对幼儿园教育活动的要求和目前幼儿园教师面临的困境，结合世界各国优秀的音乐教学方法，我们构建了适合我国的本土化的音乐教学法——情境音乐教学法。

一　幼儿园情境音乐教学法的基本含义

情境音乐教学法(Situational Music Teaching Approach，SMTA)是将音乐学科知识与幼儿教育知识相结合，使幼儿在情境游戏中感受音乐、欣赏音乐、表达与创造音乐的教学方法。它具体包含了立体感知、具身融入、自主探索、多元展现四个环节。与之对应，我们设计了A-I-E-P四步教学模式，即感知(Apperceive)，融入(Involve)，探索(Explore)，展现(Perform)。此教学法根据PCK教育理念，将音乐学科知识、学前教育知识、儿童发展知识高度融合，实现幼儿在音乐情境中游戏，然后通过游戏得到发展。

二　幼儿园情境音乐教学法的主要特征

情境音乐教学法是在站在多个世界著名的音乐教学法的肩膀上，针对中国幼儿音乐教育事业提出的教学方法，它具有区别于其他音乐教学法不同的特点。

(一)情景性

情景性可以拆开来理解，即“情”是指人的情感，“景”是指特定的场景。前述三大音乐教学法都强调音乐带有的情感功能，认为音乐能够帮助人表达和抒发个人的情感，而情境音乐教学法在此基础上再增加了特定的场景的特点，这主要是由于幼儿的生理心理的发展特点决定的。幼儿以直观具体思维为主，需要依靠具体的物质理解和感受事物。音乐是一种听觉的艺术，它没有视觉的参与，这使得幼儿能听见音乐并随着音乐摆动身体，甚至哼唱音乐的旋律，但幼儿它无法感知音乐背后的情感情绪。而情境音乐教学法则是在音乐活动中，主动为幼儿搭建一个特定的场景，再加上场景内人物的情感情绪，当一个饱含情感的故事人物走进特定的场景时，一个故事“情境”就创设出来了。而教师可以通过这个情境，让幼儿在这个情境下去感知节奏、音值、旋律、和声等。比如在活动《有趣的速度》中，以“园游会”为特定的场景，有4个不同的动物主人公，他们自身在速度上有着特点，乌龟速度最慢，豹子速度最快。通过动物的“速度”来代替幼儿对节奏的抽象理解，直观感受到节奏的快慢。总之，情境音乐教学法是根据幼儿心理特点，选择贴近幼儿生活经验的场景，帮助幼儿搭建一个有趣的情境来开展音乐教学活动的教学方法。

（二）游戏性

游戏是幼儿的天性，幼儿会在游戏中获得发展，而将游戏融入音乐活动，既能让幼儿体验参与音乐活动的快乐，也能让幼儿在活动中更好地感知音乐，丰富幼儿的审美情趣。其实，世界三大音乐教学法都强调让幼儿在游戏中学习和感受音乐，但这三大教学法更多地应用在中小学校，很少有教师真正将三大教学法灵活应用在幼儿园。这主要是我国幼儿园教师的音乐能力有限，无法丰富多元化地利用音乐知识组织相应的音乐活动，使得幼儿园的音乐教育往往存在着游戏的形式，却突出强调音乐技能的获得。游戏性并不是体现在幼儿学会唱一首歌、会跟随音乐打出正确的节奏，而是强调在音乐游戏中，激发幼儿对音乐的兴趣，让幼儿在音乐游戏中感知音乐的元素，积累音乐经验，促进幼儿审美的提升。因此，情境音乐教学法更加突出强调游戏，真正地重视幼儿的游戏体验，期望通过多样化的音乐游戏来丰富幼儿的音乐认知，既能让幼儿通过游戏对音乐产生源源不断的好奇心和兴趣，又能在音乐中感知音乐元素。

（三）生成性

情境音乐教学法突出强调了生成性。这个生成性主要体现在以下两点。第一，强调教学活动过程的生成性。情境音乐教学法尊重幼儿的主体地位，尊重幼儿在活动中的创造能力，通过为幼儿搭建基本情境，在活动中引导和鼓励幼儿参与动作创编，用自己的动作来表达他对音乐的感受，从而在体验音乐活动中实现活动目标。第二，强调教学结果的生成性。情境音乐教学法认为幼儿是一个发展的人，幼儿的各个能力也是在不断发展的，教学不能仅仅局限于某一堂课上，而是要放眼远观幼儿的长期发展和经验获得，将教学结果看成一个从稚嫩到不断发展成熟的生成性过程。

（四）可视化

情境音乐教学法的可视化可以分为两个方面。第一，物质环境可视化。幼儿处于直观思维水平，这决定了幼儿在参与音乐活动时需要有真实的场景、真实的音乐道具材料，辅助表征幼儿丰富内心世界。第二，学习成效可视化，包括了幼儿成长的可视化、教师成长的可视化以及幼儿园发展的可视化。这些可视化的学习成效都是能够通过教学评估来展现的。

第二章

幼儿园情境音乐教学法

内容体系

第一节 幼儿园情境音乐教学法的活动计划

基于幼儿园音乐教育的需求，我们创造性地研发了96个幼儿园情境音乐教学活动。根据幼儿园的保教活动规律，结合幼儿的年龄特点，我们制订了情境音乐教学在幼儿园实施的活动安排计划。

以下是小班的韵律活动、演奏活动、歌唱活动和欣赏活动的教学安排计划。

		韵律活动	演奏活动	歌唱活动	欣赏活动
小班上	第一个月	高音与低音	小鱼和青蛙	音阶歌(一)	竹林深处
	第二个月	蜗牛与面包树	小狗荡秋千	大猫小猫	学徒跳跳兔
	第三个月	小熊游乐场	猫小弟与嘟嘟熊	动物大集合	啊，我的蛋
	第四个月	小松鼠的一天	海底世界	大雨小雨	火车嘀嘀嘀

		韵律活动	演奏活动	歌唱活动	欣赏活动
小班下	第一个月	跳跳糖	哆哆交朋友	音阶歌(二)	捉迷藏
	第二个月	快乐的布谷鸟	小小巡逻兵	数豆豆	黄鼠狼和小鸟
	第三个月	健身教练	圆气球与长气球	小乐队	哨兵小猴
	第四个月	洋娃娃与小汽车	小羊与青蛙	毛毛虫变蝴蝶	小猪出行记

以下是中班的韵律活动、演奏活动、歌唱活动和欣赏活动的教学安排计划。

		韵律活动	演奏活动	歌唱活动	欣赏活动
中班上	第一个月	小木匠	小小托马斯	音乐之声(一)	小胡赛马
	第二个月	煮面大师	机器厂	闪烁的红星	竹笛姐姐
	第三个月	魔幻泡泡机	好朋友	叮叮与咚咚	斗牛表演
	第四个月	猫捉老鼠	林间游玩	大鼓与小鼓	茉莉花开

		韵律活动	演奏活动	歌唱活动	欣赏活动
中班下	第一个月	幼幼农场	拍拍拍	音乐之声(二)	瑶族达努节
	第二个月	森林大会	身体的舞蹈	我是小小兵	蜜蜂之舞
	第三个月	上下左右前	小小打铁人	大巨人与小矮人	小小京剧员
	第四个月	军事演习	快与慢	小雨点跳舞	丝路驼商

以下是大班的韵律活动、演奏活动、歌唱活动和欣赏活动的教学安排计划。

		韵律活动	演奏活动	歌唱活动	欣赏活动
大班上	第一个月	啦啦队	奶牛与蚊子	动物音阶歌(一)	七彩云南
	第二个月	水果庄园	凳子舞	老巫婆的汤	我的礼物
	第三个月	神秘的星球	清晨五部曲	望天门山	赶集
	第四个月	舞龙舞狮	探险黑风山	咙咚呛	丝丝与金翅雀

		韵律活动	演奏活动	歌唱活动	欣赏活动
大班下	第一个月	车技训练	探索星球	动物音阶歌(二)	草原之声
	第二个月	康康舞会	敲奏与刮奏	祖国祖国我们爱你	钓小鱼与抓螃蟹
	第三个月	玩花鼓	摘果子	咏柳	武林大侠
	第四个月	山妖洞寻宝	南北礼仪队	农场里动物多	我爱你，中国

第二节

幼儿园情境音乐教学法——韵律活动

一 韵律活动的涵义

韵律活动是音乐教育中的重要组成部分。它是指在音乐的伴奏下，运用一个或一组自然的身体动作来反映音乐感受的写实性表现活动。“自然的身体动作”即指符合人身心发展规律特点，不需要经过专业的训练就能利用肢体所做出的基本动作。而“写实性表现活动”是指人在听音乐的同时，会利用肢体来表达自己的认知和情感。这些肢体动作会是对日常生活或某种事物形态的特征的模仿，也会是表达人在听到音乐后所想要表达出的某种情绪。因此，韵律活动能够增强音乐、听觉、动作、情感和思维的内在联系。

幼儿园韵律活动是指在幼儿园教学活动中，教师有目的、有计划、有组织地调动幼儿的听觉与动觉，通过营造一定的物质主题和情绪气氛，引导幼儿利用肢体动作对音乐进行体验、探索和创造的集体教学活动。

二 韵律活动的意义

（一）有利于增强幼儿对音乐活动的喜爱

幼儿活泼好动，对新事物充满好奇，富有想象力。教师和学校可以利用幼儿对事物的求知欲激发幼儿对音乐的学习兴趣，并调动幼儿的想象力，组织各种丰富有趣的韵律活动。韵律活动主要以节奏清晰的音乐为伴奏，配合着简单重复的自然动作。这样既能让幼儿在短时间内快速地掌握节奏和动作，得到“完成”的满足感，保持他想要做更多与音乐相关的活动的热情，又能够培养幼儿的节奏感。

（二）有利于增强幼儿身体素质

韵律活动是一种具有运动功能的活动。它需要幼儿运用手脚、关节，通过踏步、跳、拍打等动作与音乐相互配合完成。这样既可以锻炼幼儿四肢的灵活性和协调性，在活动中纠正幼儿驼背、含胸等不良习惯，又可以让幼儿在一种愉悦的气氛中感受音乐的美。

（三）有利于促进幼儿的认知发展

幼儿园的韵律活动是在教师有目的、有组织、有计划的情况下，形成的音乐教学活动。教师在教学活动中可以通过引导幼儿观察音乐的节奏、音色、速度等，从而培养幼儿的观察能力。韵律活动中需要幼儿记住对应节奏和旋律的动作，而教师往往利用语言功能辅助幼儿记住动作。例如，创造一个情境，通过故事情节辅助幼儿记住对应的动作。对于幼儿来说，当我们播放音乐，并让他们有节奏地跟随音乐一起舞动时，他们会不断地调动自己的想象能力去创编一些动作来表达他对这个音乐的理解。这样的行为也是有利于幼儿的思维力、想象力和创造力的发展的。

（四）有利于促进幼儿的社会性发展

幼儿园的韵律活动一般包括韵律及其组合和表演形式。表演形式包括独舞、双人舞、集体舞等。因此，在韵律活动中需要幼儿与幼儿之间、幼儿与教师之间相互合作配合，从而促进幼儿的合作能力、交往能力，促进幼儿的社会性发展。

三　韵律活动的特点

（一）动作简单，形象生动

幼儿认知水平不高，很多身体肌肉组织还在成长发展阶段。因此，幼儿园的韵律活动的基本动作大多以大肌肉动作为主，动作简单重复，主要以模仿某种事物的典型特征为主进行动作创编。例如《快乐的布谷鸟》中，幼儿跟着音乐模仿小鸟快乐地飞翔。

（二）旋律规整，节奏性强

幼儿园韵律活动的音乐小节数对称，简单重复，节奏清晰，有利于幼儿掌握节拍，能跟着音乐有节奏地舞动。例如《跳跳糖》中，音乐为《A大调单簧管五重奏》，幼儿扮演跳跳糖的动作，跳上跳下，重复玩耍，节奏性强，简单有趣。

(三)动作灵活，有创造性

《3～6岁幼儿学习与发展指南》指出，要使幼儿在自然、社会和文化中，充分地创造环境和机遇，培养他们对美感的感知和经验，从而使他们的想象力和创造力得到发展。因此，幼儿园的韵律活动既要有音乐的配合，又要有肢体的配合。但是，幼儿的肢体动作并不拘泥于老师所预设的动作，而是在感受音乐中所做出的符合幼儿内心世界的创造性的动作。例如"小木匠""舞龙舞狮""水果庄园"等游戏活动中，幼儿自然地根据音乐想象自己是小木匠、舞狮队队长、水果采摘人等，创造性地表现其角色动作。

四 韵律活动的组织过程

幼儿园的韵律活动不是简单随意地选择一个音乐再配合基本肢体动作的活动，而是需要教师以幼儿的身心发展特点为基础，挑选陶冶幼儿情操的音乐，并创编幼儿易于掌握的具有象征性的动作，配合有趣的情境，让幼儿在教师创编的情境中愉悦地感受体验音乐的乐趣。

(一)基本情境主题的搭建

由于幼儿的认知水平发展受限，为了能让幼儿更好地感受音乐，并理解音乐的旋律节奏，教师需要通过基本情境的搭建，辅助幼儿感受和记住音乐旋律节奏的变化。针对不同年龄段的幼儿可以搭建不同类型的情境主题。情境可以随着年龄阶段的增加从单一主体逐渐转向多主体搭建，逐步搭建更具社会性的情境。例如，小班以单个主人公在做什么事作为主题，到中班可以以两个或多个主人公一起在做什么事为主题，大班可以以多个主人公一起去做了多个事的主题为情境。

(二)音乐的选择

不同的音乐有不同的旋律、速度、节奏和音色，所传递的音乐情绪也不相同。内容积极向上、曲风充满童趣、节奏鲜明清晰、富有感染力的音乐，更能够激发幼儿参与韵律活动的积极性，对音乐充满好奇和探索欲。音乐结构工整，节奏鲜明清晰，也更便于幼儿感受、辨别并用动作变现。

（三）肢体动作的选择与创编

肢体动作是体现音乐活动主题和音乐旋律节奏的重要组成部分。在选择和创编动作时要参照活动主题，用肢体动作来呈现主题的典型特征。教师也可以在有主题的情况下鼓励和引导幼儿自己创编肢体动作，提高幼儿的音乐活动体验感。一般肢体动作的选择与编排可以从幼儿动作发展出发，由大动作到精细动作发展，由单一动作到复合动作，由易到难，循序渐进。

（四）自主游戏的体现

幼儿具有丰富的想象力和表现欲望。作为教师有责任和义务去保证和促进幼儿表现力和想象力的发展。在幼儿园韵律活动中，我们应以幼儿为主体，在教学活动中维护幼儿主体地位，有效地引导鼓励幼儿在理解节奏旋律后，进行动作创编、队形创编、玩法创编，让幼儿将课堂当作自己的小舞台，多元化地呈现幼儿对音乐的理解和表达。

五　韵律活动的融合拓展

（一）语言领域的融合

《3～6岁儿童学习与发展指南》指出，教师需要为幼儿提供良好的阅读环境和条件。教师可以提供一定数量符合幼儿年龄特点、富有童趣的图画书，提供相对安静的地方，保证幼儿自主阅读。同样，教师也可以组织以图画书故事内容为主线的韵律活动。一方面图画书中生动有趣的故事能够吸引幼儿的注意力，让幼儿愿意把自己带入到故事的角色情境中去，另一方面，绘本中包含的故事结构内容可以帮助幼儿更好地理解动作意义，促进幼儿语言领域的发展。以情境音乐教学法中的《猫捉老鼠》为例，此韵律活动结合音乐，引导幼儿想象及用语言表征老鼠挑战猫、猫捉老鼠的游戏。幼儿在音乐活动中感知猫与老鼠的关系，为阅读绘本《猫捉老鼠》铺垫了丰富的前期经验。

（二）社会领域的融合

幼儿韵律活动能以日常生活情境为主题背景，例如《播种》《食物大丰收》《爱做面包的大师》《我是小厨师》等。以《爱做面包的大师》为例，教师可以把制作面包的过程的关键性动作进行创编，既让幼儿在音乐中感受韵律的快乐，掌握了基础的韵律节奏，同样也知道了制作面包的基本流程，从而丰富了幼儿的生活基础知识，促进幼儿的社会性发展。以情境音乐教学法《煮面大师》为例，幼儿随乐扮演厨师来煮面，了解到面由面团组成、面团由面粉组成、面粉由小麦演变而来、小麦长在土地上。幼儿通过音乐游戏，了解我们的日常必需食品——面的由来，幼儿在活动中感知粒粒皆辛苦，养成珍惜粮食的好品质。以情境音乐教学法《玩花鼓》为例，幼儿在音乐中感受非物质文化遗产凤阳花鼓这种民间艺术，在音乐中，感受凤阳花鼓的敲法，感受阖家幸福的喜庆，对中华传统艺术产生赞美、弘扬之情。

（三）体育领域的融合

韵律操是幼儿体操的一种表现形式，是幼儿园体育活动中的重要组成部分，是在音乐伴奏下的一种体操活动，是根据幼儿身心发展特点而创编的一种体操教学形式，它对幼儿的身心发展具有促进作用。以情境音乐教学法《啦啦队》为例，幼儿随着音乐感受啦啦操斜上冲拳、上A下V、高冲拳、侧K的基本动作，随着音乐口令做加油的姿势等，既感受到音乐游戏的快乐，又了解到基本的啦啦操动作，让幼儿热爱运动，热爱生活。

（四）科学领域的融合

《3～6岁儿童学习与发展指南》中强调幼儿科学学习的核心是激发探究兴趣，体验探究过程，发展初步的探究能力。作为教师应为孩子们创设良好的科学探索环境，激发幼儿的探究兴趣。如果以单纯的科学活动为主题为幼儿讲解，会显得比较单调，通过韵律活动与科学知识相结合，可以让课堂呈现“动静结合”的课程活动氛围，幼儿参与活动的积极性更强。在韵律活动中认识基础的科学知识，会在潜移默化中发展幼儿的各方面能力。以情境音乐教学法《神秘的星球》为例，幼儿跟着音乐的特点，想象探索神秘星球的特点，在神秘星球上扮演机器人做游戏，通过机器人的角色，萌发对宇宙的兴趣和对外星文明的探索欲望。

第三节 幼儿园情境音乐教学法——演奏活动

一　演奏活动的涵义

演奏教学活动是幼儿园音乐领域活动中的重要教学组织形式，是指幼儿教师在有目的、有计划、有组织的情况下，在幼儿身体大肌肉动作的参与之下，借助打击乐器进行以节奏训练为基础，增强幼儿对打击乐器的兴趣，培养幼儿演奏力、表现力等音乐素养的，提升幼儿音乐能力的一种教与学的活动。打击乐是乐器的分类之一，有着鲜明的节奏感和韵律感的特点。音乐领域中的节奏包含着有规律的或强或弱、或长或短的现象，而构成这种节奏现象的因素有两点：第一，有规律的强弱与力量相关，力量的强弱会影响到声音的强弱；第二，有规律的长短与时间相关，时间的长短会影响音值的长短。

二　演奏活动的意义

（一）有利于激发幼儿演奏乐器的兴趣

幼儿活泼好动，具有极强的好奇心和丰富的想象力。教师在组织演奏教学活动过程中，幼儿往往会对乐器产生好奇心、探索欲，乐意敲打乐器去感受乐器音色的特点。作为教师应当鼓励引导幼儿多尝试,多感受打击乐器,在幼儿对打击乐器的探索过程中,不断培养幼儿对音乐旋律和节奏的把握,从而不断地促进幼儿音乐知识、能力、技能的丰富。

(二)有利于培养幼儿的节奏感

打击乐演奏中会出现单音节和复合音节转换很快,节奏强弱转换很快的情况。因此,在演奏教学活动过程中,教师需要充分地引导幼儿调动手、脚、眼、耳和脑等身体器官进行并用,从而提高幼儿身体的协调性。在教学过程中,幼儿反复地尝试击打节奏,能够让幼儿在不断地尝试中感受到节奏的强弱,掌握基础的节奏型,迁移运用到其他的音乐旋律中,不断地提升幼儿的节奏感。在打击乐的教学过程中,幼儿会不断地接收到新的旋律结构、节奏结构以及新的打击乐器,从中增进对音节、音符的了解,了解新的打击乐器的音色特点,不断地拓宽幼儿的音乐认知,促进其认知能力的发展。

(三)有利于增强幼儿的团队合作意识

打击乐活动的特点之一就是需要多位演奏者的共同配合,呈现多元化的音乐效果,因此演奏教学活动不是一个人的独立行动,而是在教师与幼儿之间、幼儿与幼儿之间的共同合作下开展的活动。在组织活动中,教师应当引导和鼓励幼儿与幼儿之间相互配合,也可以让幼儿来主导打击乐合奏的过程,例如让幼儿来选择合适的乐器、让幼儿来确定演奏的形式,在幼儿主导的过程中,培养幼儿的合作能力、交际能力等,从而促进幼儿社会性的发展。

(四)有利于推动民族音乐文化的发展

打击乐器不仅是西洋乐器,中国还有许多的民间打击乐器,如钹、锣、鼓等,我们在组织演奏教学活动过程中,可以将传统民间打击乐器运用到教学过程中,这样既能培养幼儿的乐感,同时也能让幼儿认识民族乐器,感受民族乐器的音色特点,体验民族音乐的魅力,从而推动本民族音乐文化的持续发展。

三 演奏活动的特点

(一)打击乐的节奏感强且肢体语言形象直观

打击乐与其他音乐形式相比,打击乐的灵魂是节奏,它主要是通过有节奏地敲打特定的乐器。在打击乐教学的过程中感受打击乐的强烈节奏感,特别是在情感激烈或者力量强烈的音乐表演过程中，能够更好地将音乐与人的情感联结，引起人的共鸣，从而展现打击乐的独特魅力。打击乐演奏是需要在个体大肌肉运动配合下完成的，打击乐呈现出来的音乐旋律节奏，能够直观地从肢体动作所展现的力量强弱、节奏频率上体现。

（二）打击乐演奏呈现出音乐的多样化和层次性

打击乐演奏可以是单人演奏、双人合奏、多人合奏以及轮奏等，如果充分利用乐器音色特点，能够呈现很好的演奏效果。但打击乐本身节奏感强，尤其是在对于单节拍和复合节拍的转换应用上，更加需要多位演奏者相互配合，才能够更好地呈现演奏效果。并且，打击乐的节奏强弱转换较快时，也需要多位演奏者相互配合才能够更好地呈现音乐效果。

（三）演奏教学活动具有游戏性

在幼儿园演奏教学活动中，教师往往以将幼儿带入某种故事情境或参与到游戏中的形式，增强幼儿参与演奏教学活动的兴趣，并在游戏过程中让幼儿感受音乐节奏，体会打击乐器音色特点，认识和学习音乐相关知识，在游戏潜移默化的影响下不断培养幼儿的乐感，提升幼儿的音乐素养。

四　演奏活动的组织过程

（一）基本情境的搭建

为了更好地促进教师与幼儿的互动，就要在教学环境中营造良好的学习氛围。由于幼儿的认知发展水平的原因，让幼儿仅依靠音乐的韵律节奏来体会音乐世界，对幼儿的个人能力是一个比较大的挑战。当教师搭建一个适宜的故事情境时，既能够很好地引起幼儿的注意，让幼儿积极主动地参与到演奏教学活动中，又能够让幼儿很快地用自己的肢体语言或者利用乐器融入到演奏教学活动中。幼儿是一个不断发展的个体，因此教师在故事情境的选择和搭建上同样也要符合幼儿的年龄特点，故事主题的选择也应从单一逐渐到复杂。

（二）音乐的选择，感受旋律和节奏

音乐是演奏教学活动的重要组成部分，适合幼儿的音乐能够让幼儿的演奏效果达到最佳。因此在音乐的选择上，我们应当从幼儿的身心发展特点出发，选择节奏感强，结构工整、幼儿感兴趣的音乐，这样更便于幼儿掌握音乐的节奏特点，更加能够激发他们对音乐旋律、节奏的探索欲。例如，小班可以选择节奏单一、结构短小、幼儿比较熟悉的乐曲，如《小星星》；中

大班则可以选择节奏旋律相对复杂，能通过旋律节奏不断变化来表达音乐情感的乐曲，如《狮王进行曲》。

（三）乐器的选择，感受音色和节奏

在乐器的选择上我们也应从幼儿的身心发展角度出发。第一，乐器应具有良好的音色；第二，乐器的大小应当适合幼儿使用操作，乐器不宜过大或过重；第三，乐器的演奏方式要符合幼儿所处的年龄阶段的发展水平；第四，乐器的音色特点要符合基本故事情境的需要，当基本情境中的部分内容需依靠乐器音色特点来展现时，应当合理地考虑乐器的选择。例如《小杜鹃》歌曲，我们应当选择具有清脆、明亮音色质感的乐器来表现小杜鹃美妙的歌声。

（四）即兴创作实践

幼儿一直以来都是教学活动的主体。在教学活动中我们应当充分调动幼儿的主体性，可以让幼儿自主选择乐器，或者自主分配演奏部分，充分发挥幼儿的创新能力。在开展演奏教学活动时，教师可以先让幼儿感受乐曲的节奏型，再让幼儿用单个乐器进行演奏，在练习好单个乐器后，再融合增加新的乐器，或者改变演奏形式，分小组进行配合演奏。例如，让男孩子用一种乐器负责乐曲A段，让女孩子用另一种乐器负责乐曲B段。

（五）多元化展现

在教学活动的尾端，可以让老师预设多元化演奏场景，对整个音乐教学活动进行升华。例如，以小舞台的形式，对队形进行创编、对音乐与乐器的搭配进行创编、对乐器与节奏的搭配进行创编等，用多元化的形式呈现教学效果。同样，教师也可以充分调动幼儿的创造性和积极性，鼓励和引导幼儿成为活动的主人公，让幼儿对最后的教学展现环节进行创编。

五　演奏活动的融合拓展

（一）语言领域的融合

演奏教学活动与语言领域的融合可以增强幼儿对语言领域活动的兴趣，提高幼儿教学活动的参与性。《3～6岁儿童学习与发展指南》指出：小班幼儿“喜欢跟读韵律感强的儿歌、童谣”。由此可见儿歌、童谣可以作为培养幼儿节奏感的一种音乐启蒙工具。我们能

以朗朗上口、短小精悍的儿歌童谣为载体，在幼儿熟悉儿歌节奏的基础上，引导幼儿用声势动作来打出儿歌的节奏，如拍腿、拍手等。同样，幼儿喜爱的故事也能成为演奏教学活动的载体，富有童趣的故事内容能够吸引幼儿的注意力，同时我们可以利用打击乐器的音色来表现故事人物的特点。例如，选择音色明亮清脆的乐器来代表杜鹃。我们也可以用乐器来联结推动故事发展。例如，教师可以通过敲击某种乐器来引导提示幼儿接下来的故事发展。以情境音乐教学法《好朋友》为例，幼儿随音乐的节奏玩耍找朋友，与新朋友问好、打招呼、拥抱，并用语言表征找到好朋友的心情。在音乐活动中，感受找到好朋友的正确交往方式，并通过乐器演奏出来，为幼儿阅读《好朋友》《我的新朋友》等铺垫了丰富的经验。

（二）社会领域的融合

《幼儿园教育指导纲要（试行）》指出，幼儿园应适当向幼儿介绍我国各民族和世界其他国家、民族的文化，使其感知人类文化的多样性和差异性，培养理解、尊重、平等的态度。在音乐教学活动中，我们常常会选择我国各民族的乐曲和世界各国各民族的乐曲和乐器作为学习的对象，通过演奏教学活动，能够让幼儿更直观地感受到民族文化的特点，民族音乐节奏旋律的特点，带领幼儿感知世界音乐和民族音乐的丰富性，促进幼儿的社会性的发展。以情境音乐教学法《林间游玩》为例，幼儿在音乐中还原与好朋友在公园、户外郊游时网蝴蝶、捉螃蟹、吹泡泡的经验，并在游戏中用乐器表现出四三拍的音乐节奏。幼儿既掌握了音乐的节奏，又丰富了快乐的户外游玩经验。以情境音乐教学法《小小打铁人》为例，幼儿跟着音乐节奏扮演中国古代铁匠铺的打铁师傅，打铁先生会有节奏地打大量的器具，包含收割农作物的锄头、镰刀等铁器，也包含保卫国家的刀剑、盾牌等兵器。通过打铁师傅的角色，了解中国古代先辈的生活场景，让幼儿感知现在的幸福美好生活来之不易，启发幼儿对中国先辈的尊敬与赞扬、对现代生活的珍惜之情。

（三）健康领域的融合

演奏教学活动是一种需要利用肢体大肌肉运动的活动类型。在演奏教学活动过程中，幼儿的动作能力得到不断发展，身体协调能力也在不断进步。因此，演奏教学活动与健康领域息息相关。除此之外，我们还可以组织以“认识身体”等类型为主题的健康活动与演奏教学活动融合，既丰富了幼儿的知识面，又使得教学活动更加有趣，提高幼儿参与活动的积极性。以情境音乐教学法《身体的舞蹈》为例，幼儿随着音乐的节奏，通过身体发出各种各样的声音，可以跳跃、可以拍打、可以弹舌，在音乐节奏游戏中探索身体，发现身体的小秘密。

(四)科学领域的融合

演奏教学活动和科学领域相融合,可以利用幼儿对打击乐器的兴趣,去激发幼儿对科学领域本身知识的探索欲。我们可以利用打击乐器本身的特点结合与科学领域相关的故事带领幼儿去科学世界探索,这样既能让幼儿认识到打击乐器,同时也能了解相关的科学知识内容。以情境音乐教学法《机器厂》为例,利用机器人的视角,带领幼儿认识打击乐器,激发幼儿对星球知识内容的探索欲。

第四节 幼儿园情境音乐教学法——歌唱活动

一　歌唱活动的涵义

“歌唱”是指个体或者集体，在专业或者非专业的训练后，借由声带，发出的优美动听的声音，并通过声音来表达和抒发歌唱者情感的一种艺术表现方式。歌唱包含3个要素，分别是音准和音质、呼吸和发音以及表达和情感传达。“歌唱教学活动”即指教师以歌曲为载体，有目的、有计划、有组织地引导学习者在同一时间对歌曲进行学习和歌唱，并运用嗓音进行艺术表达的一种学习活动。幼儿园歌唱教学活动是指幼儿园教师有目的、有计划、有组织地选择适合幼儿欣赏或幼儿能直接演唱的歌曲，通过生动有趣的活动形式，让幼儿感受音乐，理解歌词，熟悉旋律，并能运用嗓音富有感情地进行艺术表现的活动。

二　歌唱活动的意义

（一）有利于促进幼儿想象力的发展

歌词是歌唱活动的骨骼，歌唱活动中歌曲内容简单易懂，有助于幼儿理解歌词的基本意境。当幼儿理解歌词后，可以伴随音乐的旋律，对歌曲的歌词和旋律等进行思维重组，在头脑中搭建一个以歌曲为主题的想象世界，由此不断地发展幼儿的想象能力，并且在幼儿自主搭建歌曲的想象世界的过程中，幼儿也不断地通过情境记忆歌词，对幼儿的认知能力也得到了进一步的发展。

（二）有利于培养幼儿良好的歌唱习惯

音乐贯穿人的一生，无论是在幼儿时期还是成年时期，甚至是老年时期，音乐无时无刻不存在于我们的生活中，而从幼儿时期开展的歌唱活动有利于我们为下一阶段的音乐教育打下基础。养成良好的歌唱习惯将受益终身。幼儿在歌唱时应时刻保持头部自然平视前方，颈部放松，四肢放松，手臂自然垂放在身体两侧。在用嗓子唱歌时，也应当正确用嗓，保护好嗓子是一切发声的基本要义。因此，在歌唱活动中，需要教师引导幼儿合理地发声，杜绝大声喊叫，合理地利用丹田腹部发声。

（三）有利于促进幼儿语言表达能力的发展

歌唱活动是音乐与语言相互结合的活动。幼儿在歌唱活动中，不仅能体验音乐的美，同时也在感受着语言的魅力。幼儿歌曲的歌词内容言简意赅，概括精练，幼儿在歌唱活动中不但能够不断扩充其语言的词汇量，还能进行歌词创编，从而帮助幼儿扩充词汇量和句式结构，起到推动幼儿语言发展的作用。

（四）有利于增强幼儿的合作意识

歌唱活动的展现形式有领唱、独唱和合唱等。除独唱以外的展现形式都需要幼儿能够与他人合作，在团队协作配合中实现较好的表现效果。因此，对于幼儿沟通能力和团队协作能力有一定的要求，所以需要幼儿理解并学会与同伴交往合作，及时控制自己情绪，学会共情。在这样的教学活动中，幼儿也在潜移默化中学会了沟通交往的技巧，促进了幼儿的社会性发展。

（五）有利于促进幼儿创造力的发展

现在的教学活动都强调以幼儿为主体来组织活动。在歌唱活动中让幼儿来创编动作和改编歌词等不仅能够提高幼儿参与活动的积极性，同时也促进了幼儿创造力的发展。

三 歌唱教学活动的特点

（一）歌词内容浅显易懂，音乐节奏简单鲜明

在组织幼儿园歌唱活动时，教师会从幼儿的身心发展特点去选择歌曲。歌曲中的歌词内容简单易懂，且歌曲的旋律节奏鲜明。选择这类歌曲主要有以下的原因：第一，基于

幼儿的生理与心理机能的发展，幼儿的认知水平决定了音乐材料的内容和特性，歌词内容直白的歌曲更有利于幼儿对歌曲所要传达的意境的理解，并发挥幼儿自身的想象能力，更快地吸收歌曲，并达到音乐教学效果；第二，选择简单易懂，节奏鲜明重复的歌曲，便于幼儿快速掌握歌曲，并通过演唱歌曲的过程，从歌唱教学活动中获得成就感，这样更有利于之后的歌唱活动的开展。

（二）教师引领幼儿感受并理解音乐

幼儿善于模仿，特别是在接收幼儿感兴趣以及新事物时，善于模仿的特点就会尤为凸显。教师的范唱法是为了让幼儿更好地理解和掌握歌曲的旋律节奏和歌词，图谱法是为了帮助幼儿更好地记忆歌词，理解音乐意境。在幼儿园歌唱活动中，幼儿在学习新的歌曲时，会随着歌曲的旋律自主地摆动身体，同时还会随着音乐进行哼唱或者回忆歌曲旋律进行哼唱。教师在组织歌唱活动中，为了让幼儿更清晰完整地了解歌曲旋律和歌词，会对歌曲进行范唱。幼儿会在教师的歌曲示范下，不断地模仿，掌握歌曲的旋律和音准。在幼儿园歌唱教学活动中，图谱法是需要幼儿视觉、听觉双向参与的。它能够更形象具体地呈现歌曲的内容、结构，并运用图谱的方式把歌唱活动寓于愉悦的音乐感受当中，增强幼儿参与歌唱活动的积极性，并从快乐的体验中学会歌曲，体会音乐情境。

四　歌唱活动的组织过程

（一）感受音乐，初步理解歌曲歌词情境

歌词是作曲者抒发歌曲主旨和情感的辅助工具。简单易懂、具有童趣的歌词能够帮助幼儿建立基本的歌曲情境，了解歌曲的主题，比如歌曲的主人公、故事、情绪等。以一个有趣的故事情境导入，将幼儿带入音乐世界中，有利于增强幼儿参与歌唱活动的积极性，为接下来的歌唱活动的开展打下基础。

（二）感受音乐，感知歌曲的节奏旋律

节奏是歌曲的重要组成部分，也是歌唱教学活动的重要组成部分。教师在活动过程中可以引导幼儿在感受音乐的同时，随着音乐有节奏地摆动，从节奏入手让幼儿感受歌曲的节奏和旋律特点，为之后理解歌词和歌曲意境做好承接。

（三）理解歌词，利用图谱等工具模仿跟唱歌曲

歌词是歌曲的重要组成部分。理解和记住歌词是幼儿演唱歌曲的前提。因此，教师可以通过多样化的工具辅助幼儿理解和记忆歌词，可以通过歌词的故事情境来帮助幼儿

理解和记忆歌词,也可以利用图谱或者用图谱创编故事来帮助幼儿理解和记忆歌词。在理解和记忆的过程中,教师也应当利用多元化的方式带领幼儿进行歌曲的模仿跟唱,可以采用范唱教唱法、游戏法、角色扮演法,多样化让幼儿学唱跟唱。

(四)自主表现,对歌曲进行多元化地创编

在幼儿理解和学会演唱歌曲的基础上,教师应当引导和鼓励幼儿将学会的歌曲与自己的已有经验进行组合重建,拓宽歌曲的表达方式。例如对歌曲中的歌词进行合理地改编、以歌曲为原型进行动作创编、对歌曲演唱形式的创编等,不断展现幼儿对歌曲的理解,呈现对歌曲的一种新的表现形式。

(五)多元展现,分享交流自己的创编成果

多元展示是在幼儿对歌曲进行创新的基础上实现的。让幼儿对自己的创编成果进行展示、分享和交流,可以增强幼儿在歌唱教学活动中的“主人公”感,体验歌唱活动给他带来的成功感,不断增强幼儿的自信心。同时,在展示、分享、交流的过程中,幼儿也能够相互借鉴学习,促进其各方面的发展。

五 歌唱活动的融合拓展

(一)语言领域的融合

故事对幼儿具有极大的吸引力。以一个有趣的故事为教学活动的导入点,能够极强地吸引幼儿的注意力,激发幼儿参与教学活动的积极性。利用故事情境将幼儿带入音乐世界,让幼儿做故事的主人公,在体验故事的过程中,感受音乐的节奏旋律。以情境音乐教学法《毛毛虫变蝴蝶》为例,歌曲讲述了一只毛毛虫变成蝴蝶的故事,歌词内容生动有趣,歌曲节奏有柔和、欢快的强烈对比,幼儿可以边唱歌边做毛毛虫变蝴蝶的动作,显得歌唱活动童趣十足。

(二)社会领域的融合

我国很多朗朗上口的传统民族歌曲深受人们喜爱,同样幼儿也很喜欢,而歌词中无不传达和表现着民族文化的内核。幼儿在感受和学习这类歌曲时,不仅体会到了音乐带来的美感,同样也在收获着传统文化带来的独特魅力。以情境音乐教学法歌曲《咙咚呛》为例,此歌曲描述了中国传统节日——春节的热闹场景,在歌曲中,感受了中华人民快乐、幸福过新年的场景。以情境音乐教学法《闪烁的红星》为例,在歌曲朗朗上口的旋律中感受

象征着中华人民共和国的五星红旗，了解五星红旗的特点与寓意，萌发对祖国的热爱之情。

（三）健康领域的融合

幼儿喜爱唱的《洗手歌》《刷牙歌》等都是音乐与幼儿卫生健康相结合的结果。幼儿通过学习这类歌曲，既能够学习歌曲的节奏、旋律和音准，又能很好地了解健康小知识。

（四）科学领域的融合

幼儿对科学世界充满好奇。但是单纯地讲解科学知识总会让幼儿觉得乏味，失去兴趣。当我们将科学知识与歌曲结合时，能让幼儿在音乐的旋律中感受快乐，并了解和学习科学知识。以情境音乐教学法《大巨人与小矮人》为例，通过科学游戏“影子”，感受大巨人和小矮人的变化，在大巨人和小矮人的变化中，感受歌曲的节奏和强弱变化。同时，生动有趣的歌曲内容也十分受孩子们喜爱。

第五节 幼儿园情境音乐教学法——欣赏活动

一 欣赏活动的涵义

音乐欣赏活动是音乐教育的重要组成部分。它是指个体通过听觉器官，以特定的音乐作品为对象，通过聆听等多种方式，对音乐作品的音乐元素、结构、情感、文化等因素进行具体分析，从而实现个体与音乐作品产生情感共鸣的一种音乐活动形式。其核心关键在于培养和提升个体的音乐审美能力和音乐综合素养。

幼儿园音乐欣赏活动是幼儿园音乐教育中常见的教学活动形式。它是指教师有目的、有计划、有组织地选择符合幼儿身心发展特点的音乐作品，利用多样化的教学方式，创设趣味性的音乐教学情境，引导幼儿聆听音乐，感知音乐元素，体会音乐情感，并创造性地表达音乐美的艺术活动。

二 欣赏活动的意义

(一)有利于培育幼儿的音乐素养

音乐欣赏活动是针对某个特定的音乐作品进行音乐元素、结构、情感等的鉴赏。在鉴赏过程中，幼儿能够不断地扩展自己的音乐视野，充分发展幼儿对音乐的感受力、想象力、表现力和创造力,并从中获得审美的愉悦。

(二)有利于促进幼儿想象力的发展

音乐有一股无形的力量,可以将幼儿已有的知识经验与音乐作品相结合,帮助幼儿搭建更为丰富的想象世界,不断地为孩子营造想象的空间。音乐欣赏活动使幼儿对音乐的认知和现有经验的联结更加紧密和清晰,从而增多幼儿想象力发展的策略,促进其想象力的发展。

(三)有利于促进幼儿创造力的发展

多样化的音乐欣赏活动,能够增加幼儿对音乐的感知与理解,不断地丰富幼儿的表象经验。当表象经验积累足够多,且幼儿的发展水平达到一定程度时,幼儿便会通过多种形式外显出来,包括随着音乐自由地有节奏地摆动,大胆地表现和表达自己对音乐的理解等。而在表现过程中,当幼儿获得积极的正面反馈时,又能够增强幼儿的自信心和成就感,从而乐于创造,其表现力和创造力就在不断学习和经验重组的过程中得到发展。

(四)有利于促进幼儿社会性的发展

音乐欣赏活动中除了需要教师引导幼儿对音乐元素的认识理解,同时也需要教师带领幼儿对乐曲本身所要传达的情绪情感进行理解和感知。在这个过程中,幼儿的共情能力不断得到发展,并从中掌握一定的情感表达方式,从而促进其社会性的发展。

三　欣赏活动的特点

(一)音乐作品以大型器乐曲为主,感受乐器音色和体验乐曲情绪

认识和了解音乐的基本元素,体验音乐的情绪是音乐欣赏活动的重要目标之一。基于幼儿的身心发展水平,选择大型器乐曲更加适合幼儿学习,并且也能展现音乐欣赏活动的教学效果。器乐曲的多样化可以拓宽幼儿的音乐认知,帮助幼儿理解音乐世界,对提高幼儿的音乐素养和审美能力有着重要价值。幼儿能够通过对大型器乐曲的欣赏,在老师的引导下,感知到器乐的音色特点,并通过对节奏和旋律的感知能够体会乐曲传达的情绪。因此,在每次的音乐欣赏活动中,幼儿既学习到了音乐知识,也感受了音乐的美。

(二)以幼儿兴趣为导向,利用多种材料辅助幼儿直观感受音乐

学习兴趣是学习动机的一种,同时学习兴趣也是学习动机最为活跃的心理成分。幼儿教师常以幼儿的兴趣为组织教学活动的起点,选择幼儿感兴趣的音乐内容(如幼儿喜欢

的结构工整、节奏鲜明的歌曲或乐曲)，采用幼儿喜欢的教学形式(如游戏教学、情境教学)，合理选择教学材料让幼儿直观感受音乐欣赏活动的内容。由于幼儿的认知水平相对较低，同样也决定了幼儿需要借助各种材料道具实现真正的心理情境的搭建。所以在组织音乐欣赏活动时，教师会采用视觉与听觉相结合的方式开展活动，例如选择多媒体播放音乐视频，对教学环境进行环境创设等。

(三)灵活性强，教学活动应用灵活，教学活动内容灵活

音乐欣赏活动的灵活性可以通过活动应用灵活和活动内容灵活来体现。应用灵活体现在音乐欣赏活动具有一定的渗透性，它能够与各个领域活动相互融合。而内容灵活体现在教师可以根据幼儿的兴趣、状态和身心特点，选择多样化的音乐作品，并开展音乐欣赏活动。

四 欣赏活动的组织过程

(一)搭建基本情境，感知音乐的音色特点

音乐是一种与听觉密切联系的艺术活动，幼儿主要通过聆听音乐实现对音乐的感知和理解。幼儿在一个基础的情境下进行音乐欣赏活动能够让幼儿对教学活动充满好奇心，增强幼儿教学活动的参与感。在情境之下让幼儿去聆听音乐能够帮助幼儿更快地进入音乐情境世界，沉浸在音乐中体验音乐的美感。在情境中教师可以引导幼儿初步感知音色特点，例如引导幼儿感知音乐的旋律、节奏、音高等，实现幼儿对具体的音乐作品的初步理解。

(二)引导幼儿感受音乐的情绪特点并丰富幼儿音乐知识

幼儿在感知音乐的音色特点后，教师可以引导鼓励幼儿说出自己对音乐的感受，例如乐曲给你带来的感受是欢快的、喜悦的还是悲伤的、难过的。音乐欣赏活动中主要选择的是大型器乐曲作为欣赏对象，因此教师可以借助大型器乐曲的音乐背景，引导和带领幼儿认识乐器，从视觉上认识乐器的形状结构，从听觉上让幼儿通过聆听初步感知乐器的音色特点。教师可以通过播放视频或者实物展示乐器的演奏方式，了解乐器的代表曲目，从而丰富幼儿的音乐知识面，增强幼儿音乐欣赏活动的情绪体验。

(三)自主创编情境角色，表达音乐情感

让幼儿根据音乐自主创编情境角色能够充分体现幼儿的主体性和主动性，是真正的关注幼儿在音乐欣赏活动中的感受和体验。通过情境角色扮演的游戏能够增加幼儿对音

乐欣赏活动的期待和参与程度，引导幼儿在音乐活动中联合听觉、视觉和动觉等，促进其各方面的综合发展。同样，利用情境中的角色配合肢体语言和表情，将音乐本身传达的情感外显出来，可以潜移默化中让幼儿更深一步地理解和体会音乐的情绪情感。

（四）多元展现情境

情境活动的组织是多样化的，教师可以利用音乐情境背景不断地改编创造新的活动方式。同样，教师也可以引导幼儿在对音乐的理解的基础上，对音乐进行多元化的改编和重组。例如，在保证音乐主旨和音乐情感不变的情况下，改编角色及其动作、表情，改编故事情节等。

五　欣赏活动的融合拓展

（一）语言领域的融合

音乐欣赏活动的主题往往想要传递某种情感和情绪，而情绪情感的产生必然需要依托一个环境或者一个故事情节。由此，音乐欣赏活动与语言领域的融合是很紧密的，我们既可以在语言领域下，以了解一个故事为主线教学任务，将与故事相关的音乐作品作为活动延伸，为下一个音乐欣赏活动做准备。同时我们也可以通过音乐欣赏活动为主线去了解音乐内的故事内容，体会故事内的情感情绪，实现语言与音乐的结合。以情境音乐教学法《竹林深处》为例，幼儿在扮演国宝熊猫的游戏中，欣赏中华名曲《竹林深处》，感受熊猫走路的特点，喜爱吃竹子，爱爬树和玩跷跷板等游戏。这也为阅读绘本《大熊猫》《平平和安安》等铺垫了丰富的经验。

（二）社会领域的融合

音乐欣赏活动中大多数会以世界和我国的名曲作为音乐鉴赏对象。当我们在感受和体会音乐的活动时，正在潜移默化中感知世界各国的文化特点，同样，在学习和感受我国传统民间乐曲时，教师既能带领幼儿感受乐器的节奏、音色和情感等，也在向幼儿介绍传统民间文化，萌发幼儿的民族自豪感。以《草原之声》为例，在音乐中感受国家级非物质文化遗产马头琴音乐，了解我国少数民族蒙古族的代表乐器马头琴，欣赏马头琴演奏的经典曲目《达古拉》，在音乐中感受草原民族的宽广、豪迈、潇洒自由的情绪情感。以情境音乐教学法《我爱你，中国》为例，在欣赏游戏中，通过语言、肢体动作、表情等方式，有情感地表现出对祖国妈妈的热爱与赞扬。

(三)健康领域的融合

音乐欣赏活动的过程可以与体育活动相结合。例如,我们在让幼儿进行自主创编时,需要幼儿利用肢体结合音乐的旋律和节奏进行音乐展现,在这过程中幼儿的协调能力能够得到发展。同样,音乐欣赏活动的教学关键是让幼儿感受音乐所表现和传达出的情绪,而幼儿在体验和感受音乐情绪的同时,也在潜移默化地学习新的表达情绪的方式,有利于幼儿学会合理地表达自己的情感,促进幼儿身心健康发展。以情境音乐教学法《斗牛表演》为例,在欣赏经典名曲《斗牛士进行曲》的同时,感受热烈、激动、兴奋的情绪,通过扮演斗牛士与公牛进行战斗,控制好自己身体的协调性,与同伴玩耍斗牛。此活动还可以用中华传统民间游戏“斗鸡”来根据音乐的情绪特点,进行游戏与表演。

第三章

幼儿园情境音乐教学法

实践案例——韵律活动篇

第一节 韵律活动《高音与低音》

音乐素养

旋律:AB段的旋律乐句,反复1遍。

基本情境:用变大、变小的队形和举手、蹲下的动作,展示音乐的高音与低音的情境游戏。

基本动作:变成大泡泡,举手表示高音(A段旋律乐句)。

变成小泡泡,蹲下表示低音(B段旋律乐句)。

情境与动作的创造:根据ABAB段音乐旋律自由创编集体游戏的动作。

一 活动目标

1.喜欢与同伴一起玩耍音乐游戏"高音与低音",体验音乐活动的快乐。

2.基本能随AB段的音乐用不同的肢体动作表演高高的大泡泡与低低的小泡泡的状态。

3.初步认识高音谱号与低音谱号。

二 活动准备

1.场景准备:围桌而坐、围成半圆皆可。

2.物质准备:教学多媒体资源包、手画的高音谱号和低音谱号、手画的大泡泡(小泡泡)图片。

3.经验准备:对大与小、高与低有一定的理解。

三　活动过程

♫立体感知

1.全屏播放“立体感知”的动画导入，通过视觉与听觉学习激发幼儿对“吹大、小泡泡”的音乐情境主题的活动兴趣。

教师：今天我们要玩一个什么游戏呢？

2.第二次播放，缩小视频，引导幼儿专注倾听音乐旋律的变化。

教师：泡泡在什么时候变大？什么时候变小呢？（教师可用大小不同的泡泡图片提示）

3.第三次播放，缩小视频，引导幼儿运用自己的肢体摆动来跟着音乐动一动，呈现出对音乐旋律的感知。

教师：让我们随着音乐的节奏动起来吧。（可以运用拍手、拍肩、跺脚等多种声势动作）

提示：通过动画的导入，引导幼儿用视觉、听觉、运动觉的多维学习方式初步感受ABAB段音乐旋律的变化，为“具身融入”“自主探索”的游戏环节打下坚实的基础。

♫具身融入与自主探索

1.通过基本的情境，初步尝试理解音乐的旋律。

（1）播放“具身融入”的第一页课件，通过情境启发幼儿理解不同的角色，在脑海里清晰地再现本次活动的情境。

教师：泡泡是怎么变大的？又是怎样变小的？（引导幼儿自主探索吹泡泡的动作）

（2）播放“具身融入”ABAB段旋律课件，引导幼儿通过角色理解目标中AB段的不同旋律。

教师：谁的动作更好看，我们一起来试试。（引导幼儿原位感受，选择变大起立，变小蹲下等动作）

（3）再次播放本页的音乐，可以结合“自主探索”的视频呈现。

教师：两人可以怎么玩吹泡泡呢？（两个小朋友一组，变大时手拉手举高，变小时放低等）

提示：单人动作过渡到双人动作，玩耍3遍左右，让幼儿对ABAB段的音乐旋律有了初步的理解。

2.情境及动作的创造——通过不同的情境角色，巩固对音乐旋律的感知与理解。

（1）播放“具身融入”课件，结合“自主探索”中的视频呈现。此阶段为多元的探索过程，通过情境提示来探索游戏，从而更加深入地理解达成预设目标。

教师：我们小组合作可以怎么变成大泡泡和小泡泡呢？（引导幼儿创造性地用围桌动作来表现音乐）

(2)再次播放音乐,扩大表演的空间,表现出音乐的旋律特点。

教师:我们全班可以怎么变成大泡泡和小泡泡呢?(引导幼儿创造性地用围大圈动作来表现音乐)

提示:通过动作的延伸与创造,让幼儿理解不同的旋律乐段ABAB。

♫多元展现

通过多元的动作及队形空间来表达音乐。

1.出示高音谱号和低音谱号。

教师:这是什么符号呢? 它代表了什么呢?(高音谱号对应大泡泡,低音谱号对应小泡泡)

2.播放“具身融入”高低音谱号页面,通过谱号的图片提示引导幼儿自由地表达音乐。

教师:还可以用什么动作来表示大泡泡和小泡泡呢?(引导幼儿反复玩耍几遍)

提示:可以改变表演队形,围桌游玩或者围大圈表演音乐。

四 活动延伸

1.引导幼儿到音乐区继续玩耍。

2.投放数学区对应大与小的概念(大勺子与小勺子、大碗与小碗等)。

3.运用身体的拍打,在餐前互动。

第二节 韵律活动《蜗牛与面包树》

音乐素养

旋律:ABC段的旋律乐句。

基本情境:小蜗牛喜欢吃面包树叶,找到一棵面包树,准备开始吃树叶的情境游戏。

基本动作:蜗牛爬树(A段旋律乐句)。

吃树叶(B段旋律乐句)。

玩耍(C段旋律乐句)。

情境与动作的创造:根据ABC段旋律自由创编蜗牛或者蝴蝶、七星瓢虫等玩耍的动作。

一 活动目标

1. 喜欢倾听音乐《邮递马车》,感受音乐中欢快的节奏特点。
2. 根据ABC段音乐旋律,用身体创编出蜗牛爬树摔下、吃树叶、玩耍的动作并表演。
3. 了解蜗牛喜欢吃面包树叶的生物常识。

二 活动准备

1. 场景准备:围桌而坐、围成半圆皆可。
2. 物质准备:教学多媒体资源包、小蜗牛及小树的KT板 。
3. 经验准备:能够用身体动作表示蜗牛走路及吃东西。

三 活动过程

立体感知

1.全屏播放“立体感知”的动画导入，通过视觉与听觉学习激发幼儿对“小蜗牛找食物”的音乐情境主题的活动兴趣。

教师：今天谁来到班上和我们一起玩耍呢？

2.第二次播放，缩小视频，引导幼儿专注倾听音乐旋律的变化。

教师：小蜗牛都干了什么呢？（教师可用“爬树”“吃树叶”“玩耍”的口令对应ABC段旋律进行提示）

3.第三次播放，缩小视频，引导幼儿运用自己的肢体摆动来跟着音乐动一动，呈现出对ABC段音乐旋律的感知。

教师：你可以跟着音乐旋律做什么样的身体动作呢？（可以运用拍手、拍肩、跺脚等多种声势动作）

提示：通过动画的导入，引导幼儿用视觉、听觉、运动觉的多维学习方式初步感受ABC段的音乐旋律变化，为“具身融入”“自主探索”的游戏环节打下坚实的基础。

具身融入与自主探索

1.通过基本的情境，初步尝试理解音乐的旋律。

（1）播放“具身融入”的第一页课件，通过情境启发幼儿理解小蜗牛的角色，在脑海里清晰地再现本次活动的情境。

教师：小蜗牛是怎样爬树的？（引导幼儿自主探索出蜗牛爬树的动作）

（2）播放“具身融入”ABC段旋律课件，引导幼儿通过角色理解目标中ABC段的不同旋律。

教师：你会用什么不同的动作来表示小蜗牛找树叶？（引导幼儿单人原位感受音乐）

（3）再次播放本页的音乐，可以结合“自主探索”的视频呈现。

教师：小蜗牛吃饱了，是怎么玩游戏的？（自由地根据ABC段音乐旋律探索表演动作）

提示：通过小蜗牛的情境角色代入，玩耍3遍左右，让幼儿对ABC段的音乐旋律有了初步的理解。

2.情境及动作的创造——通过不同的情境角色，巩固对音乐旋律的感知与理解。

（1）播放“具身融入”课件，结合“自主探索”中的视频呈现。此阶段为多元的探索过程，通过情境提示来探索游戏，从而更加深入地理解达成预设目标。

教师：小蜗牛是怎么和好朋友一起玩耍的呢？（引导幼儿创造性地用小组动作来表现音乐）

(2)再次播放音乐,扩大表演空间,丰富表演角色,表现出音乐的旋律特点。

教师:小蝴蝶和七星瓢虫也来了,他们会和小蜗牛玩耍什么游戏呢?(引导幼儿创造性地用其他角色动作表演,根据ABC段音乐旋律表现出“飞翔”“采花”“玩耍”等其他游戏内容)

提示:通过动作的延伸与创造,让幼儿理解不同的旋律乐段ABC。

♫多元展现

通过多元的动作及队形空间来表达音乐。

1.展示“具身融入”自主游戏课件,引导幼儿用多元的角色动作来表达音乐。

教师:你想扮演什么角色玩耍游戏呢?(引导幼儿用小树、小蜗牛、小蝴蝶等多种角色动作表达)

2.再次播放音乐,根据ABC段的音乐旋律特点,用丰富的、创造性的动作表达音乐。

教师:还可以用什么动作来表示小树、小蜗牛、小蝴蝶等角色呢?(引导幼儿反复玩耍几遍)

提示:可以改变表演队形,围桌游玩或者围大圈表演音乐,评价幼儿对音乐旋律的感受。

四 活动延伸

在表演区继续玩耍“蜗牛与面包树”的游戏。

第三节 韵律活动《小熊游乐场》

音乐素养

旋律:ABC段的旋律乐句。

基本情境:去“小熊游乐场”玩耍各种游玩项目。

基本动作:游乐场里散步观光(A段旋律乐句)。

开小车(B段旋律乐句)。

钓小鱼(C段旋律乐句)。

情境与动作的创造:根据ABC段旋律自由创编坐旋转木马、坐小火车、喂鸽子等不同的动作。

一 活动目标

1. 在音乐中玩耍“开小车”“钓小鱼”等游戏,体验音乐活动的快乐。
2. 根据ABC段的乐段特点,尝试创编玩耍不同游戏项目的表演动作。
3. 初步感知音乐中轻松愉快的音乐情绪。

二 活动准备

1. 场景准备:围桌而坐、围成半圆皆可。
2. 物质准备:教学多媒体资源包。
3. 经验准备:了解游乐场里面有开小车、钓小鱼等游玩项目。

三 活动过程

♫立体感知

1.全屏播放“立体感知”的动画导入，通过视觉与听觉学习激发幼儿对“小熊游乐场”的音乐情境主题的活动兴趣。

教师：你去游乐场玩过吗？

2.第二次播放，缩小视频，引导幼儿专注倾听音乐旋律的变化。

教师：游乐场里可以干什么？（教师可用“散步”“开小车”“钓小鱼”的口令对应ABC段旋律进行提示）

3.第三次播放，缩小视频，引导幼儿运用自己的肢体摆动来跟着音乐动一动，呈现出对ABC段音乐旋律的感知。

教师：你可以跟着音乐旋律做什么样的身体动作呢？（可以运用拍手、拍肩、跺脚等多种声势动作）

提示：通过动画的导入，引导幼儿用视觉、听觉、运动觉的多维学习方式初步感受ABC段的音乐旋律变化，为“具身融入”“自主探索”的游戏环节打下坚实的基础。

♫具身融入与自主探索

1.通过基本的情境，初步尝试理解音乐的旋律。

(1)播放“具身融入”的第一页课件，通过情境启发幼儿回忆在游乐场游玩的内容，在脑海里清晰地再现本次活动的情境。

教师：你会在游乐场干什么？（引导幼儿自主探索出散步、开小车、钓小鱼等不同的动作）

(2)播放“具身融入”ABC段旋律课件，引导幼儿通过角色理解目标中ABC段的不同旋律。

教师：你会用什么不同的动作来表示散步、开小车、钓小鱼呢？（引导幼儿感受音乐）

(3)再次播放本页的音乐，可以结合“自主探索”的视频呈现。

教师：你走了多远？开了多久的小车？又钓到多少小鱼呢？（自由根据ABC段音乐旋律探索表演动作）

提示：通过“小熊游乐场”的情境代入，玩耍3遍左右，让幼儿对ABC段的音乐旋律有了初步的理解。

2.情境及动作的创造——通过不同的情境角色，巩固对音乐旋律的感知与理解。

(1)播放“具身融入”课件，结合“自主探索”中的视频呈现。此阶段为多元的探索过程，通过情境提示来探索游戏，从而更加深入地理解达成预设目标。

教师：你还会在游乐场里玩什么呢？（引导幼儿创造性地用其他动作来表现音乐）

(2)再次播放音乐,扩大表演空间,丰富表演内容,表现出音乐的旋律特点。

教师:坐旋转木马、坐小火车、喂鸽子,怎么跟着音乐用动作表现出来呢?(引导幼儿创造性地用其他角色动作表演,根据ABC段音乐旋律创编出玩耍其他项目内容的动作)

提示:通过动作的延伸与创造,让幼儿理解不同的旋律乐段ABC。

♫多元展现

通过多元的动作及队形空间来表达音乐。

1.展示“具身融入”自主游戏课件,引导幼儿用多元的角色动作来表达音乐。

教师:除了在游乐场里玩,还可以去哪里玩呢?(引导幼儿玩“开飞机”“探索太空”等其他游戏)

2.再次播放音乐,根据ABC段的音乐旋律特点,用丰富的、创造性的动作表达音乐。

教师:还可以用什么动作来表示玩“开飞机”“探索太空”等游戏呢?(引导幼儿反复玩耍几遍)

提示:可以改变表演队形,围桌游玩或者围大圈表演音乐,评价幼儿对音乐旋律的掌握程度。

四 活动延伸

投放到自主游戏区,与同伴一起玩耍“游乐园的一天”。

第四节 韵律活动《小松鼠的一天》

音乐素养

旋律:ABABA段的旋律乐句。

基本情境:小松鼠找松果、吃松果的情境游戏。

基本动作:出发、找松果、回家(A段旋律乐句)。

吃松果(B段旋律乐句)。

情境与动作的创造:根据旋律特点自由创编爬树、摘果、装果、运果、藏果等不同的动作。乐感特别好的班级,还可以引导幼儿创编大象、斑马、小鸟、螃蟹等其他角色的一天。

一　活动目标

1.喜欢与同伴一起跟随音乐扮演小松鼠玩游戏,体验音乐活动的趣味。

2.根据AB段音乐重复的旋律乐句,尝试用身体扮演小松鼠表演。

3.通过音乐游戏,初步了解小松鼠爱吃松果的常识。

二　活动准备

1.场景准备:围桌而坐、围成半圆皆可。

2.物质准备:教学多媒体资源包。

3.经验准备:对AB段的音乐旋律变化,有一定的辨别能力。

三 活动过程

立体感知

1.全屏播放“立体感知”的动画导入，通过视觉与听觉学习激发幼儿对“小松鼠找松果”的音乐情境主题的活动兴趣。

教师：你见过小松鼠吗？它最爱吃什么呢？

2.第二次播放，缩小视频，引导幼儿专注倾听音乐旋律的变化。

教师：小松鼠干了什么？(教师可用“找松果”“吃松果”“回家”的口令对应ABABA段旋律进行提示）

3.第三次播放，缩小视频，引导幼儿运用自己的肢体摆动来跟着音乐动一动，呈现出对音乐ABABA段旋律的感知。

教师：你可以跟着音乐旋律做什么样的身体动作呢？(可以运用拍手、拍肩、跺脚等多种声势动作）

提示：通过动画的导入，引导幼儿用视觉、听觉、运动觉的多维学习方式初步感受ABABA段的音乐旋律变化，为“具身融入”“自主探索”的游戏环节打下坚实的基础。

具身融入与自主探索

1.通过基本的情境，初步尝试理解音乐的旋律。

(1)播放“具身融入”的第一页课件，通过情境感受“小松鼠找松果”的游戏内容，在脑海里清晰地再现本次活动的情境。

教师：小松鼠是怎么走路的？(引导幼儿自主探索A段中小松鼠走路找松果的动作）

(2)播放“具身融入”ABABA段旋律课件，引导幼儿通过角色理解音乐的不同旋律。

教师：小松鼠吃松果的动作是怎样的？(引导幼儿自主探索B段中小松鼠吃松果的动作）

(3)再次播放本页的音乐，可以结合“自主探索”的视频呈现。

教师：小松鼠到几片森林里去找了松果呢？(自由探索音乐中反复出现的A段及B段旋律）

提示：通过松鼠的角色代入，玩耍3遍左右，让幼儿对ABABA段的音乐旋律有了初步的理解。

2.情境及动作的创造——通过不同的情境角色，巩固对音乐旋律的感知与理解。

(1)播放“具身融入”课件，结合“自主探索”中的视频呈现。此阶段为多元的探索过程，通过情境提示来探索游戏，从而更加深入地理解达成预设目标。

教师:你找松果和吃松果的动作有什么不一样?(引导幼儿创造性地用其他动作来表现音乐)

(2)再次播放音乐,扩大表演空间,丰富表演内容,表现出音乐的旋律特点。

教师:小松鼠除了找松果以外,还会玩什么游戏呢?(引导幼儿创造性地用其他动作表演,根据ABABA段音乐旋律创编出小松鼠爬树、摘果、装果、运果、藏果等不同的动作)

提示:通过动作的延伸与创造,让幼儿理解音乐ABABA的不同旋律乐段。

♫多元展现

通过多元的动作及队形空间来表达音乐。

1.展示“具身融入”自主游戏课件,引导幼儿用多元的角色动作来表达音乐。

教师:小松鼠在森林里会遇到谁? 其他动物在干什么?(引导幼儿探索大象、斑马、小鸟、螃蟹等其他角色)

2.再次播放音乐,根据音乐ABABA段的旋律特点,用丰富的、创造性的动作表达音乐。

教师:还可以用什么动作来表示松鼠、大象、斑马、小鸟、螃蟹等在森林的一天呢?(引导幼儿反复玩耍几遍)

提示:可以改变表演队形,围桌游玩或者围大圈表演音乐,评价幼儿对音乐旋律的掌握程度。

四　活动延伸

1.继续探究自然界的小动物——松鼠。

2.可以延伸课时,做打击乐演奏活动。

第五节 韵律活动《跳跳糖》

音乐素养

旋律:4个A段、B段重复的旋律乐句。

基本情境:跳跳糖不断往上跳跃又摔下的游戏过程。

基本动作:跳上去,摔下来(A段、B段重复的旋律乐句)。

情境与动作的创造:根据音乐的旋律特点自由创编跳跳糖坐缆车、荡大秋千、跳蹦蹦床等不同的动作。

一 活动目标

1.喜欢与同伴一起玩耍关于“跳跳糖”的音乐游戏,体验音乐活动的快乐。

2.根据音乐A段、B段重复的旋律乐句,尝试用身体扮演跳跳糖跳上和摔下的表演动作。

3.通过音乐活动,大胆想象“跳跳糖”游戏的情境,了解上、下等不同的方位。

二 活动准备

1.场景准备:围桌而坐、围成半圆皆可。

2.物质准备:教学多媒体资源包。

3.经验准备:对跳跳糖跳跃、轻快的形象有一定的认识。

三　活动过程

♫立体感知

1.全屏播放“立体感知”的动画导入，通过视觉与听觉学习激发幼儿对“跳跳糖”的音乐情境主题的活动兴趣。

教师：你知道跳跳糖吗？今天谁和我们一起来玩游戏呢？

2.第二次播放，缩小视频，引导幼儿专注倾听音乐旋律的变化。

教师：跳跳糖在干什么呢？（教师可用4个跳上去、摔下来的动作对应4个A段、B段重复的旋律进行提示）

3.第三次播放，缩小视频，引导幼儿运用自己的肢体摆动来跟着音乐动一动，呈现出对音乐4个A段、B段重复的旋律感知。

教师：你可以跟着音乐旋律做什么样的身体动作呢？（可以运用拍手、拍肩、跺脚等多种声势动作）

提示：通过动画的导入，引导幼儿用视觉、听觉、运动觉的多维学习方式初步感受4个A段、B段重复的音乐旋律变化，为“具身融入”“自主探索”的游戏环节打下坚实的基础。

♫具身融入与自主探索

1.通过基本的情境，初步尝试理解音乐的旋律。

（1）播放“具身融入”的第一页课件，通过情境理解“扮演跳跳糖玩耍”的游戏内容，在脑海里清晰地再现本次活动的情境。

教师：跳跳糖是怎么玩缆车的？（引导幼儿自主探索A段、B段跳上去、摔下来的游戏动作）

（2）播放“具身融入”A段、B段重复旋律课件，引导幼儿通过角色理解音乐的不同旋律。

教师：跳跳糖往上跳的动作有什么特点？（引导幼儿随乐自主探索跳跃前先下蹲2次的动作）

（3）再次播放本页的音乐，可以结合“自主探索”的视频呈现。

教师：跳跳糖又是怎样摔下来的呢？（根据音乐旋律自由探索跳跳糖摔下来的动作特点）

提示：通过跳跳糖的角色代入，玩耍3遍左右，让幼儿对A段、B段反复的音乐旋律有了初步的理解。

2.情境及动作的创造——通过不同的情境游戏，巩固对音乐旋律的感知与理解。

（1）播放“具身融入”课件，结合“自主探索”中的视频呈现。此阶段为多元的探索过

程，通过情境提示来探索游戏，从而更加深入地理解达成预设目标。

教师：跳跳糖一共坐了几次缆车呢？动作有什么不同？（引导幼儿创造性地用跳远的动作来表现音乐）

（2）再次播放音乐，扩大表演空间，丰富表演内容，表现出音乐的旋律特点。

教师：跳跳糖玩了缆车，还会玩什么游戏呢？（引导幼儿创造性地用其他动作表演，根据A段、B段重复的音乐旋律创编出跳跳糖坐揽车、跳蹦蹦床、荡秋千等不同的游戏动作）

提示：通过动作的延伸与创造，让幼儿理解音乐4个A段、B段重复的旋律乐段。

♫多元展现

通过多元的动作及队形空间来表达音乐。

1. 展示"具身融入"自主游戏课件，引导幼儿用多元的角色动作来表达音乐。

教师：如果你是跳跳糖，会玩什么呢？（引导幼儿探索跳跳糖坐缆车、荡秋千、跳蹦蹦床等不同的动作）

2. 再次播放音乐，根据A段、B段反复的音乐旋律特点，用丰富的、创造性的动作表达音乐。

教师：还可以用什么动作来表示跳跳糖坐缆车、荡秋千、跳蹦蹦床呢？（引导幼儿反复玩耍几遍）

提示：可以改变表演队形，围桌游玩或者围大圈表演音乐，评价幼儿对音乐旋律的掌握程度。

四 活动延伸

投放到户外运动游戏中，幼儿不断探索跳高与跳远。

第六节 韵律活动《快乐的布谷鸟》

音乐素养

旋律:ABA段的旋律乐句。

基本情境:布谷鸟啄食、飞翔、啄食、鸟叫的情境游戏。

基本动作:啄食(A段旋律乐句)。

飞翔(B段旋律乐句)。

鸟叫(尾声)。

情境与动作的创造:根据ABA的旋律特点自由创编小花、小草、小兔子等多种角色的动作。

一　活动目标

1. 愿意扮演布谷鸟,喜欢倾听节奏欢快的音乐,体验音乐活动的趣味。

2. 通过扮演布谷鸟啄食、飞翔、啄食、鸟叫的游戏,基本能用身体随音乐的ABA段进行表演。

3. 通过音乐,初步了解布谷鸟的叫声,大胆想象布谷鸟游戏的情境。

二　活动准备

1. 场景准备:围桌而坐、围成半圆皆可;有条件的可以用KT板大树布置成森林。

2. 物质准备:教学多媒体资源包。

3. 经验准备:对动物布谷鸟有一定的了解。

三 活动过程

♫立体感知

1.全屏播放“立体感知”的动画导入,通过视觉与听觉学习激发幼儿对“快乐的布谷鸟”的音乐情境主题的活动兴趣。

教师:你知道布谷鸟吗? 它是怎么飞翔的呢?

2.第二次播放,缩小视频,引导幼儿专注倾听音乐旋律的变化。

教师:布谷鸟干了什么?(教师可用“啄食”“飞翔”“鸟叫”的口令对应ABA段旋律进行提示)

3.第三次播放,缩小视频,引导幼儿运用自己的肢体摆动来跟着音乐动一动,呈现出对ABA段音乐旋律的感知。

教师:你可以跟着音乐旋律做什么样的身体动作呢?(可以运用拍手、拍肩、跺脚等多种声势动作)

提示:通过动画的导入,引导幼儿用视觉、听觉、运动觉的多维学习方式初步感受ABA段的音乐旋律变化,为“具身融入”“自主探索”的游戏环节打下坚实的基础。

♫具身融入与自主探索

1.通过基本的情境,初步尝试理解音乐的旋律。

(1)播放“具身融入”的第一页课件,通过情境感受“快乐的布谷鸟”的游戏内容,在脑海里清晰地再现本次活动的情境。

教师:布谷鸟是怎么吃食物的?(引导幼儿自主探索A段中布谷鸟啄食的动作)

(2)播放“具身融入”ABA段旋律课件,引导幼儿通过角色理解音乐的不同旋律。

教师:布谷鸟飞翔的动作是怎样的?(引导幼儿自主探索B段中布谷鸟飞翔的动作)

(3)再次播放本页的音乐,可以结合“自主探索”的视频呈现。

教师:布谷鸟吃了几次食物呢?(自由探索音乐中出现的2个A段旋律)

提示:通过布谷鸟的角色代入,玩耍3遍左右,让幼儿对ABA段的音乐旋律有了初步的理解。

2.情境及动作的创造——通过不同的情境角色,巩固对音乐旋律的感知与理解。

(1)播放“具身融入”课件,结合“自主探索”中的视频呈现。此阶段为多元的探索过程,通过情境提示来探索游戏,从而更加深入地理解达成预设目标。

教师:你吃食物和飞翔的动作有什么不一样?(引导幼儿创造性地用其他动作来表现音乐)

(2)再次播放音乐,扩大表演空间,丰富表演内容,表现出音乐的旋律特点。

教师:布谷鸟吃饱了,还会玩什么游戏呢?(引导幼儿创造性地用其他动作表演,根据ABA段音乐旋律创编出布谷鸟跳舞、飞到花丛中、欣赏风景等不同的动作)

提示:通过动作的延伸与创造,让幼儿理解不同的旋律乐段ABA。

♫多元展现

通过多元的动作及队形空间来表达音乐。

1.展示"具身融入"自主游戏课件,引导幼儿用多元的角色动作来表达音乐。

教师:布谷鸟飞到哪里去了? 会看见谁呢?(引导幼儿探索小花、小草、小兔子等其他角色)

2.再次播放音乐,根据ABA段的音乐旋律特点,用丰富的、创造性的动作表达音乐。

教师:还可以用什么动作来表示小花、小草、小兔子和布谷鸟玩耍呢?(引导幼儿反复玩耍几遍)

提示:可以改变表演队形,围桌游玩或者围大圈表演音乐,评价幼儿对音乐旋律的掌握程度。

四　活动延伸

1.引导幼儿到音乐区继续玩耍。

2.回家与家人一起讲解《快乐的布谷鸟》的故事内容。

第七节 韵律活动《健身教练》

音乐素养

旋律:ABAB段的旋律乐句。

基本情境:在小区锻炼身体的情境游戏。

基本动作:用上肢牵引器锻炼(A段旋律乐句)。

用太极推手器锻炼(B段旋律乐句)。

情境与动作的创造:根据ABAB的旋律特点自由创编使用动感单车、引体向上器等不同器材的锻炼动作。

一 活动目标

1.喜欢与同伴一起跟随音乐扮演健身教练玩游戏,体验音乐活动的趣味。

2.根据音乐ABAB段的旋律,用身体创编出健身器材——上肢牵引器和太极推手器锻炼的动作并表演。

3.通过音乐游戏,初步了解健身器材上肢牵引器与太极推手器。

二 活动准备

1.场景准备:围桌而坐、围成半圆皆可。

2.物质准备:教学多媒体资源包。

3.经验准备:对上肢牵引器和太极推手器等锻炼器材有一定的了解。

三 活动过程

♫ 立体感知

1. 全屏播放“立体感知”的动画导入，通过视觉与听觉学习激发幼儿对“健身教练”的音乐情境主题的活动兴趣。

教师：你知道小区里的锻炼器材有哪些吗？

2. 第二次播放，缩小视频，引导幼儿专注倾听音乐旋律的变化。

教师：动画里的小朋友是怎样锻炼的？（教师可用“上肢牵引器”“太极推手器”等口令对应ABAB段旋律进行提示）

3. 第三次播放，缩小视频，引导幼儿运用自己的肢体摆动来跟着音乐动一动，呈现出对ABAB段音乐旋律的感知。

教师：你可以跟着音乐旋律做什么样的身体动作呢？（可以运用拍手、拍肩、跺脚等多种声势动作）

提示：通过动画的导入，引导幼儿用视觉、听觉、运动觉的多维学习方式初步感受ABAB段的音乐旋律变化，为“具身融入”“自主探索”的游戏环节打下坚实的基础。

♫ 具身融入与自主探索

1. 通过基本的情境，初步尝试理解音乐的旋律。

（1）播放“具身融入”的第一页课件，通过情境感受家长们日常锻炼、健身的游戏内容，在脑海里清晰地再现本次活动的情境。

教师：上肢牵引器是怎么使用的？（引导幼儿自主探索A段中通过上肢牵引器锻炼的动作）

（2）播放“具身融入”ABAB段旋律课件，引导幼儿通过健身器材理解音乐的不同旋律。

教师：太极推手器是怎么使用的？（引导幼儿自主探索B段中通过太极推手器锻炼的动作）

（3）再次播放本页的音乐，可以结合“自主探索”的视频呈现。

教师：上肢牵引器和太极推手器锻炼重复了几次？（自由探索音乐中出现的2个AB段旋律）

提示：通过健身器材的代入，玩耍3遍左右，让幼儿对ABAB段的音乐旋律有了初步的理解。

2. 情境及动作的创造——通过不同的情境内容，巩固对音乐旋律的感知与理解。

（1）播放“具身融入”课件，结合“自主探索”中的视频呈现。此阶段为多元的探索过

程,通过情境提示来探索游戏,从而更加深入地理解达成预设目标。

教师:你锻炼的动作有什么不一样?(引导幼儿创造性地用其他动作来表现音乐)

(2)再次播放音乐,扩大表演空间,丰富表演内容,表现出音乐的旋律特点。

教师:小区里还有什么锻炼器材? 怎么使用呢?(引导幼儿创造性地用其他动作表演,根据ABAB段音乐旋律创编出使用动感单车、引体向上器等不同器材的锻炼动作)

提示:通过动作的延伸与创造,让幼儿理解不同的旋律乐段ABAB。

♫多元展现

通过多元的动作及队形空间来表达音乐。

1.展示“具身融入”自主游戏课件,引导幼儿用多元的角色动作来表达音乐。

教师:你最喜欢使用哪两种器材怎样使用的?(引导幼儿创编使用动感单车、引体向上器等其他器材的锻炼动作)

2.再次播放音乐,根据ABAB段的音乐旋律特点,用丰富的、创造性的动作表达音乐。

教师:还可以用什么动作来锻炼身体呢?(引导幼儿反复玩耍几遍)

提示:可以改变表演队形,围桌游玩或者围大圈表演音乐,评价幼儿对音乐旋律的掌握程度。

四 活动延伸

投放至运动区,探索更多的健身活动。

第八节 韵律活动《洋娃娃与小汽车》

音乐素养

旋律:ABCD段的旋律乐句。

基本情境:甜甜在睡觉,她的洋娃娃和小汽车在箱子里憋坏了,偷偷溜出去玩耍的情境游戏。

基本动作:洋娃娃溜走(A段旋律乐句)。
小汽车溜走(B段旋律乐句)。
洋娃娃与小汽车玩耍(C段旋律乐句)。
主人醒来,洋娃娃与小汽车偷偷回家(D段旋律乐句)。

情境与动作的创造:根据ABCD段的旋律特点自由创编两个角色溜走、玩耍等不同动作。乐感强的班级,可以尝试创编小熊、机器人、火车等其他玩具溜走、玩耍的动作。

一 活动目标

1.在音乐中玩耍“洋娃娃跳舞与开小车”的游戏,体验音乐活动的快乐。
2.根据ABCD段的乐段特点,尝试扮演洋娃娃和小汽车的动作。
3.初步感知音乐中诙谐愉快的音乐情绪。

二 活动准备

1.场景准备:围桌而坐、围成半圆皆可;可以利用洋娃娃与汽车等玩具做实物展示。

2.物质准备:教学多媒体资源包。

3.经验准备:有过玩洋娃娃、小汽车、小熊、飞机等玩具的经验。

三 活动过程

立体感知

1.全屏播放“立体感知”的动画导入,通过视觉与听觉学习激发幼儿对“洋娃娃与小汽车”的音乐情境主题的活动兴趣。

教师:你的玩具有哪些呢?

2.第二次播放,缩小视频,引导幼儿专注倾听音乐旋律的变化。

教师:谁从箱子里偷偷出来了?(教师可用“溜走”“玩耍”“回家”等口令对应ABCD段旋律进行提示)

3.第三次播放,缩小视频,引导幼儿运用自己的肢体摆动来跟着音乐动一动,呈现出对ABCD段音乐旋律的感知。

教师:你可以跟着音乐旋律做什么样的身体动作呢?(可以运用拍手、拍肩、跺脚等多种声势动作)

提示:通过动画的导入,引导幼儿用视觉、听觉、运动觉的多维学习方式初步感受ABCD段的音乐旋律变化,为“具身融入”“自主探索”的游戏环节打下坚实的基础。

具身融入与自主探索

1.通过基本的情境,初步尝试理解音乐的旋律。

(1)播放“具身融入”的第一页课件,通过情境理解“玩具箱里的洋娃娃与小汽车溜走”的游戏内容,在脑海里清晰地再现本次活动的情境。

教师:谁和谁从玩具箱里溜走了? 可以用什么动作表现偷偷溜出来了?(引导幼儿自主探索AB段中通过两个角色溜走的动作)

(2)播放“具身融入”ABCD段旋律课件,引导幼儿通过洋娃娃与小汽车理解音乐的不同旋律。

教师:洋娃娃与小汽车溜走后,玩了什么游戏?(引导幼儿自主探索C段中跳舞与开车的动作)

(3)再次播放本页的音乐,可以结合“自主探索”的视频呈现。

教师:甜甜醒啦,洋娃娃和小汽车被发现了吗?(自主探索D段中主人醒来,玩具回箱的动作)

提示：通过不同的角色代入，玩耍3遍左右，让幼儿对ABCD段的音乐旋律有了初步的理解。

2.情境及动作的创造——通过不同的角色内容，巩固对音乐旋律的感知与理解。

（1）播放“具身融入”课件，结合“自主探索”中的视频呈现。此阶段为多元的探索过程，通过情境提示来探索游戏，从而更加深入地理解达成预设目标。

教师：洋娃娃和小汽车溜走，你可以用不一样的动作表示吗？（引导幼儿创造性地用其他动作来表现音乐）

（2）再次播放音乐，扩大表演空间，丰富表演内容，表现出音乐的旋律特点。

教师：玩具箱里还有谁？主人睡着了，他们会出来玩吗？（引导幼儿创造性地用其他动作表演，根据ABCD段音乐旋律创编出小熊、机器人、火车等不同玩具溜走玩耍的动作）

提示：通过动作的延伸与创造，让幼儿理解不同的旋律乐段ABCD。

♫多元展现

通过多元的动作及队形空间来表达音乐。

1.展示“具身融入”自主游戏课件，引导幼儿用多元的角色动作来表达音乐。

教师：你喜欢扮演哪个玩具玩耍？（引导幼儿创编扮演小熊、机器人、火车等溜走玩耍的动作）

2.再次播放音乐，根据ABCD段的音乐旋律特点，用丰富的、创造性的动作表达音乐。

教师：你还想扮演哪些玩具，趁主人睡着时，你会怎样溜走玩耍呢？（引导幼儿反复玩耍几遍）

提示：可以改变表演队形，围桌游玩或者围大圈表演音乐，评价幼儿对音乐旋律的掌握程度。

四　活动延伸

延伸至故事小天地，开展“我的小玩具”故事分享会。

第九节 韵律活动《小木匠》

音乐素养

旋律：ABABAB段的旋律乐句。

基本情境：小木匠锯了很多木头，准备修建1个小木屋和制作一些木质家具的情境故事。

基本动作：锯木头和推木头（A段旋律乐句）。

钉木头（B段旋律乐句）。

情境与动作的创造：根据旋律特点自由创编锯木头、推木头、钉木头等不同的游戏动作。乐感特别好的班级，还可以引导幼儿创编制作椅子、桌子、衣柜等其他家具的动作。

一 活动目标

1.喜欢与同伴一起跟随音乐扮演小小木工玩游戏，体验音乐活动的趣味与快乐。

2.根据AB段的音乐旋律，用身体创编出锯木头、推木头及钉木头的动作并表演。

3.专注倾听音乐并想象锯木头的游戏场景，锻炼想象力与创造力。

二 活动准备

1.场景准备：围桌而坐、围成半圆皆可；有条件的可以利用木工坊的材料展示。

2.物质准备：教学多媒体资源包。

3.经验准备：对小木匠这个角色有一定的了解。

三　活动过程

♫立体感知

1.全屏播放“立体感知”的动画导入，通过视觉与听觉学习激发幼儿对“我是小木匠”的音乐情境主题的活动兴趣。

教师：你知道小木匠吗？小木匠的工作是什么呢？

2.第二次播放，缩小视频，引导幼儿专注倾听音乐旋律的变化。

教师：小木匠干了什么？（教师可用“锯木头”“推木头”“钉木头”的口令对应AB段反复的旋律进行提示）

3.第三次播放，缩小视频，引导幼儿运用自己的肢体摆动来跟着音乐动一动，呈现出对音乐ABABAB段旋律的感知。

教师：你可以跟着音乐旋律做什么样的身体动作呢？（可以运用拍手、拍肩、跺脚等多种声势动作）

提示：通过动画的导入，引导幼儿用视觉、听觉、运动觉的多维学习方式初步感受ABABAB段的音乐旋律变化，为“具身融入”“自主探索”的游戏环节打下坚实的基础。

♫具身融入与自主探索

1.通过基本的情境，初步尝试理解音乐的旋律。

（1）播放“具身融入”的第一页课件，通过小木匠的角色理解游戏内容，在脑海里清晰地再现本次活动的情境。

教师：小木匠是怎样锯木头、推木头的呢？（引导幼儿自主探索A段中小木匠锯木头、推木头的动作）

（2）播放“具身融入”ABABAB段旋律课件，引导幼儿通过角色理解音乐的不同旋律。

教师：小木匠钉木头的动作是怎样的？（引导幼儿自主探索B段中小木匠钉木头的动作）

（3）再次播放本页的音乐，可以结合“自主探索”的视频呈现。

教师：还可以用什么动作表示小木匠锯木头、推木头、钉木头呢？（自由探索音乐中AB段的旋律）

提示：通过小木匠的角色代入，玩耍3遍左右，让幼儿对ABABAB段的音乐旋律有了初步的理解。

2.情境及动作的创造——通过不同的情境内容，巩固对音乐旋律的感知与理解。

（1）播放“具身融入”课件，结合“自主探索”中的视频呈现。此阶段为多元的探索过程，通过情境提示来探索游戏，从而更加深入地理解达成预设目标。

教师:你锯的是大木头还是小木头? 长木头还是短木头?(引导幼儿创造性地用不同的动作来表现)

(2)再次播放音乐,扩大表演空间,丰富表演内容,表现出音乐的旋律特点。

教师:如果你是小木匠,你会制作什么? 怎样用动作表现出来?(引导幼儿创造性地用其他动作表演,根据ABABAB段音乐旋律创编出制作椅子、桌子、衣柜等不同家具的动作)

提示:通过动作的延伸与创造,让幼儿理解不同的旋律乐段ABABAB。

♫多元展现

通过多元的动作及队形空间来表达音乐。

1.展示"具身融入"自主游戏课件,引导幼儿用多元的动作来表达音乐。

教师:做衣柜和做椅子的木头有什么不一样?(引导幼儿探索不同物品的不同制作动作)

2.再次播放音乐,根据ABABAB段的音乐旋律特点,用丰富的、创造性的动作表达音乐。

教师:大家一起合作,可以用什么动作来建造木屋呢?(引导幼儿反复玩耍几遍)

提示:可以改变表演队形,围桌游玩或者围大圈表演音乐,评价幼儿对音乐旋律乐句的掌握程度。

总结:木头变成椅子、桌子、衣柜、木屋的过程,需要木匠反复锯木头和推木头、坚持不懈地钉木头,再把木头创造性地组合,才能变成不同的物体。这需要专注、敬业、创新与努力的大国工匠精神。

四 活动延伸

投放到积木区,玩耍小木匠建房子、搭椅子的游戏。

第十节 韵律活动《煮面大师》

音乐素养

旋律:ABC段的旋律乐句。

基本情境:重庆小面远近闻名,秘诀就是有团子、条子、勺子三位大师配合煮面的情境游戏。

基本动作:团子大师揉面团(A段旋律乐句)。
条子大师煮面条(B段旋律乐句)。
勺子大师搅拌面(C段旋律乐句)。

情境与动作的创造:根据ABC段旋律自由创编煮鸡蛋、蔬菜、汤圆、牛肉等不同食物的动作。

一 活动目标

1.喜欢与同伴一起扮演煮面大师,并跟随音乐玩要“煮面”的游戏,体验音乐活动的乐趣。

2.根据ABC的3段音乐旋律,用身体创编出不同煮面、搅拌面的动作并表演。

3.专注倾听音乐并想象煮面的游戏场景,锻炼想象力与创造力。

二 活动准备

1.场景准备:围桌而坐、围成半圆皆可。

2.物质准备:教学多媒体资源包。

3.经验准备:在幼儿园小厨房,有过玩要“模拟煮面”的情境游戏。

三 活动过程

♫立体感知

1.全屏播放“立体感知”的动画导入,通过视觉与听觉学习激发幼儿对“煮面大师”的音乐情境主题的活动兴趣。

教师:你吃过重庆小面吗? 重庆小面为什么这么有名?

2.第二次播放,缩小视频,引导幼儿专注倾听音乐旋律的变化。

教师:重庆小面是怎么做出来的?(教师可用“揉面团”“煮面条”“搅拌面”的口令对应ABC段旋律进行提示)

3.第三次播放,缩小视频,引导幼儿运用自己的肢体摆动来跟着音乐动一动,呈现出对ABC段音乐旋律的感知。

教师:你可以跟着音乐旋律做什么样的身体动作呢?(可以运用拍手、拍肩、跺脚等多种声势动作)

提示:通过动画的导入,引导幼儿用视觉、听觉、运动觉的多维学习方式初步感受ABC段的音乐旋律变化,为“具身融入”“自主探索”的游戏环节打下坚实的基础。

♫具身融入与自主探索

1.通过基本的情境,初步尝试理解音乐的旋律。

(1)播放“具身融入”的第一页课件,通过情境理解“扮演煮面大师来煮面”的游戏内容,在脑海里清晰地再现本次活动的情境。

教师:团子大师是怎么揉面团的?(引导幼儿自主探索A段中团子大师揉面团的动作)

(2)播放“具身融入”ABC段旋律课件,引导幼儿通过角色理解目标中ABC段的不同旋律。

教师:条子大师是怎么煮面条的?(引导幼儿自主探索B段中条子大师煮面条的动作)

(3)再次播放本页的音乐,可以结合“自主探索”的视频呈现。

教师:勺子大师又是怎么搅拌面的呢?(引导幼儿自主探索C段中勺子大师搅拌面的动作)

提示:通过煮面大师的角色代入,玩耍3遍左右,让幼儿对ABC段的音乐旋律有了初步的理解。

2.情境及动作的创造——通过不同的情境角色,巩固对音乐旋律的感知与理解。

(1)播放“具身融入”课件,结合“自主探索”中的视频呈现。此阶段为多元的探索过程,通过情境提示来探索游戏,从而更加深入地理解达成预设目标。

教师:你是大师,如何做面条?(引导幼儿创造性地将揉面团、煮面条、搅拌面的动作对

应ABC段来表现音乐)

(2)再次播放音乐,扩大表演空间,丰富表演内容,表现出音乐的旋律特点。

教师:除了煮面,还可以煮什么?怎么跟着音乐用动作表现出来呢?(引导幼儿创造性地根据ABC段音乐旋律创编出煮鸡蛋、蔬菜、汤圆、牛肉等不同食物的动作)

提示:通过动作的延伸与创造,让幼儿理解不同的旋律乐段ABC。

♫多元展现

通过多元的动作及队形空间来表达音乐。

1.展示“具身融入”自主游戏课件,引导幼儿用多元的角色动作来表达音乐。

教师:你会怎么和伙伴一起煮汤圆呢?(引导幼儿用厨师、大锅、汤圆等角色进行游戏表演)

2.再次播放音乐,根据ABC段的音乐旋律特点,用丰富的、创造性的动作表达音乐。

教师:还可以用什么动作来煮不同的食物呢?(引导幼儿反复玩要几遍)

提示:可以改变表演队形,围桌游玩或者围大圈表演音乐,评价幼儿对音乐旋律的掌握程度。

四　活动延伸

1.在小厨房区角,继续玩要音乐游戏。

2.增加课时,做演奏活动。

第十一节 韵律活动《魔幻泡泡机》

音乐素养

旋律:ABC段的旋律乐句。

基本情境:在户外玩耍吹泡泡的游戏。

基本动作:沾水吹小泡泡(A段旋律乐句)。

不同方位或地方吹大泡泡(B段旋律乐句)。

在泡泡中嬉戏或者舞蹈(C段旋律乐句)。

情境与动作的创造:根据ABC段旋律自由创编吹泡泡的不同动作,乐感强的班级,可以根据音乐ABC段的旋律特点创编出转风车、投壶套圈、玩纸飞机等不同内容的情境游戏。

一 活动目标

1.喜欢与同伴一起跟随音乐玩耍“吹泡泡”的游戏,感受音乐活动的快乐。

2.根据ABC段的音乐旋律特点,尝试创编“吹泡泡”“玩泡泡”的不同游戏。

3.了解“吹泡泡”的过程,理解吹泡泡动作与音乐旋律的关系。

二 活动准备

1.场景准备:围桌而坐、围成半圆皆可。

2.物质准备:教学多媒体资源包。

3.经验准备:玩过“吹泡泡”的游戏,了解有小泡泡和大泡泡等不同形状的泡泡。

三 活动过程

♫立体感知

1.全屏播放“立体感知”的动画导入,通过视觉与听觉学习激发幼儿对“魔幻泡泡机”的音乐情境主题的活动兴趣。

教师:你吹过泡泡吗? 泡泡都有什么形状的呢?

2.第二次播放,缩小视频,引导幼儿专注倾听音乐旋律的变化。

教师:你会吹什么形状的泡泡?(教师可用“吹大、小泡泡”“在泡泡中嬉戏、舞蹈”等口令对应ABC段旋律进行提示)

3.第三次播放,缩小视频,引导幼儿运用自己的肢体摆动来跟着音乐动一动,呈现出对ABC段音乐旋律的感知。

教师:你可以跟着音乐旋律做什么样的身体动作呢?(可以运用拍手、拍肩、跺脚等多种声势动作)

提示:通过动画的导入,引导幼儿用视觉、听觉、运动觉的多维学习方式初步感受ABC段的音乐旋律变化,为“具身融入”“自主探索”的游戏环节打下坚实的基础。

♫具身融入与自主探索

1.通过基本的情境,初步尝试理解音乐的旋律。

(1)播放“具身融入”的第一页课件,通过情境理解“吹泡泡”的游戏内容,在脑海里清晰地再现本次活动的情境。

教师:你会怎样吹小泡泡呢?(引导幼儿自主探索A段中吹小泡泡的动作)

(2)播放“具身融入”ABC段旋律课件,引导幼儿通过角色理解目标中ABC段的不同旋律。

教师:你会怎样吹大泡泡? 在哪些地方吹呢?(引导幼儿自主探索B段中吹大泡泡的动作)

(3)再次播放本页的音乐,可以结合“自主探索”的视频呈现。

教师:在泡泡下,你会和好朋友玩什么游戏呢?(引导幼儿自主探索C段在泡泡中嬉戏舞蹈的动作)

提示:通过“吹泡泡”的情境代入,玩耍3遍左右,让幼儿对ABC段的音乐旋律有了初步的理解。

2.情境及动作的创造——通过不同的情境内容,巩固对音乐旋律的感知与理解。

(1)播放“具身融入”课件,结合“自主探索”中的视频呈现。此阶段为多元的探索过程,通过情境提示来探索游戏,从而更加深入地理解达成预设目标。

教师:你能吹出长、大、圆、五角星的泡泡吗?(引导幼儿创造性用不同的动作对应ABC来表现音乐)

(2)再次播放音乐,扩大表演空间,丰富表演内容,表现出音乐的旋律特点。

教师:除了吹泡泡,还可以跟着音乐的旋律玩耍什么游戏呢?(引导幼儿创造性地根据ABC段音乐旋律创编出转风车、投壶套圈、玩纸飞机不同情境游戏的动作)

提示:通过动作的延伸与创造,让幼儿理解不同的旋律乐段ABC。

♫多元展现

通过多元的动作及队形空间来表达音乐。

1.展示"具身融入"自主游戏课件,引导幼儿用多元的角色动作来表达音乐。

教师:你会怎么和伙伴转风车、投壶套圈、玩纸飞机呢?(引导幼儿用对应的游戏动作表达音乐)

2.再次播放音乐,根据ABC段的音乐旋律特点,用丰富的、创造性的动作表达音乐。

教师:还可以用什么动作来玩不同的游戏呢?(引导幼儿反复玩耍几遍)

提示:可以改变表演队形,围桌游玩或者围大圈表演音乐,评价幼儿对音乐旋律的掌握程度。

四 活动延伸

继续探索多彩多样的泡泡。

第十二节 韵律活动《猫捉老鼠》

音乐素养

旋律：音乐的开始和停止。

基本情境：猫和老鼠对抗的情境游戏。

基本动作：猫梳理毛发、睡觉、弹琴等，老鼠去捣乱(音乐开始)。
猫去捉老鼠(音乐暂停)。

情境与动作的创造：根据旋律行进和停止的特点自由创编猫捉老鼠的不同动作。乐感强的班级，可以根据音乐旋律行进和停止的特点创编出“木头人”的情境游戏。

一 活动目标

1.喜欢与同伴一起跟随音乐玩耍“猫捉老鼠”的游戏，体验音乐活动的丰富性、趣味性。

2.根据音乐行进和暂停的乐段特点，尝试创编出猫理发、睡觉、弹琴等不同的动作。

3.初步感知音乐中出现停顿的风格特点。

二 活动准备

1.场景准备：围桌而坐、围成半圆皆可。

2.物质准备：教学多媒体资源包。

3.经验准备：看过猫捉老鼠的动画，能想象猫抓老鼠的各种情境。

三 活动过程

立体感知

1.全屏播放“立体感知”的动画导入，通过视觉与听觉学习激发幼儿对“猫捉老鼠”的音乐情境主题的活动兴趣。

教师：你看过猫捉老鼠的动画吗？你能描述一下猫与老鼠的故事吗？

2.第二次播放，缩小视频，引导幼儿专注倾听音乐旋律的变化。

教师：猫在什么时候去捉老鼠的？（教师可用“捉”的口令对应“音乐暂停”进行提示）

3.第三次播放，缩小视频，引导幼儿运用自己的肢体摆动来跟着音乐动一动，呈现出对音乐旋律行进和停止的感知。

教师：你可以跟着音乐旋律做什么样的身体动作呢？（可以运用拍手、拍肩、跺脚等多种声势动作）

提示：通过动画的导入，引导幼儿用视觉、听觉、运动觉的多维学习方式初步感受音乐旋律行进和停止的变化，为“具身融入”“自主探索”的游戏环节打下坚实的基础。

具身融入与自主探索

1.通过基本的情境，初步尝试理解音乐的旋律。

（1）播放“具身融入”的第一页课件，通过情境理解“猫捉老鼠”的游戏内容，在脑海里清晰地再现本次活动的情境。

教师：猫和老鼠发生了什么事？（引导幼儿自主探索猫梳理毛发、睡觉、弹琴等，老鼠去捣乱的动作）

（2）播放“具身融入”的旋律课件，引导幼儿通过角色理解目标中音乐旋律的行进与暂停。

教师：老鼠被捉了几次呢？有没有被捉到呢？（引导幼儿自主探索音乐的暂停部分）

（3）再次播放本页的音乐，可以结合“自主探索”的视频呈现。

教师：猫在梳理毛发、睡觉、弹琴的时候，老鼠是怎样捣乱的呢？（引导幼儿自主探索老鼠的游戏动作）

提示：通过猫与老鼠的角色代入，玩耍3遍左右，让幼儿对音乐行进与暂停的旋律有了初步的理解。

2.情境及动作的创造——通过不同的情境角色，巩固对音乐旋律的感知与理解。

（1）播放“具身融入”课件，结合“自主探索”中的视频呈现。此阶段为多元的探索过程，通过情境提示来探索游戏，从而更加深入地理解达成预设目标。

教师：你更喜欢扮演哪一个角色？（引导幼儿双人组合，创造性用猫与老鼠的不同动作

来表现音乐）

(2)再次播放音乐，扩大表演空间，丰富表演内容，表现出音乐的旋律特点。

教师：猫和老鼠还发生了什么事情呢？(引导幼儿想象猫与老鼠相互对抗的内容，根据音乐行进和暂停的旋律创编出猫喝牛奶、吃蛋糕、晒太阳、玩毛球，老鼠捣乱等不同情境游戏的动作）

提示：通过角色动作的延伸与创造，让幼儿理解音乐旋律的行进与暂停。

♫多元展现

通过多元的动作及队形空间来表达音乐。

1. 展示“具身融入”自主游戏课件，引导幼儿用多元的角色动作来表达音乐。

教师：你会怎么和伙伴一起扮演猫和老鼠玩要呢？(引导幼儿用对应的游戏动作表达音乐）

2. 再次播放音乐，根据音乐行进与暂停的旋律特点，用丰富的、创造性的动作表达音乐。

教师：根据音乐特点，你还会想到什么游戏呢？(引导幼儿创造出扮演医生、老师、警察、厨师、司机等不同角色玩要“木头人”的游戏，音乐行进木头人工作，音乐暂停木头人不动）

提示：可以改变表演队形，围桌游玩或者围大圈表演音乐，评价幼儿对音乐旋律的掌握程度。

四　活动延伸

1. 音乐区：音乐投放在音乐区利用其他的元素进行继续创编音乐律动游戏。
2. 表演区：调皮的老鼠和好朋友猫的故事。
3. 户外活动：玩要“木头人”游戏。

第十三节 韵律活动《幼幼农场》

音乐素养

旋律:ABABA段的旋律乐句。

基本情境:在农场里拔萝卜、摘蔬菜、摘水果等游戏。

基本动作:穿梭在农场的各个区域(A段旋律乐句)。

摘蔬菜、摘水果、喂动物、做饭等活动(B段旋律乐句)。

情境与动作的创造:根据旋律特点自由创编摘水果、喂动物、做饭等游戏动作。乐感强的班级,可以根据音乐的旋律特点创编与同伴一起挖红薯、种树、挑水、磨豆浆、滑草等不同的游戏动作。

一 活动目标

1. 喜欢与同伴一起跟随音乐玩耍“在农场摘水果”的游戏,体验音乐活动的快乐。

2. 根据ABABA的音乐旋律,用身体创编出摘蔬菜、摘水果、喂动物、做饭的动作并表演。

3. 专注倾听音乐并想象在农场游戏的场景,锻炼想象力与创造力。

二 活动准备

1. 场景准备:围桌而坐、围成半圆皆可;有条件的可以利用区角材料布置农场的情境。

2. 物质准备:教学多媒体资源包。

3. 经验准备:知道在农场里可以喂动物、做饭、滑草等。

三　活动过程

♫立体感知

1.全屏播放“立体感知”的动画导入，通过视觉与听觉学习激发幼儿对“去幼幼农场玩”的音乐情境主题的活动兴趣。

教师：你去过农场吗？农场里面有什么呢？

2.第二次播放，缩小视频，引导幼儿专注倾听音乐旋律的变化。

教师：农场里面可以体验哪些活动？（教师可用“穿梭在农场的各个区域”“摘水果”“喂动物”等口令对应ABABA段旋律提示）

3.第三次播放，缩小视频，引导幼儿运用自己的肢体摆动来跟着音乐动一动，呈现出对ABABA段音乐旋律的感知。

教师：你可以跟着音乐旋律做什么样的身体动作呢？（可以运用拍手、拍肩、跺脚等多种声势动作）

提示：通过动画的导入，引导幼儿用视觉、听觉、运动觉的多维学习方式初步感受ABABA段的音乐旋律变化，为“具身融入”“自主探索”的游戏环节打下坚实的基础。

♫具身融入与自主探索

1.通过基本的情境，初步尝试理解音乐的旋律。

（1）播放“具身融入”的第一页课件，通过“去幼幼农场玩”理解游戏内容，在脑海里清晰地再现本次活动的情境。

教师：我们一起去农场吧！可以怎么走着去呢？（引导幼儿自主探索A段穿梭在农场的各个区域的动作）

（2）播放“具身融入”ABABA段旋律课件，引导幼儿通过角色理解音乐的不同旋律。

教师：你是怎样摘水果和喂动物的？（引导幼儿自主探索两个B段中摘水果和喂动物的动作）

（3）再次播放本页的音乐，可以结合“自主探索”的视频呈现。

教师：还可以用什么动作来表示参观农场和摘水果、喂动物呢？（自由探索音乐中AB段的旋律）

提示：通过“去幼幼农场玩”的情境代入，玩耍3遍左右，让幼儿对ABABA段的旋律有了初步的理解。

2.情境及动作的创造——通过不同的情境内容，巩固对音乐旋律的感知与理解。

（1）播放“具身融入”课件，结合“自主探索”中的视频呈现。此阶段为多元的探索过程，通过情境提示来探索游戏，从而更加深入地理解达成预设目标。

教师:你能扮演果树和小兔等动植物,并做出相应的动作来表现音乐吗?(引导幼儿创造性地用不同的角色动作来表现音乐)

(2)再次播放音乐,扩大表演空间,丰富表演内容,表现出音乐的旋律特点。

教师:农场里还可以体验到什么项目呢?(引导幼儿创造性地用其他动作表演,根据ABABA段音乐旋律创编出挖红薯、种树、挑水、磨豆浆、滑草等不同情境的游戏动作)

提示:通过动作的延伸与创造,让幼儿理解不同的旋律乐段ABABA。

♫多元展现

通过多元的动作及队形空间来表达音乐。

1.展示"具身融入"自主游戏课件,引导幼儿用多元的动作来表达音乐。

教师:你准备跟着音乐体验哪些农场里的项目?(引导幼儿探索不同项目的游戏动作)

2.再次播放音乐,根据ABABA段的音乐旋律特点,用丰富的、创造性的动作表达音乐。

教师:我们扮演一个农场和参观农场的人,该怎么玩耍呢?(引导幼儿反复玩耍几遍,部分幼儿可以按照不同的小组扮演成动物、果树,另一部分幼儿扮演参观的人;A段行走,B段玩耍)

提示:可以改变表演队形,围桌游玩或者围大圈表演音乐,评价幼儿对音乐旋律的掌握程度。

四 活动延伸

延伸至表演区,开展"快乐农场"的表演活动。

第十四节　韵律活动《森林大会》

音乐素养

旋律：ABC段的旋律乐句。

基本情境：森林迎来了每年一届的草原大会，狮王召集所有小动物一起开会的情境游戏。

基本动作：欢迎狮王进场（A段旋律乐句）。

狮王走路及点名（B段旋律乐句）。

狮王发表讲话（C段旋律乐句）。

情境与动作的创造：根据ABC段旋律自由创编大象、小鸟、猴子等动物进场、行礼、回应的动作。乐感好的班级，还可以创编动物敲锣打鼓、跳舞、吃美食等其他情境内容。

一　活动目标

1.喜欢与同伴一起玩耍“扮演狮王”的音乐游戏，体验音乐活动的快乐。

2.根据音乐ABC段的旋律特点，尝试创编狮王进场、走路、点名、讲话的不同动作。

3.通过音乐活动，了解狮王威武凶猛的性格特点。

二　活动准备

1.场景准备：围桌而坐、围成半圆皆可。

2.物质准备：教学多媒体资源包。

3.经验准备：了解过绘本《狮子王》，知道狮子在草原的领导地位。

三 活动过程

♫立体感知

1.全屏播放“立体感知”的动画导入,通过视觉与听觉学习激发幼儿对“森林大会”的音乐情境主题的活动兴趣。

教师:你知道森林之王是谁吗?

2.第二次播放,缩小视频,引导幼儿专注倾听音乐旋律的变化。

教师:森林之王是怎样开会的?(教师可用“欢迎狮王进场”“点名”“讲话”的口令对应ABC段旋律进行提示)

3.第三次播放,缩小视频,引导幼儿运用自己的肢体摆动来跟着音乐动一动,呈现出对ABC段音乐旋律的感知。

教师:你可以跟着音乐旋律做什么样的身体动作呢?(可以运用拍手、拍肩、跺脚等多种声势动作)

提示:通过动画的导入,引导幼儿用视觉、听觉、运动觉的多维学习方式初步感受ABC段的音乐旋律变化,为“具身融入”“自主探索”的游戏环节打下坚实的基础。

♫具身融入与自主探索

1.通过基本的情境,初步尝试理解音乐的旋律。

(1)播放“具身融入”的第一页课件,通过情境理解“扮演狮王来开大会”的游戏内容,在脑海里清晰地再现本次活动的情境。

教师:我们可以怎样欢迎狮王进场?(引导幼儿自主探索A段中欢迎狮王进场的动作)

(2)播放“具身融入”ABC段旋律课件,引导幼儿通过角色理解目标中ABC段的不同旋律。

教师:狮王是怎么走路和点名的?(引导幼儿自主探索B段中狮王走路和点名的动作)

(3)再次播放本页的音乐,可以结合“自主探索”的视频呈现。

教师:狮王是怎样讲话的? 它发表了几次讲话?(引导幼儿自主探索C段中狮王吼叫的动作)

提示:通过狮王的角色代入,玩耍3遍左右,让幼儿对ABC段的音乐旋律有了初步的理解。

2.情境及动作的创造——通过不同的情境角色,巩固对音乐旋律的感知与理解。

(1)播放“具身融入”课件,结合“自主探索”中的视频呈现。此阶段为多元的探索过程,通过情境提示来探索游戏,从而更加深入地理解达成预设目标。

教师:你还有什么不一样的动作表现狮王的威武?(引导幼儿创编狮王走路及吼叫的

游戏动作）

（2）再次播放音乐，扩大表演空间，丰富表演内容，表现出音乐的旋律特点。

教师：哪些小动物来参会了呢？怎么跟着音乐用动作表现出来？（引导幼儿创造性地根据ABC段音乐旋律创编出大象、小鸟、猴子等动物进场、行礼、回应讲话的动作）

提示：通过动作的延伸与创造，让幼儿理解不同的旋律乐段ABC。

♫多元展现

通过多元的动作及队形空间来表达音乐。

1. 展示“具身融入”自主游戏课件，引导幼儿用多元的角色动作来表达音乐。

教师：你喜欢扮演哪个动物角色呢？（引导幼儿用大象、小鸟、猴子等角色进行游戏表演）

2. 再次播放音乐，根据ABC段的音乐旋律特点，用丰富的、创造性的动作表达音乐。

教师：森林大会结束之后，动物们还会干什么？（引导幼儿根据ABC段旋律创编“敲锣打鼓”“跳舞”“吃美食”等不同的情境游戏）

提示：可以改变表演队形，围桌游玩或者围大圈表演音乐，评价幼儿对音乐旋律的掌握程度。

四　活动延伸

1. 在语言区，观看绘本《狮子王》。

2. 延伸至美术区，作画《威风凛凛的狮王》。

第十五节 韵律活动《上下左右前》

音乐素养

旋律:5个A段反复的旋律乐句。

基本情境:方位游戏。

基本动作:上下左右前5个方位的拍手游戏,对应音乐中5段反复的旋律。

情境与动作的创造:根据旋律特点自由创编围圈走与敲椅子的游戏动作,音乐间奏出现时可以围圈走,音乐A段出现时,可以敲凳子。乐感好的班级,还可以创编“小兔子跳跳”“爷爷打饼”等不同的情境游戏。提示:间奏创编小兔子吃草,A段创编小兔子跳,间奏创编爷爷摊饼,A段创编爷爷打饼等。

一 活动目标

1. 喜欢与同伴一起玩要关于方位的音乐游戏,体验音乐活动的趣味。
2. 根据音乐A段的平行旋律乐句,尝试在不同方位创编出不同的游戏动作。
3. 通过音乐活动,了解上、下、左、右、前等5个方位。

二 活动准备

1. 场景准备:围桌而坐、围成半圆皆可。
2. 物质准备:教学多媒体资源包。
3. 经验准备:知道上下左右前5个方位。

三 活动过程

♫立体感知

1.全屏播放“立体感知”的动画导入，通过视觉与听觉学习激发幼儿对“上下左右前”的音乐情境主题的活动兴趣。

教师：你知道哪些方位词呢？

2.第二次播放，缩小视频，引导幼儿专注倾听音乐旋律的变化。

教师：音乐中出现了几个方位？（教师可用间奏时“围圈走”、A段“拍手”的口令对应A段反复的旋律提示）

3.第三次播放，缩小视频，引导幼儿运用自己的肢体摆动来跟着音乐动一动，呈现出对音乐中5个A段旋律的感知。

教师：你可以跟着音乐旋律做什么样的身体动作呢？（可以运用拍手、拍肩、跺脚等多种声势动作）

提示：通过动画的导入，引导幼儿用视觉、听觉、运动觉的多维学习方式初步感受音乐5个A段的旋律变化，为“具身融入”“自主探索”的游戏环节打下坚实的基础。

♫具身融入与自主探索

1.通过基本的情境，初步尝试理解音乐的旋律。

（1）播放“具身融入”的第一页课件，通过“上下左右前”的方位游戏理解内容，在脑海里清晰地再现本次活动的情境。

教师：你会选择做什么动作在不同的方位展示？（引导幼儿自主探索A段中拍手、画圈、开花等动作）

（2）播放“具身融入”5个A段旋律课件，引导幼儿通过方位动作理解音乐反复的旋律。

教师：你还能想到其他动作在5个方位里展示吗？（引导幼儿自主探索挽手、打枪、对拳等动作）

（3）再次播放本页的音乐，可以结合“自主探索”的视频呈现。

教师：除了手的动作，还可以用什么动作表示方位呢？（引导幼儿用跳跃表示上下左右前的方位动作）

提示：通过不同的方位动作游戏，玩耍3遍左右，让幼儿对5个A段的旋律有了初步的理解。

2.情境及动作的创造——通过不同的情境内容，巩固对音乐旋律的感知与理解。

（1）播放“具身融入”课件，结合“自主探索”中的视频呈现。此阶段为多元的探索过程，通过情境提示来探索游戏，从而更加深入地理解达成预设目标。

教师：你还能用什么动作来展示5个方位呢？（引导幼儿创造性地用不同的动作来表现音乐）

（2）再次播放音乐，扩大表演空间，丰富表演内容，表现出音乐的旋律特点。

教师：你们通过方位对音乐的5个A段已经基本掌握了，我们一起来换个游戏，大家一起在凳子的外面围成大圈，可以怎么玩耍呢？（引导幼儿根据音乐探索出间奏围圈走，A段敲凳子的玩法）

提示：通过动作的延伸与创造，让幼儿理解音乐5个A段反复的旋律乐段。

♫多元展现

通过多元的动作及队形空间来表达音乐。

1.展示“具身融入”自主游戏课件，引导幼儿用多元的动作来表达音乐。

教师：还可以怎么拍凳子呢？（重点评价幼儿根据音乐旋律展示的表演动作）

2.再次播放音乐，根据音乐A段反复的旋律特点，用丰富的、创造性的动作表达音乐。

教师：你还可以跟着5个A段反复的旋律怎么玩呢？（引导幼儿创编“小兔子跳跳”“爷爷打饼”等不同的情境游戏。提示：间奏创编小兔子吃草，A段创编小兔子跳；间奏创编爷爷摊饼，A段创编爷爷打饼）

提示：可以改变表演队形，围桌游玩或者围大圈表演音乐，评价幼儿对音乐旋律的掌握程度。

四 活动延伸

投放到数学区，感知上下左右的不同方位。

第十六节 韵律活动《军事演习》

音乐素养

旋律：ABCAB段的旋律乐句。

基本情境：两个军队进行军事作战演习的游戏。

基本动作：战斗就位（A段旋律乐句）、两队对战（B段旋律乐句）、补充弹药（C段旋律乐句）、往前行进（A段旋律乐句）、继续对战（B段旋律乐句）。

情境与动作的创造：根据旋律特点自由创编行军、对战、补充弹药等游戏动作。

一 活动目标

1. 喜欢与同伴一起玩耍“军事演习”的游戏，激发幼儿对军人的敬畏与崇拜之情。
2. 根据音乐ABCAB的乐段特点，尝试创编出不同的演习动作。
3. 初步感知音乐中紧张的、激烈的音乐情绪。

二 活动准备

1. 场景准备：围桌而坐、围成半圆皆可；有条件的可以利用区角材料布置军演的情境。
2. 物质准备：教学多媒体资源包。

三 活动过程

♫立体感知

1.全屏播放“立体感知”的动画导入，通过视觉与听觉学习激发幼儿对“军事演习”的音乐情境主题的活动兴趣。

教师：你见过军人叔叔吗？他们在你们心目中是怎样的？

2.第二次播放，缩小视频，引导幼儿专注倾听音乐旋律的变化。

教师：军人叔叔在军事演习的过程中，会用到哪些武器，是怎样进行战斗的呢？（教师可用“战斗就位”“两队对战”“补充弹药”“往前行进”“继续对战”的口令对应乐段进行提示）

3.第三次播放，缩小视频，引导幼儿运用自己的肢体摆动来跟着音乐动一动，呈现出对ABCAB段音乐旋律的感知。

教师：你可以跟着音乐旋律做什么样的身体动作呢？（可以运用拍手、拍肩、跺脚等多种声势动作）

提示：通过动画的导入，引导幼儿用视觉、听觉、运动觉的多维学习方式初步感受ABCAB段的音乐旋律变化，为“具身融入”“自主探索”的游戏环节打下坚实的基础。

♫具身融入与自主探索

1.通过基本的情境，初步尝试理解音乐的旋律。

（1）播放“具身融入”的第一页课件，通过扮演小小军人的角色理解游戏内容，在脑海里清晰地再现本次活动的情境。

教师：小小军人是怎么前进准备的，要注意什么？（引导幼儿自主探索A段就位与行进的动作）

（2）播放“具身融入”ABCAB段旋律课件，引导幼儿通过角色理解音乐的不同旋律。

教师：两队是怎样对战的？（引导幼儿自主探索两个B段中对战的动作）

（3）再次播放本页的音乐，可以结合“自主探索”的视频呈现。

教师：在对战过程中，如何补充弹药？（自由探索音乐C段中补充弹药的动作）

提示：通过小小军人的角色代入，玩耍3遍左右，让幼儿对ABCAB段的旋律有了初步的理解。

2.情境及动作的创造——通过不同的情境内容，巩固对音乐旋律的感知与理解。

（1）播放“具身融入”课件，结合“自主探索”中的视频呈现。此阶段为多元的探索过程，通过情境提示来探索游戏，从而更加深入地理解达成预设目标。

教师：你愿意加入哪个战队呢？（引导幼儿创造性地用不同的动作来表现音乐）

(2)再次播放音乐,扩大表演空间,丰富表演内容,表现出音乐的旋律特点。

教师:小朋友们已经具备一定的作战能力了,哪几位小朋友,愿意利用小椅子,一起来演习作战呢?(引导幼儿创造性地根据ABCAB段音乐旋律,分组展示游戏动作)

提示:通过动作的延伸与创造,让幼儿理解不同的旋律乐段ABCAB。

♫多元展现

通过多元的动作及队形空间来表达音乐。

1.展示"具身融入"自主游戏课件,引导幼儿用多元的动作来表达音乐。

教师:哪组胜利了? 为什么呢?(重点评价幼儿根据音乐旋律展示的表演动作)

2.再次播放音乐,根据ABCAB段的音乐旋律特点,用丰富的、创造性的动作表达音乐。

教师:小朋友们已经具备一定的作战能力了? 现在我们分为两个战队,利用小椅子,开始一起作战吧!(引导幼儿创造性地根据ABCAB段音乐旋律展示游戏动作)

提示:可以改变表演队形,围桌游玩或者围大圈表演音乐,评价幼儿对音乐旋律的掌握程度。

四　活动延伸

延伸至运动区,探索军人的训练动作。

第十七节 韵律活动《啦啦队》

音乐素养

旋律:4个AB段反复的旋律乐句。

基本情境:跳啦啦操的情境游戏。

基本动作:跳啦啦操(A段旋律乐句)。

喊加油"库库库企企"(B段旋律乐句),反复4遍。

情境与动作的创造:根据旋律特点自由创编啦啦操的不同游戏动作。

一 活动目标

1. 喜欢与同伴一起跟着音乐玩要"啦啦队"的游戏,体验音乐活动的快乐。
2. 根据4个反复的AB段音乐旋律,用身体创编出跳啦啦操的动作并表演。
3. 专注倾听音乐并想象跳啦啦操的游戏情境,锻炼想象力与创造力。

二 活动准备

1. 场景准备:围桌而坐、围成半圆皆可。
2. 物质准备:教学多媒体资源包、花球。
3. 经验准备:对啦啦操有一定的了解。

三　活动过程

立体感知

1.全屏播放“立体感知”的动画导入,通过视觉与听觉学习激发幼儿对“加入啦啦队”的音乐情境主题的活动兴趣。

教师:你知道什么是啦啦操吗?啦啦操是为谁助威的呢?

2.第二次播放,缩小视频,引导幼儿专注倾听音乐旋律的变化。

教师:你听到助威口号了吗?口号是怎样的?(教师可用“库库库企企”的口令对应B段旋律进行提示)

3.第三次播放,缩小视频,引导幼儿运用自己的肢体摆动来跟着音乐动一动,呈现出对4个AB段反复的音乐旋律感知。

教师:你可以跟着音乐旋律做什么样的身体动作呢?(可以运用拍手、拍肩、跺脚等多种声势动作)

提示:通过动画的导入,引导幼儿用视觉、听觉、运动觉的多维学习方式初步感受4个AB段的音乐旋律变化,为“具身融入”“自主探索”的游戏环节打下坚实的基础。

具身融入与自主探索

1.通过基本的情境,初步尝试理解音乐的旋律。

(1)播放“具身融入”的第一页课件,通过扮演啦啦队员的角色理解游戏内容,在脑海里清晰地再现本次活动的情境。

教师:你会选择什么样的啦啦操动作呢?(引导幼儿自主探索A段中斜上冲拳、上A上V等啦啦操动作)

(2)播放“具身融入”4个AB段反复的旋律课件,引导幼儿通过动作理解音乐的旋律。

教师:你会用什么动作表示加油呢?(引导幼儿自主探索B段中加油的啦啦操动作)

(3)再次播放本页的音乐,可以结合“自主探索”的视频呈现。

教师:一共喊了几遍加油呢?(引导幼儿探索重复4遍的AB段旋律)

提示:通过不同的啦啦操动作,玩耍3遍左右,让幼儿对4个AB段的旋律有了初步的理解。

2.情境及动作的创造——通过不同的情境内容,巩固对音乐旋律的感知与理解。

(1)播放“具身融入”课件,结合“自主探索”中的视频呈现。此阶段为多元的探索过程,通过情境提示来探索游戏,从而更加深入地理解达成预设目标。

教师:你还有什么不一样的啦啦操动作呢?(引导幼儿创造性地用高冲拳、侧K等动作来表现音乐)

(2)再次播放音乐,扩大表演空间,丰富表演内容,表现出音乐的旋律特点。

教师:我们可以跟着4个A段音乐组合哪几种啦啦操动作呢?(引导幼儿根据音乐探索出斜上冲拳、上A上V、高冲拳、侧K的不同啦啦操动作的组合)

提示:通过动作的延伸与创造,让幼儿理解4个AB段反复的音乐旋律乐段。

♫多元展现

通过多元的动作及队形空间来表达音乐。

1.展示"具身融入"自主游戏课件,引导幼儿用多元的动作来表达音乐。

教师:可以用什么样的队形展示啦啦队?(重点评价幼儿根据音乐旋律展示的表演动作)

2.再次播放音乐,根据AB段反复的音乐旋律特点,用丰富的、创造性的动作表达音乐。

教师:你还可以跟着4个AB段反复的旋律怎么玩呢?(引导幼儿创编不同的啦啦操动作)

提示:可以改变表演队形,围桌游玩或者围大圈表演音乐,评价幼儿对音乐旋律的掌握程度。

四 活动延伸

延伸至表演区开展活动"美丽的啦啦操"。

五 活动补充说明

啦啦操的六种手式。

1.并拢式:五指伸直,相互并拢;大拇指微屈,指关节贴于食指旁。

2.分开式:五指用力伸直,充分张开。

3.芭蕾式手式:五指微屈,后三指并拢、稍内收,大拇指内扣。

4.拳式:握拳,大拇指在外,指关节弯曲,紧贴于食指和中指。

5.立掌式:五指伸直,手掌用力上翘。

6.西班牙舞手式:五指用力,小拇指、无名指、中指自掌指关节处依次屈,大拇指稍内扣。

第十八节 韵律活动《水果庄园》

音乐素养

旋律：ABC段的旋律乐句。

基本情境：去水果庄园摘水果的游戏。

基本动作：摘地上的水果（A段旋律乐句）。
摘树上的水果（B段旋律乐句）。
洗水果与吃水果（C段旋律乐句）。

情境与动作的创造：根据旋律特点自由创编扮演果树、水果、摘果人等不同角色的游戏动作，乐感强的班级，可以根据音乐的旋律特点创编果园丰收会上“展示水果”“水果造型”“水果舞会”等不同的游戏内容。

一　活动目标

1.喜欢与同伴一起跟随音乐玩耍摘水果的游戏，体验音乐活动的快乐。

2.根据ABC的3段音乐旋律，用身体创编出摘水果、洗水果、吃水果的动作并表演。

3.专注倾听音乐并想象果园丰收会的游戏情境，锻炼想象力与创造力。

二　活动准备

1.场景准备：围桌而坐、围成半圆皆可；有条件的可以利用区角材料布置果园的情境。

2.物质准备：教学多媒体资源包。

3.经验准备：知道苹果、芒果、椰子等水果长在高高的树上；草莓、西瓜、香瓜等长在地面上。

三 活动过程

立体感知

1.全屏播放“立体感知”的动画导入，通过视觉与听觉学习激发幼儿对“去水果庄园玩”的音乐情境主题的活动兴趣。

教师：你摘过水果吗？

2.第二次播放，缩小视频，引导幼儿专注倾听音乐旋律的变化。

教师：你摘了哪些水果呢？它们长在哪里？（教师可用“树上的水果”“地面上的水果”“洗水果”“吃水果”的口令对应ABC段旋律提示）

3.第三次播放，缩小视频，引导幼儿运用自己的肢体摆动来跟着音乐动一动，呈现出对ABC段音乐旋律的感知。

教师：你可以跟着音乐旋律做什么样的身体动作呢？（可以运用拍手、拍肩、跺脚等多种声势动作）

提示：通过动画的导入，引导幼儿用视觉、听觉、运动觉的多维学习方式初步感受ABC段的音乐旋律变化，为“具身融入”“自主探索”的游戏环节打下坚实的基础。

具身融入与自主探索

1.通过基本的情境，初步尝试理解音乐的旋律。

（1）播放“具身融入”的第一页课件，通过去“水果庄园玩”理解游戏内容，在脑海里清晰地再现本次活动的情境。

教师：哪些水果长在高高的树上？你会怎样摘呢？（引导幼儿自主探索A段摘香蕉、苹果、芒果的动作）

（2）播放“具身融入”ABC段旋律课件，引导幼儿通过角色理解音乐的不同旋律。

教师：哪些水果长在地面上？你会怎样摘呢？（引导幼儿自主探索B段摘草莓、西瓜、香瓜的动作）

（3）再次播放本页的音乐，可以结合“自主探索”的视频呈现。

教师：你想要吃哪些水果呢？你会怎样把水果洗干净并吃掉呢？（自由探索音乐中C段中洗水果、吃水果的动作）

提示：通过“去水果庄园玩”的情境代入，玩要3遍左右，让幼儿对ABC段的旋律有了初步的理解。

2.情境及动作的创造——通过不同的情境内容，巩固对音乐旋律的感知与理解。

（1）播放“具身融入”课件，结合“自主探索”中的视频呈现。此阶段为多元的探索过程，通过情境提示来探索游戏，从而更加深入地理解达成预设目标。

教师:摘不同的水果,动作有什么不同?(引导幼儿创造性地用轻与重的不同动作来表现音乐)

(2)再次播放音乐,扩大表演空间,丰富表演内容,表现出音乐的旋律特点。

教师:果园里有哪些角色? 怎样用动作表现出来?(引导幼儿创造性地用其他动作表演,根据ABC段音乐旋律创编出扮演果树、水果、摘果人等不同角色的游戏动作)

提示:通过动作的延伸与创造,让幼儿理解不同的旋律乐段ABC。

♫多元展现

通过多元的动作及队形空间来表达音乐。

1.展示“具身融入”自主游戏课件,引导幼儿用多元的动作来表达音乐。

教师:每个角色跟着音乐旋律的改变,动作有什么不同?(引导幼儿探索不同角色的多元游戏动作)

2.再次播放音乐,根据ABC段的音乐旋律特点,用丰富的、创造性的动作表达音乐。

教师:听着ABC段的音乐旋律,你还想到了什么游戏呢?(引导幼儿反复玩耍,可以根据音乐的旋律特点创编果园丰收会上“展示水果”“水果造型”“水果舞会”等不同的游戏内容)

提示:可以改变表演队形,围桌游玩或者围大圈表演音乐,评价幼儿对音乐旋律的掌握程度。

四 活动延伸

延伸至故事小天地,开展”我吃过的水果“故事分享会。

第十九节 韵律活动《神秘的星球》

音乐素养

旋律：ABCD段的旋律乐句。

基本情境：宇宙中，有个神秘的星球，星球上的A星族与C星族正在进行收集“探测狗”大赛。

基本动作：A星族与C星族机器人前进（A段旋律乐句）。

A星族与C星族机器人收集“探测狗”（B段旋律乐句）。

A星族与C星族机器人相遇，为了争夺“探测狗”发生斗争（C段旋律乐句）。

A星族与C星族机器人撤退（D段旋律乐句）。

情境与动作的创造：根据旋律特点自由创编A、C星族机器人前进后退等不同的游戏动作。乐感强的班级，可以根据音乐的旋律特点创编神秘星球的“交通工具”“家用电器”等不同的游戏内容。

一 活动目标

1.激发对宇宙星球探索的热情与兴趣，体验音乐活动的快乐。
2.根据ABCD段的音乐旋律特点，用身体创编出机器人的动作并表演。
3.专注倾听音乐并想象游戏的场景，锻炼想象力与创造力。

二 活动准备

1.场景准备：围桌而坐、围成半圆皆可；有条件的可以利用科学材料布置宇宙的情境。

2.物质准备:教学多媒体资源包。

3.经验准备:对机器人的动作特点有一定的了解。

三　活动过程

♫立体感知

1.全屏播放“立体感知”的动画导入,通过视觉与听觉学习激发幼儿对“神秘的星球”的音乐情境主题的活动兴趣。

教师:你对宇宙了解吗?宇宙中都有什么样的星球呢?

2.第二次播放,缩小视频,引导幼儿专注倾听音乐旋律的变化。

教师:你看到了什么样的机器人?(教师可用“机器人前进”“收集‘探测狗’”“相遇”“撤退”的口令对应不同的旋律)

3.第三次播放,缩小视频,引导幼儿运用自己的肢体摆动来跟着音乐动一动,呈现出对ABCD段音乐旋律的感知。

教师:你可以跟着音乐旋律做什么样的身体动作呢?(可以运用拍手、拍肩、跺脚等多种声势动作)

提示:通过动画导入,引导幼儿用视觉、听觉、运动觉的多维学习方式初步感受ABCD段的音乐旋律变化,为“具身融入”“自主探索”的游戏环节打下坚实的基础。

♫具身融入与自主探索

1.通过基本的情境,初步尝试理解音乐的旋律。

(1)播放“具身融入”的第一页课件,通过玩耍游戏“神秘的星球”,在脑海里清晰地再现本次活动的情境。

教师:A星族机器人和C星族机器人是怎样前进的?(引导幼儿自主探索A段机器人的动作)

(2)再次播放本页的音乐,可以结合“自主探索”的视频呈现。

教师:机器人是如何收集机器“探测狗”的?(自由探索音乐B段中收集机器“探测狗”的动作)

(3)再次播放本页的音乐,可以结合“自主探索”的视频呈现。

教师:A星族与C星族机器人相遇后发生了什么?你会怎样用动作表现?(自由探索音乐C段中战斗的动作)

(4)播放本页的音乐,可以结合“自主探索”的视频呈现。

教师:A星族与C星族机器人是怎样撤退的?(自由探索音乐D段中的撤退动作)

提示:通过“神秘的星球”的情境代入,玩耍3遍左右,让幼儿对ABCD段的旋律有了初步的理解。

2.情境及动作的创造——通过不同的情境内容,巩固对音乐旋律的感知与理解。

(1)播放“具身融入”课件,结合“自主探索”中的视频呈现。此阶段为多元的探索过程,通过情境提示来探索游戏,从而更加深入地理解达成预设目标。

教师:哪个星族机器人收集的“探测狗”多?(引导幼儿再次探索音乐 ABCD段的旋律结构)

(2)再次播放音乐,扩大表演空间,丰富表演内容,表现出音乐的旋律特点。

教师:近距离的探测狗已经被收集完毕,远距离的该怎么收集呢?(引导幼儿创造性地根据ABCD段音乐旋律,创编出乘坐飞船、太空旋转门等不同交通工具的游戏动作)

提示:通过动作的延伸与创造,让幼儿理解不同的旋律乐段ABCD。

多元展现

通过多元的动作及队形空间来表达音乐。

1.展示“具身融入”自主游戏课件,引导幼儿用多元的动作来表达音乐。

教师:你可以想到神秘星球的哪些交通工具呢?(引导幼儿探索乘坐不同交通工具的动作)

2.再次播放音乐,根据ABCD段的音乐旋律特点,用丰富的、创造性的动作表达音乐。

教师:你想扮演什么角色来表演呢?(引导幼儿反复玩耍,可以扮演情境中的宇宙、星族机器人、机器“探测狗”、太空旋转门等不同的角色,探索其创造性的动作并表演)

提示:可以改变表演队形,围桌游玩或者围大圈表演音乐,评价幼儿对音乐旋律的掌握程度。

四 活动延伸

投放到科学区,继续探索神秘的宇宙。

第二十节 韵律活动《舞龙与舞狮》

音乐素养

旋律:前奏+ABAC段的旋律乐句。

基本情境:中国传统文化舞龙与舞狮的游戏。

基本动作:舞龙(A段旋律乐句)、舞狮(B段旋律乐句)、舞龙(A段旋律乐句)、篝火晚会(C段旋律乐句)。

情境与动作的创造:根据旋律特点自由创编舞龙、舞狮、篝火舞蹈等不同的游戏动作。乐感强的班级,可以根据音乐的旋律特点创编“过年做团圆饭”“打弹珠”“放鞭炮”等不同的游戏内容。

一 活动目标

1.体验“舞龙”“舞狮”的游戏内容,感受喜庆、欢快的情绪。

2.根据ABAC段的乐段特点,尝试创编舞龙、舞狮、篝火晚会的不同表演动作。

3.了解中国传统文化舞龙与舞狮。

二 活动准备

1.场景准备:围桌而坐、围成半圆皆可;有条件的可以利用区角材料布置舞龙与舞狮的情境。

2.物质准备:教学多媒体资源包。

3.经验准备:对音乐旋律乐段的变化,有一定的感知。

三 活动过程

立体感知

1.全屏播放“立体感知”的动画导入,通过视觉与听觉学习激发幼儿对“舞龙”“舞狮”的音乐情境主题的活动兴趣。

教师:你们过年有什么好玩的节目呢?

2.第二次播放,缩小视频,引导幼儿专注倾听音乐旋律的变化。

教师:你想要在过年的时候玩什么?(教师可用“舞龙”“舞狮”“篝火晚会”的口令对应不同的旋律)

3.第三次播放,缩小视频,引导幼儿运用自己的肢体摆动来跟着音乐动一动,呈现出对ABAC段音乐旋律的感知。

教师:你可以跟着音乐旋律做什么样的身体动作呢?(可以运用拍手、拍肩、跺脚等多种声势动作)

提示:通过动画的导入,引导幼儿用视觉、听觉、运动觉的多维学习方式初步感受ABAC的音乐旋律变化,为“具身融入”“自主探索”的游戏环节打下坚实的基础。

具身融入与自主探索

1.通过基本的情境,初步尝试理解音乐的旋律。

(1)播放“具身融入”的第一页课件,通过玩耍游戏“舞龙”“舞狮”,在脑海里清晰地再现本次活动的情境。

教师:可以用什么样的动作表示舞龙?(引导幼儿自主探索A段舞龙的动作)

(2)播放“具身融入”ABAC段旋律课件,引导幼儿通过角色理解音乐的不同旋律。

教师:可以用什么样的动作表示舞狮?(引导幼儿自主探索B段舞狮的动作)

(3)再次播放本页的音乐,可以结合“自主探索”的视频呈现。

教师:篝火晚会开始了,可以有哪些舞蹈动作?(自由探索音乐中C段中篝火晚会的动作)

提示:通过“舞龙”“舞狮”的情境代入,玩耍3遍左右,让幼儿对ABAC段的旋律有了初步的理解。

2.情境及动作的创造——通过不同的情境内容,巩固对音乐旋律的感知与理解。

(1)播放“具身融入”课件,结合“自主探索”中的视频呈现。此阶段为多元的探索过程,通过情境提示来探索游戏,从而更加深入地理解达成预设目标。

教师:你喜欢加入哪个节目? 有什么不同的动作?(引导幼儿分组玩耍“舞龙”“舞狮”“篝火晚会”等游戏)

(2)再次播放音乐,扩大表演空间,丰富表演内容,表现出音乐的旋律特点。

教师:过年热闹吗? 还有什么不同的节目呢?(引导幼儿创造性地根据ABAC段音乐旋律,创编出“过年做团圆饭”“打弹珠”“放鞭炮”等不同的游戏内容)

提示:通过动作的延伸与创造,让幼儿理解不同的旋律乐段ABAC。

♫多元展现

通过多元的动作及队形空间来表达音乐。

1.展示“具身融入”自主游戏课件,引导幼儿用多元的动作来表达音乐。

教师:你可以用什么动作来表示做饭、打弹珠、放鞭炮呢?(引导幼儿探索不同内容的动作)

2.再次播放音乐,根据ABAC段的音乐旋律特点,用丰富的、创造性的动作表达音乐。

教师:你会跟着音乐的特点,设计哪三种或者哪四种不同的活动呢?(引导幼儿反复玩耍,自由地根据音乐的旋律特点表现游戏内容)

提示:可以改变表演队形,围桌游玩或者围大圈表演音乐,评价幼儿对音乐旋律的掌握程度。

四　活动延伸

1.继续探索中华传统文化“舞龙”“舞狮”。

2.继续探索本首音乐的演奏活动。

第二十一节 韵律活动《车技训练》

音乐素养

旋律：口哨版的3个大旋律乐句。

基本情境：两个运输车队在有陡坡和急弯的路上进行车技训练。

基本动作：经历1个陡坡、3次转弯（第一旋律乐句）。

经历1个陡坡、3次转弯（第二旋律乐句）。

连续5个陡坡（第三旋律乐句），反复1遍。

情境与动作的创造：根据旋律特点自由创编出汽车经过陡坡和急弯的不同游戏动作。乐感强的班级，可以根据音乐的旋律特点创编出汽车载人、拉小动物的情境和“跳马鞍”“快走梅花桩”“小跑S形”等不同的游戏。

一 活动目标

1. 喜欢倾听经典名曲《布基上校进行曲》，感受音乐活动的乐趣。
2. 根据口哨吹奏的3段音乐旋律，用身体创编出开车的动作并表演。
3. 专注倾听音乐并想象开车比赛的情境，锻炼想象力与创造力。

二 活动准备

1. 场景准备：围桌而坐、围成半圆皆可；有条件的可以利用运动材料布置跑道的情境。
2. 物质准备：教学多媒体资源包。
3. 经验准备：知道什么是汽车上坡，什么是汽车转弯。

三　活动过程

♫立体感知

1.全屏播放“立体感知”的动画导入，通过视觉与听觉学习激发幼儿对“运输车队训练”的音乐情境主题的活动兴趣。

教师：一月一次的运输车队技术大训练要开始了，司机师傅们会在什么样的环境里训练呢？

2.第二次播放，缩小视频，引导幼儿专注倾听音乐旋律的变化。

教师：路况是怎样的呢？（教师可用“陡坡”“转弯”“连续陡坡”的口令对应不同的旋律）

3.第三次播放，缩小视频，引导幼儿运用自己的肢体摆动来跟着音乐动一动，呈现出对3段音乐旋律的感知。

教师：你可以跟着音乐旋律做什么样的身体动作呢？（可以运用拍手、拍肩、跺脚等多种声势动作）

提示：通过动画的导入，引导幼儿用视觉、听觉、运动觉的多维学习方式初步感受音乐的旋律变化，为“具身融入”“自主探索”的游戏环节打下坚实的基础。

♫具身融入与自主探索

1.通过基本的情境，初步尝试理解音乐的旋律。

（1）播放“具身融入”的第一页课件，通过玩耍游戏“车技训练”，在脑海里清晰地再现本次活动的情境。

教师：你可以用什么样的动作表示汽车上陡坡呢？（引导幼儿自主探索第一段汽车上陡坡和转弯的动作）

（2）播放“具身融入”的旋律课件，引导幼儿通过情境理解音乐的不同旋律。

教师：你可以用什么样的动作表示汽车转弯呢？（引导幼儿自主探索第二段汽车上陡坡和转弯的动作）

（3）再次播放本页的音乐，可以结合“自主探索”的视频呈现。

教师：汽车转弯过后，又经历了几个陡坡呢？（自由探索音乐第三段中汽车连续上下陡坡的动作）

提示：通过“开车”的情境代入，玩耍3遍左右，让幼儿对音乐的3段旋律有了初步的理解。

2.情境及动作的创造——通过不同的情境内容，巩固对音乐旋律的感知与理解。

（1）播放“具身融入”课件，结合“自主探索”中的视频呈现。此阶段为多元的探索过程，通过情境提示来探索游戏，从而更加深入地理解达成预设目标。

教师：你还可以用什么不同的动作表示上坡与转弯？（引导幼儿探索出用双手握住方向盘跳起来表示汽车上下坡，身体往一侧倾斜表示转弯等不同的游戏动作）

（2）再次播放音乐，扩大表演空间，丰富表演内容，表现出音乐的旋律特点。

教师：现在你们的技术都有所长进，拉上一车人或者拉上一车小动物，可以怎样顺利通过既有陡坡又有弯道的路段？（引导幼儿以多人的形式，创编出汽车载人载物过陡坡弯道的动作）

提示：通过动作的延伸与创造，让幼儿理解音乐的不同旋律乐段。

♫多元展现

通过多元的动作及队形空间来表达音乐。

1. 展示“具身融入”自主游戏课件，引导幼儿用多元的动作来表达音乐。

教师：你愿意开车还是愿意扮演车上的小兔子、小鸭子呢？（引导幼儿探索不同角色的动作）

2. 再次播放音乐，根据音乐的旋律特点，用丰富的、创造性的动作表达音乐。

教师：根据音乐的特点，你还会想到什么游戏呢？（引导幼儿自由探索，反复玩耍。根据音乐的旋律特点创编出“跳马鞍”“快走梅花桩”“小跑S形”等不同情境的运动游戏）

提示：可以改变表演队形，围桌游玩或者围大圈表演音乐，评价幼儿对音乐旋律的掌握程度。

四 活动延伸

投放到户外运动骑行区，表演“我是开车小能手”。

第二十二节 韵律活动《康康舞会》

音乐素养

旋律：ABCA段旋律乐句。

基本情境：在舞会上尽情舞蹈的情境游戏。

基本动作：康康舞曲中的顿足(A段旋律乐句)。

康康舞曲中的踢腿(B段旋律乐句)。

康康舞曲中的旋转(C段旋律乐句)。

康康舞曲中的顿足(A段旋律乐句)。

情境与动作的创造：根据ABCA段的音乐旋律特点自由创编出康康舞曲的不同舞蹈动作，乐感强的班级，可以根据音乐的旋律特点创编出拉丁舞、爵士舞、动物舞等不同的舞蹈动作。

一　活动目标

1.感受情绪热烈的康康舞曲，体验音乐活动的欢乐与趣味。

2.根据ABCA段的音乐旋律，用身体创编出不同的舞蹈动作并表演。

3.了解康康舞中有“顿足”“踢腿”“旋转”等动作，专注投入，大胆自信地表现自己。

二　活动准备

1.场景准备：围桌而坐、围成半圆皆可。

2.物质准备：教学多媒体资源包。

3.经验准备：对不同的舞蹈动作，有一定的了解。

三 活动过程

立体感知

1. 全屏播放“立体感知”的动画导入，通过视觉与听觉学习激发幼儿对“参加康康舞会”的音乐情境主题的活动兴趣。

教师：你知道康康舞吗？

2. 第二次播放，缩小视频，引导幼儿专注倾听音乐旋律的变化。

教师：康康舞有哪些动作呢？（教师可用“顿足”“踢腿”“旋转”的口令对应ABCA段旋律提示）。

3. 第三次播放，缩小视频，引导幼儿运用自己的肢体摆动来跟着音乐动一动，呈现出对ABCA段音乐旋律的感知。

教师：你可以跟着音乐旋律做什么样的身体动作呢？（可以运用拍手、拍肩、跺脚等多种声势动作）

提示：通过动画的导入，引导幼儿用视觉、听觉、运动觉的多维学习方式初步感受ABCA段的音乐旋律变化，为“具身融入”“自主探索”的游戏环节打下坚实的基础。

具身融入与自主探索

1. 通过基本的情境，初步尝试理解音乐的旋律。

（1）播放“具身融入”的第一页课件，通过“参加康康舞会”理解游戏内容，在脑海里清晰地再现本次活动的情境。

教师：可以用什么动作表示康康舞的顿足呢？（引导幼儿自主探索A段中顿足的舞蹈动作）

（2）播放“具身融入”ABCA段旋律课件，引导幼儿通过情境理解音乐的不同旋律。

教师：可以用什么动作表示康康舞的踢腿呢？（引导幼儿自主探索B段中踢腿的舞蹈动作）

（3）再次播放本页的音乐，可以结合“自主探索”的视频呈现。

教师：可以用什么动作表示康康舞的旋转呢？（自由探索音乐C段中旋转的舞蹈动作）

提示：通过“跳康康舞”的情境代入，玩耍3遍左右，让幼儿对ABCA段的旋律有了初步的理解。

2. 情境及动作的创造——通过不同的情境内容，巩固对音乐旋律的感知与理解。

（1）播放“具身融入”课件，结合“自主探索”中的视频呈现。此阶段为多元的探索过程，通过情境提示来探索游戏，从而更加深入地理解达成预设目标。

教师：你会找谁来当你的舞伴呢？（引导幼儿创造性地用双人舞蹈动作来表现音乐的

ABCA段旋律）

（2）再次播放音乐，扩大表演空间，丰富表演内容，表现出音乐的旋律特点。

教师：恭喜小朋友跟着音乐学会了跳康康舞，那还可以随着音乐跳什么舞？怎样用动作表现出来？（引导幼儿创编出跳拉丁舞、爵士舞、动物舞等不同的舞蹈动作）

提示：通过动作的延伸与创造，让幼儿理解不同的旋律乐段ABCA。

♫多元展现

通过多元的动作及队形空间来表达音乐。

1.展示“具身融入”自主游戏课件，引导幼儿用多元的动作来表达音乐。

教师：怎样跟着音乐旋律展示不同的舞蹈动作呢？（引导幼儿探索出每个乐段的不同舞蹈动作）

2.再次播放音乐，根据ABCA段的音乐旋律特点，用丰富的、创造性的动作表达音乐。

教师：听着ABCA段的音乐旋律，你还会想到怎样的舞蹈游戏呢？（引导幼儿反复玩耍，可以根据音乐的旋律特点创编双人舞蹈、小组舞蹈、集体舞蹈等不同的组合内容）

提示：可以改变表演队形，围桌游玩或者围大圈表演音乐，评价幼儿对音乐旋律的掌握程度。

四　活动延伸

延伸至舞蹈活动，探索世界各种各样的舞蹈。

第二十三节 韵律活动《玩花鼓》

音乐素养

旋律：前奏+AB段+间奏+AB段。

基本情境：体验敲花鼓的情境游戏。

基本动作：准备动作（前奏、间奏部分）。
侧敲花鼓（A段旋律乐句）。
横敲花鼓（B段旋律乐句）。

情境与动作的创造：根据旋律特点自由创编敲鼓、打鼓、敲桌子凳子等不同的游戏动作，乐感强的班级，可以根据音乐的旋律特点创编出“扔沙包”“跳格子”“拉大锯”等不同的民间运动游戏内容。

一 活动目标

1. 体验“敲花鼓”的快乐，感受安徽凤阳花鼓的表演艺术，喜爱中国传统文化。
2. 根据AB段的音乐旋律特点，尝试创编出玩不同民间游戏的表演动作。
3. 通过音乐活动，了解非物质文化遗产安徽凤阳花鼓，大胆想象不同的民间游戏。

二 活动准备

1. 场景准备：围桌而坐、围成半圆皆可；有条件的可用区角材料展示凤阳花鼓。
2. 物质准备：教学多媒体资源包。
3. 经验准备：对音乐旋律乐段的变化，有一定的感知；会敲鼓。

三　活动过程

♫立体感知

1.全屏播放“立体感知”的动画导入，通过视觉与听觉学习激发幼儿对“敲花鼓”的音乐情境主题的活动兴趣，同时唤起幼儿曾经敲鼓的经验。

教师：你知道安徽的凤阳花鼓吗？（针对本次活动的主题凤阳花鼓进行提问）

2.第二次播放，缩小视频，引导幼儿专注倾听音乐旋律的变化。

教师：花鼓是怎么敲的？（教师可用“侧敲”“横敲”的口令对应AB段不同的旋律）

3.第三次播放，缩小视频，引导幼儿运用自己的肢体摆动来跟着音乐动一动，呈现出对ABAB段音乐旋律的感知。

教师：你可以跟着音乐旋律做什么样的身体动作呢？（可以运用拍手、拍肩、跺脚等多种声势动作）

提示：通过动画的导入，引导幼儿用视觉、听觉、运动觉的多维学习方式初步感受ABAB的音乐旋律变化，为“具身融入”“自主探索”的游戏环节打下坚实的基础。

♫具身融入与自主探索

1.通过基本的情境，初步尝试理解音乐的旋律。

（1）播放“具身融入”的第一页课件，通过玩耍游戏“敲花鼓”，在脑海里清晰地再现本次活动的情境。

教师：可以用什么样的动作侧敲花鼓？（引导幼儿自主探索A段侧敲的动作）

（2）播放“具身融入”ABAB段旋律课件，引导幼儿通过角色理解音乐的不同旋律。

教师：可以用什么样的动作横敲花鼓？（引导幼儿自主探索B段横敲的动作）

（3）再次播放本页的音乐，可以结合“自主探索”的视频呈现。

教师：侧敲敲了几遍？ 横敲敲了几遍呢？（自由探索音乐中AB段反复的旋律）

提示：通过“敲花鼓”的情境代入，玩耍3遍左右，让幼儿对ABAB段的旋律有了初步的理解。

2.情境及动作的创造——通过不同的情境内容，巩固对音乐旋律的感知与理解。

（1）播放“具身融入”课件，结合“自主探索”中的视频呈现。此阶段为多元的探索过程，通过情境提示来探索游戏，从而更加深入地理解达成预设目标。

教师：还可以用什么样的动作来敲鼓？（引导幼儿探索出向上敲、蹲着敲等不同的动作对应音乐）

（2）再次播放音乐，扩大表演空间，丰富表演内容，表现出音乐的旋律特点。

教师：还有什么好玩的民间游戏可以融入音乐？（引导幼儿创造性地根据ABAB段音

乐旋律,创编出“挂灯笼”“抬轿子”“拉大锯”“斗鸡”“甩纸炮”“投壶”“扔沙包”“跳格子”等不同的游戏内容)

提示:通过动作的延伸与创造,让幼儿理解不同的旋律乐段ABAB。

♫多元展现

通过多元的动作及队形空间来表达音乐。

1.展示“具身融入”自主游戏课件,引导幼儿用多元的动作来表达音乐。

教师:你可以用什么动作来表示抬轿子、拉大锯、甩纸炮呢?(引导幼儿探索不同的游戏动作)

2.再次播放音乐,根据ABAB段的音乐旋律特点,用丰富的、创造性的动作表达音乐。

教师:如何用不同的游戏内容来表现音乐的旋律乐段呢?(引导幼儿反复玩耍,自由地根据音乐的旋律特点表现游戏内容)

提示:可以改变表演队形,围桌游玩或者围大圈表演音乐,评价幼儿对音乐旋律的掌握程度。

总结:今天,我们一起感受了中国的非物质文化遗产——凤阳花鼓,体验到民间游戏的快乐,同时也对自己本家乡的不同民间艺术有所了解,我们中华的民族文化,真了不起!宝贝们回家之后,可以和爸爸妈妈讨论交流更多中华传统的民间游戏,再来与同伴们分享。

四 活动延伸

投放自主游戏之民间游戏,探索非物质文化遗产凤阳花鼓。

第二十四节 韵律活动《山妖洞寻宝》

音乐素养

旋律:A1A2A3B1B2的旋律乐句。

基本情境:山妖把唐僧的袈裟抢到山洞里藏起来了,一起去山妖洞里面玩找袈裟的游戏。

基本动作:小心翼翼进山洞(A1段旋律乐句)。
探索山洞(A2段旋律乐句)。
山洞里攀登(A3段旋律乐句)。
山妖来啦(B1段旋律乐句)。
找到宝藏,撤退(B2段旋律乐句)。

情境与动作的创造:根据旋律特点自由创编穿过山妖洞里的层层机关的不同游戏动作。乐感强的班级,可以根据音乐的旋律特点创编密室逃脱里穿过不同密室的情境游戏内容。

一 活动目标

1. 喜欢与同伴一起玩要“山妖洞寻宝”的游戏,体验音乐活动的趣味。
2. 根据A1A2A3B1B2段的乐段特点,尝试创编山妖洞寻宝的表演动作。
3. 初步感知音乐中紧张的音乐情绪。

二 活动准备

1. 场景准备:围桌而坐、围成半圆皆可;有条件的可以利用区角材料布置山洞的情境。

2.物质准备:教学多媒体资源包。

3.经验准备:了解过西游记,知道山妖与袈裟的意思。

三 活动过程

立体感知

1.全屏播放"立体感知"的动画导入,通过视觉与听觉学习激发幼儿对"山妖洞寻宝"的音乐情境主题的活动兴趣。

教师:你听过西游记吗? 今天,唐僧的袈裟被山妖偷走啦,怎样找回来呢?

2.第二次播放,缩小视频,引导幼儿专注倾听音乐旋律的变化。

教师:袈裟找回来了吗?(教师可用"进山洞""探索山洞""山洞里攀登""找到宝藏""撤退"等口令对应不同的旋律)

3.第三次播放,缩小视频,引导幼儿运用自己的肢体摆动来跟着音乐动一动,呈现出对A1A2A3B1B2段音乐旋律的感知。

教师:你可以跟着音乐旋律做什么样的身体动作呢?(可以运用拍手、拍肩、跺脚等多种声势动作)

提示:通过动画导入,引导幼儿用视觉、听觉、运动觉的多维学习方式初步感受A1A2A3B1B2的音乐旋律变化,为"具身融入""自主探索"的游戏环节打下坚实的基础。

具身融入与自主探索

1.通过基本的情境,初步尝试理解音乐的旋律。

(1)播放"具身融入"的第一页课件,通过玩耍游戏"山妖洞寻宝",在脑海里清晰地再现本次活动的情境。

教师:你准备怎么进入山洞? 怎样用动作表现?(引导幼儿自主探索A1A2A3进洞找寻的动作)

(2)播放"具身融入"A1A2A3B1B2段旋律课件,引导幼儿通过角色理解音乐的不同旋律。

教师:什么时候山妖回来了?(引导幼儿自主探索B1段山妖回来,找到袈裟的动作)

(3)再次播放本页的音乐,可以结合"自主探索"的视频呈现。

教师:用什么动作撤退,才不会被山妖发现?(自由探索音乐B2段中带着袈裟撤退的动作)

提示:通过"山妖洞寻宝"的情境代入,玩耍3遍左右,让幼儿对A1A2A3B1B2段的旋律有了初步的理解。

2.情境及动作的创造——通过不同的情境内容，巩固对音乐旋律的感知与理解。

（1）播放“具身融入”课件，结合“自主探索”中的视频呈现。此阶段为多元的探索过程，通过情境提示来探索游戏，从而更加深入地理解达成预设目标。

教师：请你现在出发，看看能不能找回袈裟？（引导幼儿再次探索音乐A1A2A3B1B2的旋律结构）

（2）再次播放音乐，扩大表演空间，丰富表演内容，表现出音乐的旋律特点。

教师：恭喜你，成功地找回袈裟，听着这个音乐，你还想到了什么不同的游戏？（引导幼儿创编出玩耍密室逃脱，闯关激光室、地雷室、野狼室、弓箭室等不同的情境动作）

提示：通过动作的延伸与创造，让幼儿理解不同的旋律乐段A1A2A3B1B2。

♫多元展现

通过多元的动作及队形空间来表达音乐。

1.展示“具身融入”自主游戏课件，引导幼儿用多元的动作来表达音乐。

教师：你可以用什么动作来玩密室逃脱呢？（引导幼儿探索闯关激光室、弓箭室等的动作）

2.再次播放音乐，根据A1A2A3B1B2段的音乐旋律特点，用丰富的、创造性的动作表达音乐。

教师：你想跟着音乐扮演什么角色玩耍？（引导幼儿反复玩耍，可以扮演情境中的山妖、袈裟、山洞、机关、探宝人与闯关人等不同的角色，探索其创造性的动作并表演）

提示：可以改变表演队形，围桌游玩或者围大圈表演音乐，评价幼儿对音乐旋律的掌握程度。

四　活动延伸

投放到绘本区，了解中国名著《西游记》。

第四章

幼儿园情境音乐教学法

实践案例——演奏活动篇

第一节 演奏活动《小鱼和青蛙》

音乐素养

乐段:AB段反复。

节奏:按ABAB段音乐来表演。

乐器:腰铃(也可以使用其他难度适宜的乐器)。

基本情境:池塘里的小鱼和青蛙,快乐游玩的情境游戏。

情境创造:小鱼邀请龙虾、螃蟹、泥鳅等其他动物来玩耍的游戏。

一 活动目标

1.喜欢与同伴一起跟随音乐扮演小鱼和青蛙玩耍,感受音乐活动带来的快乐。

2.通过小鱼和青蛙的角色,基本能用腰铃随ABAB段音乐表演。

3.初步认识乐器腰铃,了解腰铃的音色特点。

二 活动准备

1.场景准备:围桌而坐、围成半圆皆可;也可以准备小荷叶或者娃娃家充当池塘等。

2.物质准备:教学多媒体资源包、乐器腰铃(也可以用其他难度适宜的乐器或生活材料代替)。

3.经验准备:知道小鱼是怎么游的、青蛙是怎么跳的。

三 活动过程

立体感知

1. 全屏播放“立体感知”的动画导入，通过视觉与听觉学习激发幼儿对“小鱼和青蛙”的音乐情境主题的活动兴趣。

教师：今天谁和我们一起来玩游戏呢？

2. 第二次播放，缩小视频，引导幼儿专注倾听音乐旋律的变化。

教师：小鱼什么时候出来的？青蛙什么时候出来的？（教师可用“小鱼、青蛙出来了”的口令提示）

3. 第三次播放，缩小视频，引导幼儿运用自己的肢体摆动来跟着音乐动一动，呈现出对音乐旋律的感知。

教师：让我们随着音乐动起来吧！（可以运用拍手、拍肩、跺脚等多种声势动作）

提示：通过动画的导入，引导幼儿用视觉、听觉、运动觉的多维学习方式初步感受音乐的旋律变化，为“具身融入”“自主探索”的游戏环节打下坚实的基础。

具身融入与自主探索

1. 通过基本的情境，初步尝试理解音乐的旋律。

（1）播放“具身融入”的第一页课件，通过情境启发幼儿理解不同的角色，在脑海里清晰地再现本次活动的情境。

教师：池塘里的小鱼和青蛙是怎么跟着音乐玩耍的？

（2）播放“具身融入”ABAB段旋律课件，引导幼儿通过角色理解目标中ABAB段的不同旋律。

教师：让我们一起变成小鱼和青蛙，跟着音乐去游玩一下吧。（引导幼儿在座位上感受）

（3）再次播放本页的音乐，可以结合“自主探索”的视频呈现。

教师：小鱼和青蛙反复出来玩了几次？

提示：通过小鱼和青蛙角色的代入，玩耍3遍左右，让幼儿对ABAB段的音乐旋律有了初步的理解。

2. 情境创造——通过不同的情境角色，巩固对音乐旋律的感知与理解。

（1）播放“具身融入”情境故事课件，结合“自主探索”中的视频呈现。此阶段为多元的探索过程，通过情境提示来探索游戏，从而更加深入地理解达成预设目标。

教师：小鱼和青蛙还可以游到哪些地方去玩耍呢？（扩大表演的空间，娃娃家、区角等

不同地方）

（2）再次播放音乐，引导幼儿创造性地用其他角色来表现音乐。

教师：池塘里除了有小鱼和青蛙，还有谁呢？（引导幼儿用龙虾、螃蟹、泥鳅等其他角色）

提示：通过角色的延伸与创造，让幼儿理解不同的旋律乐段ABAB。

♫多元展现

通过乐器来表达音乐。

1.出示乐器腰铃，介绍乐器的名称及演奏方法。

教师：这是什么乐器呢？它会发出哪些声音？是怎么使用的呢？

2.播放“多元展现”课件，通过乐器腰铃自由地表达音乐。

教师：怎样用腰铃跟着音乐一起表演呢？（引导幼儿反复玩耍几遍）

提示：可以改变表演队形，围桌游玩或者围大圈表演音乐，也可以把腰铃替换成其他材料。

四　活动延伸

1.引导幼儿到音乐区继续玩耍。

2.投放到数学区，找到排列规律（4条小鱼4只青蛙）。

3.运用到餐前互动之中，通过身体的拍打再次玩耍。

4.有主题墙的也可以将音乐节拍投放到主题墙上去做呈现。

第二节 演奏活动《小狗荡秋千》

音乐素养

乐段：AB段。

节拍：四二拍。

乐器：红蓝沙筒（也可以使用其他乐器）。

基本情境：小狗荡秋千，有点害怕的情境游戏。

情境创造：生活中自己荡秋千的情境。

一 活动目标

1喜欢与同伴一起玩耍音乐游戏"小狗荡秋千"，感受音乐活动带来的愉悦。

2.基本能用红蓝沙筒根据四二拍的AB乐段进行表演 。

3.初步认识乐器红蓝沙筒，了解红蓝沙筒的外形及音色特点。

二 活动准备

1.场景准备：围桌而坐、围成半圆皆可；也可以准备手工小秋千或科学材料单摆等。

2.物质准备：教学多媒体资源包、红蓝沙筒（也可以用其他难度适宜的乐器或生活材料代替）。

3.经验准备：有过荡秋千的游戏经验。

三 活动过程

♫立体感知

1.全屏播放“立体感知”的动画导入,通过视觉与听觉学习激发幼儿对“小狗荡秋千”的音乐情境主题的活动兴趣。

教师:今天谁来到我们班上,和我们一起来玩游戏呢?

2.第二次播放,缩小视频,引导幼儿专注倾听音乐旋律的变化。

教师:猜猜小狗在什么时候被用力推出去的呢?(教师可在A段的重音出现时用“推”的口令提示)

3.第三次播放,缩小视频,引导幼儿运用自己的肢体摆动来跟着音乐动一动,呈现出对音乐旋律的感知。

教师:让我们随着音乐动起来吧!(可以运用拍手、拍肩、跺脚等多种声势动作)

提示:通过动画的导入,引导幼儿用视觉、听觉、运动觉的多维学习方式初步感受音乐的旋律变化,为“具身融入”“自主探索”的游戏环节打下坚实的基础。

♫具身融入与自主探索

1.通过基本的情境,初步尝试理解音乐的旋律。

(1)播放“具身融入”的第一页课件,通过情境启发幼儿理解游戏的过程,在脑海里清晰地再现本次活动的情境。

教师:小狗是怎么荡秋千的呢?(引导幼儿自主探索秋千摆动和摇晃的动作)

(2)播放“具身融入”AB段旋律课件,引导幼儿通过角色理解目标中AB段的不同旋律。

教师:让我们一起变成小狗汪汪,跟着音乐去游玩一下吧。(引导幼儿在座位上用上肢动作感受)

(3)再次播放本页的音乐,可以结合“自主探索”的视频呈现。

教师:你可以用什么动作表示出小狗汪汪荡秋千的心情?

提示:通过小狗汪汪的角色代入,玩耍3遍左右,让幼儿对AB段的音乐旋律有了初步的理解。

2.情境创造——通过不同的情境角色,巩固对音乐旋律的感知与理解。

(1)播放“具身融入”情境故事课件,结合“自主探索”中的视频呈现。此阶段为多元的探索过程,通过情境提示来探索游戏,从而更加深入地理解达成预设目标。

教师:小狗荡秋千还有点害怕,你会怎样为它加油呢?(引导幼儿创造性地用其他动作

来表现音乐）

（2）再次播放音乐，扩大表演的空间。

教师：我们一起来荡一个大秋千，秋千可以摇多高多远呢？（教室里空余的大空间，跑动荡秋千）

提示：通过角色的延伸与创造，让幼儿理解不同的旋律乐段AB。

多元展现

通过乐器来表达音乐。

1.出示乐器红蓝沙筒，介绍乐器的名称及演奏方法。

教师：这是什么乐器呢？它会发出哪些声音？是怎么使用的呢？

2.播放“多元展现”课件，通过乐器红蓝沙筒自由地探索四二拍的节奏特点。

教师：怎样用红蓝沙筒跟着音乐一起表演呢？（引导幼儿反复玩耍几遍）

提示：可以改变表演队形，围桌游玩或者围大圈表演音乐，也可以把乐器替换成其他材料。

四 活动延伸

1.引导幼儿到音乐区继续玩耍，不断地探索四二拍或红蓝沙筒的演奏方式。

2.投放到科学区，感受单摆的规律（重力摇晃）。

3.运用到餐前互动之中，通过身体的拍打再次玩耍。

第三节 演奏活动《猫小弟与嘟嘟熊》

音乐素养

乐段：AB段。
节拍：四四拍。
乐器：手摇铃（也可以使用其他乐器）。
基本情境：猫小弟与嘟嘟熊一起捉迷藏的游戏。

一　活动目标

1. 通过猫小弟与嘟嘟熊“躲猫猫”的游戏，感受音乐游戏的快乐。
2. 基本能用手摇铃根据四四拍的AB乐段进行表演。
3. 知道乐器手摇铃的两种演奏方式。

二　活动准备

1. 场景准备：围桌而坐、围成半圆皆可，也可以准备小纸箱、彩虹隧道等充当躲的工具。

2. 物质准备：教学多媒体资源包、乐器手摇铃（也可以用其他难度适宜的乐器或生活材料代替）。

3. 经验准备：对模仿小猫走路的肢体动作有基本的了解，知道躲猫猫包含躲和找两个流程。

三 活动过程

♫立体感知

1.全屏播放“立体感知”的动画导入,通过视觉与听觉学习激发幼儿对“躲猫猫”的音乐情境主题的活动兴趣。

教师:今天谁和谁来到我们班上,和我们一起来玩游戏呢?

2.第二次播放,缩小视频,引导幼儿专注倾听音乐旋律的变化。

教师:猫小弟与嘟嘟熊在干什么呢?(教师可用简单的“躲”和“找”的口令提示)

3.第三次播放,缩小视频,引导幼儿运用自己的肢体摆动来跟着音乐动一动,呈现出对音乐旋律的感知。

教师:让我们随着音乐动起来吧!(可以运用拍手、拍肩、跺脚等多种声势动作)

提示:通过动画的导入,引导幼儿用视觉、听觉、运动觉的多维学习方式初步感受音乐的旋律变化,为“具身融入”“自主探索”的游戏环节打下坚实的基础。

♫具身融入与自主探索

1.通过基本的情境,初步尝试理解音乐的旋律。

(1)播放“具身融入”的第一页课件,通过情境启发幼儿理解不同的角色,在脑海里清晰地再现本次活动的情境。

教师:猫小弟与嘟嘟熊是怎么跟着音乐玩耍的?

(2)播放“具身融入”AB段旋律课件,引导幼儿通过角色理解目标中AB段的不同旋律

教师:让我们一起变成猫小弟与嘟嘟熊,跟着音乐去“躲猫猫”吧。(引导幼儿在座位上感受)

(3)再次播放本页的音乐,可以结合“自主探索”的视频呈现。

教师:猫小弟与嘟嘟熊躲完猫猫后,还玩了一个什么游戏呢?

提示:通过猫小弟与嘟嘟熊角色的代入,玩耍3遍左右,幼儿对AB段的音乐旋律有了初步的理解。

2.情境创造——通过不同的情境角色,巩固对音乐四四拍强拍的感知与理解。

(1)播放“具身融入”情境故事课件,结合“自主探索”中的视频呈现,此阶段为多元的探索过程,通过情境提示来探索游戏,从而更加深入地理解达成预设目标。

教师:还有哪些小动物愿意来玩游戏呢?(引导幼儿创造性地用小羊、小狗等其他角色来表现音乐)

(2)再次播放音乐,扩大表演的空间,在四四拍的强拍上强调“躲”和“找”。

教师:小动物们还可以到哪些地方去玩耍呢?(凳子后面、门后面等不同地方)

提示:通过角色的延伸与创造,让幼儿理解音乐AB段的不同旋律,感知四四拍的强拍。

♫多元展现

通过乐器来表达音乐。

1.出示乐器手摇铃,介绍乐器的名称及演奏方法。

教师:这是什么乐器呢?它会发出哪些声音?是怎么使用的呢?

2.播放“多元展现”课件,通过乐器手摇铃自主地表达音乐。

教师:怎样用手摇铃跟着音乐一起表演呢?(引导幼儿反复玩耍几遍,尝试表达出四四拍的强拍)

提示:可以改变表演队形,围桌游玩或者围大圈表演音乐,也可以把手摇铃替换成其他材料。

四　活动延伸

1.引导幼儿到音乐区继续玩耍,反复感知四四拍的节拍特点。

2.投放到数学区,找到空间规律(里面和外面)。

3.运用到餐前互动之中,通过身体的拍打再次玩耍。

第四节 演奏活动《海底世界》

音乐素养

乐段：A段，反复四遍。

节拍：四二拍。

乐器：三铃板擦（也可以使用其他乐器）。

基本情境：在海底世界扮演海草、水母、海鱼等角色玩耍情境游戏。

一 活动目标

1. 愿意与同伴一起扮演海草、水母、海鱼等角色玩耍音乐游戏，感受音乐活动的快乐。
2. 基本能用三铃板擦根据A段重复的结构特点进行表演。
3. 通过音乐游戏活动，初步了解海洋世界的海底生物。

二 活动准备

1. 场景准备：围桌而坐、围成半圆皆可；也可以布置海底世界的情境。
2. 物质准备：教学多媒体资源包、乐器三铃板擦（也可以用其他难度适宜的乐器）。
3. 经验准备：对海洋有所了解，知道海底世界有不同的海洋生物。

三 活动过程

♫立体感知

1. 全屏播放“立体感知”的动画导入，通过视觉与听觉学习激发幼儿对“海底世界”的音乐情境主题的活动兴趣。

教师:今天我们到哪里去玩游戏呢?

2.第二次播放,缩小视频,引导幼儿专注倾听音乐旋律的变化。

教师:海底都有什么生物呢?(教师可用简单的口令提示)

3.第三次播放,缩小视频,引导幼儿运用自己的肢体摆动来跟着音乐动一动,呈现出对音乐旋律的感知。

教师:让我们随着音乐动起来吧!(可以运用拍手、拍肩、跺脚等多种声势动作)

提示:通过动画的导入,引导幼儿用视觉、听觉、运动觉的多维学习方式初步感受音乐的旋律变化,为“具身融入”“自主探索”的游戏环节打下坚实的基础。

♫具身融入与自主探索

1.通过基本的情境,初步尝试理解音乐的旋律。

(1)播放“具身融入”的第一页课件,通过情境启发幼儿理解不同的角色,在脑海里清晰地再现本次活动的情境。

教师:海底都有哪些生物? 他们是怎样跟着音乐玩耍游戏的呢?

(2)播放“具身融入”A段旋律课件,引导幼儿通过角色理解目标中A段重复的旋律。

教师:如果我们变成水母、海鱼和海草,可以怎么玩游戏呢?(引导幼儿在座位上感受)

(3)再次播放本页的音乐,可以结合“自主探索”的视频呈现。

教师:他们在一起可以怎样玩游戏?

提示:通过3个不同角色的代入,玩耍3遍左右,让幼儿对重复4遍的A段旋律有了初步的理解。

2.情境创造——通过不同的情境角色,巩固对A段音乐的感知与理解。

(1)播放“具身融入”情境故事课件,结合“自主探索”中的视频呈现。此阶段为多元的探索过程,通过情境提示来探索游戏,从而更加深入地理解达成预设目标。

教师:海底还有哪些生物呢?(引导幼儿创造性地用其他角色来表现音乐)

(2)再次播放音乐,扩大表演的空间,可以每一个乐段表演一个海洋生物,也可以一个角色在4种地方表演,或者用4种表演动作表现出A段的4遍旋律。

教师:海洋生物们还可以到哪些地方去玩耍呢?

提示:通过角色的延伸与创造,让幼儿理解音乐A段的旋律。

♫多元展现

通过乐器来表达音乐。

1.出示乐器三铃板擦,介绍乐器的名称及演奏方法。

教师:这是什么乐器呢? 他会发出哪些声音? 是怎么使用的呢?

2.播放“多元展现”课件,通过乐器三铃板擦自主地表达音乐。

教师:怎样用乐器跟着音乐一起表演呢?(引导幼儿反复玩要几遍,创造性表达音乐的特点)

提示:可以改变表演队形,围桌游玩或者围大圈表演音乐,也可以A段使用一个乐器,重复4遍,或者可以A段使用一个乐器,先后替换表演。

四 活动延伸

1.引导幼儿到音乐区继续玩要,反复感知A段的旋律特点。

2.投放到科学区,认知海洋生物。

3.运用到餐前互动之中,通过身体的拍打再次玩要。

第五节 演奏活动《哆哆交朋友》

音乐素养

乐段：AB段反复。

节奏：音乐强拍表演即可。

乐器：手腕铃(也可以使用其他乐器)。

基本情境：和新朋友打招呼、握手、拥抱的游戏。

一　活动目标

1. 喜欢与同伴一起跟随音乐玩耍“找好朋友”的游戏，感受找到好朋友的喜悦。
2. 通过打招呼、握手和拥抱的情境，基本能用手腕铃随音乐的节奏进行表演。
3. 初步认识乐器手腕铃，了解手腕铃的音色特点。

二　活动准备

1. 场景准备：围桌而坐、围成半圆、对坐成两横排皆可；小班娃娃家的小动物们。
2. 物质准备：教学多媒体资源包、乐器手腕铃(也可以用其他难度适宜的乐器或生活材料代替)。
3. 经验准备：知道打招呼、握手、拥抱等基本的交友礼仪。

三　活动过程

♫立体感知

1. 全屏播放“立体感知”的动画导入，通过视觉与听觉学习激发幼儿对“找好朋友”的音乐情境主题的活动兴趣。

教师:你有哪些好朋友? 你会和好朋友怎么打招呼呢?

2.第二次播放,缩小视频,引导幼儿专注倾听音乐节奏的呈现。

教师:哆哆今天找到几个好朋友呢?(教师可用“123456”的数字口令或数字图谱提示)。

3.第三次播放,缩小视频,引导幼儿运用自己的肢体摆动来跟着音乐动一动,呈现出对音乐节奏的感知。

教师:让我们随着音乐动起来吧。(可以运用拍手、拍肩、跺脚等多种声势动作)

提示:通过动画的导入,引导幼儿用视觉、听觉、运动觉的多维学习方式初步感受音乐的节奏,为“具身融入”“自主探索”的游戏环节打下坚实的基础。

♫具身融入与自主探索

1.通过基本的情境,初步尝试理解音乐的节奏。

(1)播放“具身融入”的第一页课件,通过情境启发幼儿理解交朋友的游戏,在脑海里清晰地再现本次活动的情境。

教师:哆哆是怎么找朋友的呢?

(2)播放“具身融入”AB段重复的旋律课件,引导幼儿通过角色理解“哆哆找朋友”的游戏过程。

教师:如果你是哆哆,你会怎么找朋友呢? 你会做什么样的动作?(引导幼儿在座位上通过上肢动作感受音乐节奏)

(3)再次播放本页的音乐,可以结合“自主探索”的视频呈现。

教师:你找到几个好朋友呢? 你们打招呼的方式有什么不同呢?

提示:通过“找好朋友”的游戏,玩耍3遍左右,让幼儿对音乐的节奏有了初步的理解。

2.情境创造——通过不同的情境游戏,巩固对音乐节奏的感知与理解。

(1)播放“具身融入”情境故事课件,结合“自主探索”中的视频呈现。此阶段为多元的探索过程,通过情境提示来探索游戏,从而更加深入地理解达成预设目标。

教师:找到好朋友之后,你们会玩什么游戏呢?(引导幼儿通过开小汽车、给娃娃梳头等其他游戏内容来表现音乐)

(2)再次播放音乐,扩大表演的空间,丰富朋友角色。

教师:你们还可以邀请哪些小动物当你的好朋友呢?(娃娃家的青蛙、小羊、小兔子等)

提示:通过角色的延伸与创造,让幼儿理解音乐的节奏。

♫多元展现

通过乐器来表达音乐。

1.出示乐器手腕铃,介绍乐器的名称及演奏方法。

教师:这是什么乐器呢? 它会发出哪些声音? 是怎么使用的呢?

2.播放“多元展现”课件,通过乐器手腕铃自由地表达音乐。

教师:怎样用手腕铃跟着音乐一起表演呢?(引导幼儿反复玩耍几遍)

提示:可以改变表演队形,围桌游玩或者围大圈表演音乐,也可以把手腕铃替换成其他材料。

四　活动延伸

1.引导幼儿到音乐区继续玩耍。

2.延伸到社会礼仪区,丰富社交礼仪。

3.运用到餐前互动之中,通过身体的拍打再次玩耍。

第六节 演奏活动《小小巡逻兵》

音乐素养

乐段:ABA段。

节拍:四二拍。

乐器:沙锤(也可以用其他难度适宜的乐器或生活材料代替)。

基本情境:巡逻兵咚咚在森林里巡逻、发安全信号、再巡逻的情境游戏。

一 活动目标

1.喜欢倾听《巡逻兵进行曲》中活泼快乐的旋律。

2.基本能用沙锤随四二拍ABA乐段的强拍演奏。

3.基本认识乐器沙锤,感知沙锤的音色特点。

二 活动准备

1.场景准备:围桌而坐、围成半圆皆可;也可以准备大树、小草KT板布置的巡逻道路等。

2.物质准备:教学多媒体资源包、乐器沙锤(也可以用其他难度适宜的乐器或生活材料代替)。

3.经验准备:知道巡逻兵是什么意思。

三 活动过程

立体感知

1.全屏播放“立体感知”的动画导入,通过视觉与听觉学习激发幼儿对“小小巡逻兵”

的音乐情境主题的活动兴趣。

教师：今天谁和我们一起来玩游戏呢？

2.第二次播放，缩小视频，引导幼儿专注倾听音乐ABA的乐段结构。

教师：巡逻兵是怎么巡逻的呢？（教师可用“巡逻”“发安全信号”“再巡逻”的口令进行提示）

3.第三次播放，缩小视频，引导幼儿运用自己的肢体摆动来跟着音乐动一动，呈现出对音乐节奏的感知。

教师：让我们随着音乐动起来吧！（可以运用拍手、拍肩、跺脚等多种声势动作）

提示：通过动画的导入，引导幼儿用视觉、听觉、运动觉的多维学习方式初步感受音乐的节奏，为“具身融入”“自主探索”的游戏环节打下坚实的基础。

♫具身融入与自主探索

1.通过基本的情境，初步尝试理解音乐的旋律。

（1）播放“具身融入”的第一页课件，通过情境启发幼儿理解游戏的过程，在脑海里清晰地再现本次活动的情境。

教师：巡逻兵巡逻的动作是怎样的呢？（引导幼儿自主探索巡逻过程）

（2）播放“具身融入”ABA段音乐课件，引导幼儿通过角色理解目标中ABA段的不同旋律。

教师：如果你是巡逻兵，你会怎样巡逻？（引导幼儿在座位上用上肢动作感受）

（3）再次播放本页的音乐，可以结合“自主探索”的视频呈现。

教师：小小巡逻兵是在什么时候发安全信号的？

提示：通过小小巡逻兵的角色代入，玩耍3遍左右，让幼儿对ABA段的音乐旋律有了初步的理解。

2.情境创造——通过不同的情境角色，巩固对音乐旋律的感知与理解。

（1）播放“具身融入”情境故事课件，结合“自主探索”中的视频呈现。此阶段为多元的探索过程，通过情境提示来探索游戏，从而更加深入地理解达成预设目标。

教师：哪些小动物愿意跟巡逻兵一起去巡逻呢？（引导幼儿创造性地用其他角色来表现音乐）

（2）再次播放音乐，扩大表演的空间。

教师：我们一起来组成一个巡逻小队，还可以到哪里去巡逻呢？（教室里空余的大空间，比如超市、银行、游乐场等地皆可）

提示：通过情境的延伸与创造，让幼儿理解不同的旋律乐段ABA。

♫ 多元展现

通过乐器来表达音乐。

1. 出示乐器沙锤，介绍乐器的名称及演奏方法。

教师：这是什么乐器呢？它会发出哪些声音？是怎么使用的呢？

2. 播放“多元展现”课件，通过乐器沙锤自由地探索ABA段音乐四二拍的节奏特点。

教师：怎样用沙锤跟着音乐一起表演呢？(引导幼儿反复玩耍几遍)

提示：可以改变表演队形，围桌游玩或者围大圈表演音乐，也可以把乐器替换成其他材料。

四 活动延伸

1. 引导幼儿到音乐区继续玩耍，不断的探索四二拍或沙锤的演奏方式。

2. 投放到户外骑行区，以巡逻兵的角色骑行到各地巡逻。

3. 运用到餐前互动之中，通过身体的拍打再次玩耍。

第七节 演奏活动《圆气球与长气球》

音乐素养

乐段:ABAB段。

节拍:四二拍。

乐器:自响筒(也可以用其他难度适宜的乐器或生活材料代替)。

基本情境:吹圆气球和长气球的游戏。

情境创造:圆气球变成了小花、长气球变成了小狗等创造性情境内容。

一 活动目标

1.通过“吹气球”的游戏,感受音乐游戏的快乐。

2.基本能用自响筒根据四二拍的ABAB乐段进行表演。

3.知道乐器自响筒的演奏方式。

二 活动准备

1.场景准备:围桌而坐、围成半圆皆可;有条件的可以准备长与圆的两种气球。

2.物质准备:教学多媒体资源包、乐器自响筒(也可以用其他难度适宜的乐器或生活材料代替)。

3.经验准备:对气球的形状有一定的了解。

三 活动过程

♫立体感知

1.全屏播放“立体感知”的动画导入,通过视觉与听觉学习激发幼儿对“吹气球”的音乐情境主题的活动兴趣。

教师:我们可以用气球玩哪些游戏呢?

2.第二次播放,缩小视频,引导幼儿专注倾听ABAB段的乐段结构。

教师:吹出的气球有哪些形状呢?(教师可用"圆气球""长气球"的口令进行提示)

3.第三次播放,缩小视频,引导幼儿运用自己的肢体摆动来跟着音乐动一动,呈现出对音乐节奏的感知。

教师:让我们随着音乐动起来吧!(可以运用拍手、拍肩、跺脚等多种声势动作)

提示:通过动画的导入,引导幼儿用视觉、听觉、运动觉的多维学习方式初步感受音乐的节奏,为"具身融入""自主探索"的游戏环节打下坚实的基础。

♫具身融入与自主探索

1.通过基本的情境,初步尝试理解音乐的旋律。

(1)播放"具身融入"的第一页课件,通过情境启发幼儿理解游戏的过程,在脑海里清晰地再现本次活动的情境。

教师:你会用什么样的动作来吹气球呢?(引导幼儿自主探索吹气球的动作)

(2)播放"具身融入"ABAB段旋律课件,引导幼儿通过角色理解目标中ABAB段的不同旋律。

教师:吹圆气球和吹长气球的动作有什么不一样呢?(引导幼儿在座位上用上肢动作感受)

(3)再次播放本页的音乐,可以结合"自主探索"的视频呈现。

教师:你吹了几个圆气球? 又吹了几个长气球呢?

提示:通过吹圆气球和长气球的游戏,玩耍3遍左右,让幼儿对ABAB段的音乐旋律有了初步的理解。

2.情境创造——通过不同的情境角色,巩固对音乐旋律的感知与理解。

(1)播放"具身融入"情境故事课件,结合"自主探索"中的视频呈现,此阶段为多元的探索过程,通过情境提示来探索游戏,从而更加深入地理解达成预设目标。

教师:许多个圆气球可以组合成什么? 许多个长气球又能组合成什么?(引导幼儿创造性地用其他动作来表现ABAB段音乐,比如A段吹圆气球,B段变小花;第二个A段吹长气球,B段变小狗等)

(2)再次播放音乐,扩大表演的空间。

教师:我们一起来吹气球,可以吹到多圆多长呢?(教室里空余的大空间,超大圆球与长球)

提示:通过对气球的延伸与创造,让幼儿理解不同的旋律乐段ABAB。

♫多元展现

通过乐器来表达音乐。

1.出示乐器自响筒,介绍乐器的名称及演奏方法。

教师:这是什么乐器呢?它会发出怎样的声音?是怎么使用的呢?

2.播放“多元展现”课件,通过乐器自响筒自由地探索音乐四二拍的节奏特点。

教师:怎样用自响筒跟着音乐一起表演呢?(引导幼儿反复玩耍几遍)

提示:可以改变表演队形,围桌游玩或者围大圈表演音乐,也可以把乐器替换成其他材料。

四　活动延伸

1.引导幼儿到音乐区继续玩耍,不断的探索四二拍或自响筒的演奏方式。

2.投放到数学区,探索圆与长的不同形状。

3.运用到餐前互动之中,通过身体的拍打再次玩耍。

第八节 演奏活动《小羊与青蛙》

音乐素养

乐段：ABAB段。

节拍：四二拍。

乐器：沙锤和手腕铃（也可以用其他难度适宜的乐器或生活材料代替）。

基本情境：扮演动物小羊与青蛙的游戏。

一 活动目标

1. 喜欢与同伴一起跟随音乐玩耍“小羊与青蛙”的游戏，感受音乐活动带来的快乐。
2. 基本能用手腕铃与沙锤根据四二拍的ABAB乐段的节奏特点进行表演。
3. 通过音乐活动，了解小羊与青蛙的生活环境。

二 活动准备

1. 场景准备：围桌而坐、围成半圆皆可；可以用小草KT板和荷叶布置场地。

2. 物质准备：教学多媒体资源包、沙锤和手腕铃（也可以用其他难度适宜的乐器或生活材料代替）。

3. 经验准备：知道动物小羊与青蛙，并能用肢体动作表示出来。

三 活动过程

♫立体感知

1. 全屏播放“立体感知”的动画导入，通过视觉与听觉学习激发幼儿对“小羊与青蛙”

的音乐情境主题的活动兴趣。

教师：今天谁和谁来到了我们班上和我们一起玩？

2.第二次播放，缩小视频，引导幼儿专注倾听音乐ABAB的乐段结构。

教师：小羊与青蛙分别是什么时候出来的？（教师可用"小羊与青蛙出来了"的口令进行提示）

3.第三次播放，缩小视频，引导幼儿运用自己的肢体摆动来跟着音乐动一动，呈现出对音乐节奏的感知。

教师：让我们随着音乐动起来吧！（可以运用拍手、拍肩、跺脚等多种声势动作）

提示：通过动画的导入，引导幼儿用视觉、听觉、运动觉的多维学习方式初步感受音乐的节奏，为"具身融入""自主探索"的游戏环节打下坚实的基础。

♫具身融入与自主探索

1.通过基本的情境，初步尝试理解音乐的旋律。

（1）播放"具身融入"的第一页课件，通过不同的角色启发幼儿理解游戏的过程，在脑海里清晰地再现本次活动的情境。

教师：小羊是怎么玩游戏的？青蛙是怎么玩游戏的？（引导幼儿自主探索游戏的动作）

（2）播放"具身融入"ABAB段旋律课件，引导幼儿通过角色理解目标中ABAB段的不同旋律。

教师：小羊与青蛙反复出来了几次？（引导幼儿在座位上用上肢动作感受）

（3）再次播放本页的音乐，可以结合"自主探索"的视频呈现。

教师：我们来学一学小羊与青蛙跟随音乐玩耍吧！

提示：通过小羊与青蛙的角色代入，玩耍3遍左右，幼儿对ABAB段的音乐节奏有了初步的理解。

2.情境创造——通过不同的情境角色，巩固对音乐节奏的感知与理解。

（1）播放"具身融入"情境故事课件，结合"自主探索"中的视频呈现。此阶段为多元的探索过程，通过情境提示来探索游戏，从而更加深入地理解达成预设目标。

教师：小羊去哪里玩儿了？青蛙又去哪里了？（引导幼儿创造性地用其他情境内容来表现ABAB段音乐，比如小羊过山洞去吃草，青蛙在荷叶上跳来跳去等）

（2）再次播放音乐，表现四二拍的节奏特点。

教师：小羊与青蛙，谁跟着音乐的节奏玩得更开心呢？（评价幼儿的节奏表现）

提示：通过对角色的延伸与创造，让幼儿理解四二拍不同的旋律乐段ABAB。

♫多元展现

通过乐器来表达音乐。

1.出示乐器沙锤和手腕铃,介绍乐器的名称及演奏方法。

教师:这是什么乐器呢?它会发出哪些声音?是怎么使用的呢?

2.播放“多元展现”课件,通过乐器沙锤和手腕铃自由地探索音乐四二拍的节奏特点。

教师:怎样用沙锤和手腕铃跟着音乐一起表演呢?(引导幼儿反复玩耍,表现出四二拍节奏)

提示:可以改变表演队形,围桌游玩或者围大圈表演音乐,也可以把乐器替换成其他材料。

四 活动延伸

1.引导幼儿到音乐区继续玩耍,不断的探索四二拍或沙锤和手腕铃轮奏的演奏方式。

2.投放到户外运动区,小羊分腿腾跃与蛙跳。

3.运用到餐前互动之中,通过身体的拍打再次玩耍。

4.有主题墙的也可以投放到主题墙上去做呈现。

第九节 演奏活动《小小托马斯》

音乐素养

乐段：ABABAB段。

节拍：四四拍。

节奏："X X X － |"。

乐器：小鱼梆子（也可以用其他难度适宜的乐器或生活材料代替）。

基本情境：在商场开小火车的情境游戏。

情境创造：A段鸣笛或者慢慢开，B段探路灯照亮或者加速开等其他情境内容。

一 活动目标

1.通过玩耍"小小托马斯"的情境音乐游戏，体验活动的快乐。

2.基本能用小鱼梆子根据四四拍的AB段节奏进行表演。

3.初步感知音乐ABABAB段重复的音乐结构。

二 活动准备

1.场景准备：围桌而坐、围成半圆皆可；可以请小朋友带一个玩具小火车。

2.物质准备：教学多媒体资源包、小鱼梆子（也可以用其他难度适宜的乐器或生活材料代替）。

3.经验准备：知道商场小火车过减速带及过山洞的情境。

三 活动过程

立体感知

1.全屏播放“立体感知”的动画导入，通过视觉与听觉学习激发幼儿对“小小托马斯”的音乐情境主题的活动兴趣。

教师：你们坐过小火车吗？他会经过哪些风景呢？

2.第二次播放，缩小视频，引导幼儿专注倾听音乐ABABAB的乐段结构。

教师：小火车都走过了哪些地方呢？（教师可用“过减速带与山洞”的口令进行提示）

3.第三次播放，缩小视频，引导幼儿运用自己的肢体摆动来跟着音乐动一动，呈现出对四四拍音乐节奏的感知。

教师：怎样用身体表达出来？（可以运用拍手、拍肩、跺脚等多种声势动作）

提示：通过动画的导入，引导幼儿用视觉、听觉、运动觉的多维学习方式初步感受四四拍音乐的节奏，为“具身融入”“自主探索”的游戏环节打下坚实的基础。

具身融入与自主探索

1.通过基本的情境，初步尝试理解音乐的旋律。

（1）播放“具身融入”的第一页课件，通过“小小托马斯”的情境理解游戏的过程，在脑海里清晰地再现本次活动的情境。

教师：火车过减速带和山洞可以分别用什么动作展现呢？（引导幼儿自主探索游戏的动作）

（2）播放“具身融入”ABABAB段旋律课件，引导幼儿通过游戏理解目标中AB段反复的不同旋律。

教师：小火车过了几次减速带？（引导幼儿在座位上用上肢动作感受）

（3）再次播放本页的音乐，可以结合“自主探索”的视频呈现。

教师：小火车又过了几个山洞呢？

提示：通过“小火车游戏”的情境代入，玩要3遍左右，让幼儿对ABABAB段的音乐节奏有了初步的理解。

2.情境创造——通过不同的情境内容，巩固对音乐节奏的感知与理解。

（1）播放“具身融入”情境故事课件，结合“自主探索”中的视频呈现。此阶段为多元的探索过程，通过情境提示来探索游戏，从而更加深入地理解达成预设目标。

教师：小火车过减速带的节奏是怎样的？（引导幼儿有节奏的来表现ABABAB段音乐，探索出音乐AB段中四四拍，“X X X – |”出现的地方，并用动作准确地表现出来）

（2）播放“具身融入”自主游戏课件，再次播放音乐，表现四四拍的节奏特点。

教师:过减速带小火车会鸣笛吗？山洞里经过了多少个探路灯呢?(评价幼儿的节奏表现;音乐A段可以用鸣笛的动作,B段可以做探路灯亮的动作,创造性地用其他动作表示也可以)

提示:通过对情境内容的延伸与创造,让幼儿理解四四拍音乐和“X X X - |”的节奏特点。

♫多元展现

通过乐器来表达音乐。

1.出示乐器小鱼梆子,介绍乐器的名称及演奏方法。

教师:这是什么乐器呢？它会发出哪些声音？是怎么使用的呢？

2.播放“多元展现”课件,通过乐器小鱼梆子自由地探索音乐四四拍的节奏特点。

教师:怎样用小鱼梆子跟着音乐一起表演呢?(引导幼儿反复玩耍,表现出四四拍节奏)

提示:可以改变表演队形,围桌游玩或者围大圈表演音乐,也可以把乐器替换成其他材料。

四　活动延伸

1.引导幼儿到音乐区继续玩耍,不断探索四四拍的多种节奏型。

2.运用到家园共育的亲子活动游戏环节,用“开火车”的游戏破冰等。

3.运用到餐前互动之中,通过身体的拍打再次玩耍。

4.有主题墙的也可以投放到主题墙上去做呈现。

第十节 演奏活动《机器厂》

音乐素养

乐段：AB段，A段慢速，B段快速。

节拍：四四拍，A段强拍节奏，B段节奏型。

乐器：串铃(也可以用其他难度适宜的乐器或生活材料代替)。

基本情境：关于笨重的大机器人和轻巧的小机器人的情境游戏。

情境创造：A段机器人跳舞，B段机器人开赛车等不同的情境内容。

一 活动目标

1.喜欢与同伴一起跟随音乐扮演大机器人与小机器人玩游戏，体验音乐活动的趣味。

2.基本能用串铃根据两段四四拍音乐“慢与快”的不同节奏特点进行表演。

3.知道串铃的音色及演奏方法。

二 活动准备

1.场景准备：围桌而坐、围成半圆皆可。

2.物质准备：教学多媒体资源包、串铃(也可以用其他难度适宜的乐器或生活材料代替)。

3.经验准备：基本理解慢与快的对比概念。

三　活动过程

♫立体感知

1.全屏播放“立体感知”的动画导入，通过视觉与听觉学习激发幼儿对“机器厂”的音乐情境主题的活动兴趣。

教师：你们参观过机器人工厂吗？机器人工厂里会生产什么样的机器人呢？

2.第二次播放，缩小视频，引导幼儿专注倾听音乐，感受A段与B段不同的速度特点。

教师：哪一段代表大机器人？哪一段代表小机器人？（教师引导幼儿用听觉专注地感受音乐）

3.第三次播放，缩小视频，引导幼儿运用自己的肢体摆动来跟着音乐动一动，呈现出对四四拍音乐不同速度的感知。

教师：怎样用身体表达出你对音乐的感受？（可以运用拍手、拍肩、跺脚等多种声势动作）

提示：通过动画的导入，引导幼儿用视觉、听觉、运动觉的多维学习方式初步感受四四拍音乐的节奏，为“具身融入”“自主探索”的游戏环节打下坚实的基础。

♫具身融入与自主探索

1.通过基本的情境，初步尝试理解音乐的旋律。

（1）播放“具身融入”的第一页课件，通过大小机器人不同的角色理解游戏的过程，在脑海里清晰地再现本次活动的情境。

教师：大机器人是怎么走路的？小机器人又是怎么走路的呢？（引导幼儿自主探索游戏的动作）

（2）播放“具身融入”AB段旋律课件，引导幼儿通过游戏理解目标中AB段不同的音乐速度。

教师：我们一起来跟着音乐学一学大机器人和小机器人走路吧！（引导幼儿在座位上用上肢动作感受速度的变化）

（3）再次播放本页的音乐，可以结合“自主探索”的视频呈现。

教师：大机器人和小机器人一起会玩什么游戏？

提示：通过大小机器人角色的代入，玩要3遍左右，让幼儿对四四拍音乐的不同速度有了初步的理解。

2.情境创造——通过不同的角色呈现，巩固对音乐节奏的感知与理解。

（1）播放“具身融入”情境故事课件，结合“自主探索”中的视频呈现。此阶段为多元的探索过程,通过情境提示来探索游戏,从而更加深入地理解达成预设目标。

教师:大小机器人走路的速度有什么不同?(引导幼儿有节奏的来表现AB段音乐,探索出音乐A段中四四拍的强拍节奏,B段中两种不同的节奏型,并用动作准确地表现出来)

(2)播放"具身融入"自主游戏课件,再次播放音乐,表现四四拍不同的速度特点。

教师:大机器人会跳舞吗? 小机器人会和哪些朋友玩耍呢?(评价幼儿的节奏表现;音乐A段可以用机器人跳舞的慢动作表现,B段可以用机器人开赛车等快动作表现)

提示:通过对情境内容的延伸与创造,帮助幼儿理解四四拍音乐不同的速度特点。

♫多元展现

通过乐器来表达音乐。

1.出示乐器串铃,介绍乐器的名称及演奏方法。

教师:这是什么乐器呢? 它会发出哪些声音? 怎么使用的呢?

2.播放"多元展现"课件,通过乐器串铃自由地探索AB两段音乐四四拍的速度特点。

教师:怎样用串铃跟着音乐一起表演呢?(引导幼儿反复玩耍,表现出四四拍不同的节奏)

提示:可以改变表演队形,围桌游玩或者围大圈表演音乐,也可以把乐器替换成其他材料。

四 活动延伸

1.引导幼儿到音乐区继续玩耍,不断探索不同速度下四四拍的多种节奏型。

2.投放到语言绘本区,形象的表现"龟兔赛跑";或者科学区,探索不同的速度。

3.运用到餐前互动之中,通过身体的拍打再次玩耍。

4.有主题墙的也可以投放到主题墙上去做呈现。

第十一节 演奏活动《好朋友》

音乐素养

乐段:ABAB段。

节拍:四二拍。

乐器:鱼蛙筒(也可以用其他难度适宜的乐器或生活材料代替)。

基本情境:A段找朋友,B段和新朋友玩耍的情境游戏。

情境创造:找到新朋友之后,每组根据音乐设计4个新的节奏游戏玩耍。

一 活动目标

1.通过“找朋友”的音乐游戏活动,喜欢与同伴一起交往,体验与朋友一起玩耍的愉悦与开心。

2.基本能用鱼蛙筒根据四二拍音乐的节奏进行敲奏与刮奏的表演。

3.知道乐器鱼蛙筒的音色特点及演奏方式。

二 活动准备

1.场景准备:围桌而坐、围成半圆皆可。

2.物质准备:教学多媒体资源包、鱼蛙筒(也可以用其他难度适宜的乐器或生活材料代替)。

3.经验准备:对本次活动的音乐提前熟悉,基本能感知到ABAB段旋律的变化。

三 活动过程

♫立体感知

1. 全屏播放“立体感知”的动画导入，通过视觉与听觉学习激发幼儿对“找好朋友”的音乐情境主题的活动兴趣。

教师：你们有好朋友吗？你会和好朋友玩什么游戏呢？

2. 第二次播放，缩小视频，引导幼儿专注倾听音乐，感受音乐A段与B段的旋律特点。

教师：你会跟着音乐找到多少好朋友呢？(教师可用“找朋友”“玩耍”的口令进行提示)

3. 第三次播放，缩小视频，引导幼儿运用自己的肢体摆动来跟着音乐动一动，呈现出对四二拍音乐节奏的感知。

教师：怎样跟着音乐用身体表达出来？(可以运用拍手、拍肩、跺脚等多种声势动作)

提示：通过动画的导入，引导幼儿用视觉、听觉、运动觉的多维学习方式初步感受四二拍音乐的节奏，为“具身融入”“自主探索”的游戏环节打下坚实的基础。

♫具身融入与自主探索

1. 通过基本的情境，初步尝试理解音乐的旋律。

(1)播放“具身融入”的第一页课件，通过“找好朋友”的情境理解游戏的过程，在脑海里清晰地再现本次活动的情境。

教师：你会找到几个好朋友？怎么打招呼？玩什么游戏呢？(引导幼儿自主探索游戏的动作)

(2)播放“具身融入”ABAB段旋律课件，引导幼儿通过游戏理解目标中AB段反复的不同旋律。

教师：音乐A段，你是用什么动作找朋友和打招呼的？(引导幼儿在座位上用上肢动作感受)

(3)再次播放本页的音乐，可以结合“自主探索”的视频呈现。

教师：音乐B段，你和朋友设计了什么不一样的游戏呢？

提示：通过“找好朋友”的情境代入，玩耍3遍左右，让幼儿对ABAB段的音乐节奏有了初步的理解。

2. 情境创造——通过不同的情境内容，巩固对音乐节奏的感知与理解。

(1)播放“具身融入”情境故事课件，结合“自主探索”中的视频呈现。此阶段为多元的探索过程，通过情境提示来探索游戏，从而更加深入地理解达成预设目标。

教师：你是怎么跟着音乐找朋友的？(引导幼儿有节奏地来表现ABAB段音乐，探索出

音乐AB段中四二拍“x x | x x | x x | x x |”的节奏强拍，并用动作准确地表现出来）

（2）播放“具身融入”自主游戏课件，再次播放音乐，表现四二拍的节奏特点。

教师：大家都找到了新朋友，你们之间会玩哪4个不同的游戏呢？（评价幼儿的节奏表现；音乐ABAB四个旋律乐段，可以玩耍4个不同的节奏游戏）

提示：通过对情境内容的延伸与创造，让幼儿理解四二拍音乐“x x | x x | x x | x x |”的强拍。

♫多元展现

通过乐器来表达音乐。

1.出示乐器鱼蛙筒，介绍乐器的名称及演奏方法。

教师：这是什么乐器呢？它会发出哪些声音？是怎么使用的呢？

2.播放“多元展现”课件，自由探索乐器鱼蛙筒敲奏与刮奏不同的演奏方式。

教师：怎样用鱼蛙筒跟着音乐一起表演呢？（引导幼儿反复玩耍，表现出四二拍节奏）

提示：可以改变表演队形，围桌游玩或者围大圈表演音乐皆可；也可以把乐器替换成其他材料。

四 活动延伸

1.引导幼儿到音乐区继续玩耍，不断探索四二拍的多种节奏型。

2.运用户外游戏活动中，找到好朋友。

3.运用到餐前互动之中，通过身体的拍打再次玩耍。

第十二节 演奏活动《林间游玩》

音乐素养

乐段：ABC段。

节拍：四三拍。

乐器：手鼓及小鱼梆子(也可以用其他难度适宜的乐器或生活材料代替)。

基本情境：在郊游时玩水、钓鱼、网蝴蝶、捉螃蟹等情境游戏。

情境创造：在游乐场等其他场所，跟着音乐节奏玩耍旋转木马、滑滑梯、小火车等项目。

一 活动目标

1. 积极与同伴随音乐扮演螃蟹、蝴蝶等角色玩耍游戏，体验音乐活动的丰富性、趣味性。

2. 基本能用手鼓及小鱼梆子根据四三拍音乐，对ABC乐段的强拍进行表演。

3. 初步了解三拍子音乐的旋律特点。

二 活动准备

1. 场景准备：围桌而坐、围成半圆皆可；大树、小草等KT板。

2. 物质准备：教学多媒体资源包、手鼓、小鱼梆子(可以用其他难度适宜的乐器或生活材料代替)。

3. 经验准备：有过出门游玩的经验。

三　活动过程

♫立体感知

1.全屏播放“立体感知”的动画导入，通过视觉与听觉学习激发幼儿对“林间游玩”的音乐情境主题的活动兴趣。

教师：你们和家人一起出门去林间游玩过吗？

2.第二次播放，缩小视频，引导幼儿专注倾听音乐，感受音乐ABC段的旋律特点。

教师：你看到了什么？他们在玩什么？（教师可用“玩水”“钓鱼”“网蝴蝶”“捉螃蟹”等口令对应ABC段进行提示）

3.第三次播放，缩小视频，引导幼儿运用自己的肢体摆动来跟着音乐动一动，呈现出对四三拍音乐节奏的感知。

教师：怎样跟随音乐用身体表达出来？（可以运用拍手、拍肩、跺脚等多种声势动作）

提示：通过动画的导入，引导幼儿用视觉、听觉、运动觉的多维学习方式初步感受四三拍音乐的节奏，为“具身融入”“自主探索”的游戏环节打下坚实的基础。

♫具身融入与自主探索

1.通过基本的情境，初步尝试理解音乐的旋律。

（1）播放“具身融入”的第一页课件，通过“林间游玩”的情境内容理解游戏的过程，在脑海里清晰地再现本次活动的情境。

教师：你在林间会玩什么游戏呢？用什么动作表现出来呢？（引导幼儿自主探索游戏的动作）

（2）播放“具身融入”ABC段旋律课件，引导幼儿通过游戏理解目标中ABC段不同的音乐旋律。

教师：你会跟着音乐玩哪3个游戏，顺序是怎样的？（引导幼儿在座位用上肢动作感受旋律的变化）

（3）再次播放本页的音乐，可以结合“自主探索”的视频呈现。

教师：还有哪位小朋友可以提供不同的3个游戏？怎么用动作表现呢？

提示：通过“游玩项目”的情境代入，玩耍3遍左右，让幼儿对ABC段音乐有了初步的理解。

2.情境创造——通过不同的情境呈现，巩固对音乐乐段的感知与理解。

（1）播放“具身融入”情境故事课件，结合“自主探索”中的视频呈现。此阶段为多元的探索过程，通过情境提示来探索游戏，从而更加深入地理解达成预设目标。

教师：我们可以跟着音乐怎样玩“捉螃蟹”“网蝴蝶”等游戏？（引导幼儿有节奏的来表

现ABC段音乐，探索出音乐ABC段中四三拍的强拍节奏，并用动作准确地表现出来）

(2)播放“具身融入”自主游戏课件，再次播放音乐，表现四三拍的节奏特点

教师：如果在游乐场，你会跟着音乐节奏玩要什么游戏呢？（评价幼儿的节奏表现；音乐ABC段可以用旋转木马、滑滑梯、小火车不同的内容表现，也可以用旋转木马1个游戏表现ABC段3种玩法）

提示：通过对情境内容的延伸与创造，让幼儿理解四三拍音乐不同的速度特点。

♫多元展现

通过乐器来表达音乐。

1.出示乐器手鼓及小鱼梆子，介绍乐器的名称及演奏方法。

教师：这是什么乐器呢？它会发出哪些声音？是怎么使用的呢？

2.播放“多元展现”课件，通过乐器手鼓及小鱼梆子自由探索ABC段音乐四三拍的速度特点。

教师：怎样用手鼓及小鱼梆子跟着音乐一起表演？（引导幼儿反复玩要，表现出四三拍的强拍节奏）

提示：可以改变表演队形，围桌游玩或者围大圈表演音乐皆可；也可以把乐器替换成其他材料。

四 活动延伸

1.数学区：通过掌握的节奏核心经验来感知速度快慢与节拍的核心经验探究“大小小”“红绿绿”等模式。

2.表演区：表演林间郊游的趣事。

3.语言区：讲述林间郊游的趣事。

4.主题墙：将音乐游戏的过程通过绘画或者拍照的方式记录进行呈现。

第十三节 演奏活动《拍拍拍》

音乐素养

乐段：AAAA段。

节拍：四二拍。

节奏："X X X ｜(哒哒哒)"。

乐器：三角铁(也可以用其他难度适宜的乐器或生活材料代替)。

基本情境：拍头、肩、肚子、大腿的四二拍节奏游戏。

情境创造：方位游戏或者四二拍演奏中重与轻的节奏游戏或者拍桌子、椅子等。

一　活动目标

1.喜欢与同伴一起跟着音乐玩耍"拍拍拍"的游戏，体验节奏的欢快感。

2.基本能用三角铁根据音乐四二拍和"X X X ｜(哒哒哒)"的节奏特点进行表演。

3.知道乐器三角铁的演奏方式及音色特点。

二　活动准备

1.场景准备：围桌而坐、围成半圆皆可。

2.物质准备：教学多媒体资源包、三角铁(也可以用其他难度适宜的乐器或生活材料代替)。

3.经验准备：对四二拍的强拍节奏有一定的了解。

三 活动过程

立体感知

1.全屏播放“立体感知”的动画导入，通过视觉与听觉学习激发幼儿对“我的身体会说话”的音乐情境主题的活动兴趣。

教师：你身体的哪些部位会说话呢？

2.第二次播放，缩小视频，引导幼儿专注倾听音乐，感受音乐中4个A段的重复旋律。

教师：身体是怎样发出声音的？(教师可用“想一想”“拍一拍”的口令进行提示)

3.第三次播放，缩小视频，引导幼儿运用自己的肢体摆动来跟着音乐动一动，呈现出对四二拍音乐节奏的感知。

教师：你都拍了哪些部位？(可以运用拍手、拍腿等声势动作表现)

提示：通过动画的导入，引导幼儿用视觉、听觉、运动觉的多维学习方式初步感受四二拍音乐的节奏，为“具身融入”“自主探索”的游戏环节打下坚实的基础。

具身融入与自主探索

1.通过基本的情境，初步尝试理解音乐的旋律。

(1)播放“具身融入”的第一页课件，通过“拍拍拍”的情境理解游戏的过程，在脑海里清晰地再现本次活动的情境。

教师：身体还有哪些部位可以发出声音？(引导幼儿自主探索游戏的动作)

(2)播放“具身融入”4个A段旋律课件，引导幼儿通过游戏理解音乐中强调的四二拍节奏。

教师：你是怎样用身体表现出音乐节奏的？(引导幼儿在座位上用上肢动作感受)

(3)再次播放本页的音乐，可以结合“自主探索”的视频呈现。

教师：如果和好朋友合作，怎样一起让身体发出声音？

提示：通过“拍身体”的情境代入，玩耍3遍左右，让幼儿对音乐的节奏有了初步的掌握。

2.情境创造——通过不同的情境游戏内容，巩固对音乐节奏的感知与理解。

(1)播放“具身融入”情境故事课件，结合“自主探索”中的视频呈现。此阶段为多元的探索过程，通过情境提示来探索游戏，从而更加深入地理解达成预设目标。

教师：除了拍身体，还可以拍打哪些物体？(引导幼儿拍桌子、椅子等来表现出节奏，探索出音乐中四二拍，“X X X |”出现的地方，并用动作准确地表现出来)

(2)播放“具身融入”自主游戏课件，再次播放音乐，表现四二拍的节奏特点。

教师：请小朋友们分组来展示吧！

提示:通过对情境内容的延伸与创造,让幼儿理解四二拍音乐“X X X |”的节奏特点。

♫ 多元展现

通过乐器来表达音乐。

1.出示乐器三角铁,介绍乐器的名称及演奏方法。

教师:这是什么乐器呢?他会发出哪些声音?是怎么使用的呢?

2.播放“多元展现”课件,通过乐器三角铁自由地探索音乐四二拍的节奏特点。

教师:怎样用三角铁跟着音乐一起表演呢?(引导幼儿反复玩要,表现出四二拍节奏)

提示:可以改变表演队形,围桌游玩或者围大圈表演音乐,也可以把乐器替换成其他材料。

四　活动延伸

1.引导幼儿到音乐区继续玩要,不断探索四二拍的重与轻的不同演奏。

2.运用到餐前互动之中,通过身体的拍打再次玩要。

第十四节 演奏活动《身体的舞蹈》

音乐素养

乐曲表现：拍手、拍腿、向上爬。

节拍：四二拍。

节奏："X - | X - | X - | X - | X - | X - | X X | X - |"。

乐器：节奏棒（也可以用其他难度适宜的乐器或生活材料代替）。

基本情境：根据歌词拍手、拍腿、向上爬的游戏。

情境创造：感知音乐速度的变化。

一 活动目标

1. 愿意跟着音乐歌词内容做相应的表演动作，体验音乐活动的趣味。

2. 基本能用节奏棒根据四二拍音乐的节奏型特点进行表演。

3. 了解英文Clap、Jump、Dance、Lap、Chin（拍手、跳跃、跳舞、大腿、下巴）。

二 活动准备

1. 场景准备：围桌而坐、围成半圆皆可。

2. 物质准备：教学多媒体资源包、节奏棒（也可以用其他难度适宜的乐器或生活材料代替）。

3. 经验准备：对四二拍的节奏型有一定的了解。

三　活动过程

♫立体感知

1.全屏播放“立体感知”的动画导入，通过视觉与听觉学习激发幼儿对“我的身体会跳舞”的音乐情境主题的活动兴趣。

教师：上次活动，我们的身体会唱歌了，你们还记得吗？这次你的身体会跳舞吗？

2.第二次播放，缩小视频，引导幼儿专注倾听音乐，感受音乐中四二拍的节奏型。

教师：你看到视频里的小朋友是怎样用身体跳舞的？(教师可用“拍手”“拍腿”“向上爬”的口令进行提示)

3.第三次播放，缩小视频，引导幼儿运用自己的肢体摆动来跟着音乐动一动，呈现出对四二拍音乐节奏的感知。

教师：你可以跟着音乐节奏用身体动作表现出来吗？(可以运用拍手、拍腿等声势动作表现)

提示：通过动画的导入，引导幼儿用视觉、听觉、运动觉的多维学习方式初步感受四二拍音乐的节奏，为“具身融入”“自主探索”的游戏环节打下坚实的基础。

♫具身融入与自主探索

1.通过基本的情境，初步尝试理解音乐的旋律。

(1)播放“具身融入”的第一页课件，通过“身体跳舞”的情境理解游戏的过程，在脑海里清晰地再现本次活动的情境。

教师：你可以用身体怎样跳舞呢？(引导幼儿自主探索游戏的动作)

(2)播放“具身融入”的旋律课件，引导幼儿通过游戏理解音乐中四二拍的节奏型。

教师：你听到音乐的叠唱部分“Clap——拍手、Jump——跳跃、Dance——跳舞、Lap——大腿、Chin——下巴”的内容了吗？小朋友们分别做了哪些动作？(引导幼儿在座位上用上肢动作感受)

(3)再次播放本页的音乐，可以结合“自主探索”的视频呈现。

教师：你是怎样用动作表现出音乐中的叠唱部分的？

提示：通过对歌曲内容的感受，玩耍3遍左右，让幼儿对音乐中四二拍的节奏型有了初步的了解。

2.情境创造——通过不同的情境游戏内容，巩固对音乐节奏的感知与理解。

(1)播放“具身融入”情境故事课件，结合“自主探索”中的视频呈现。此阶段为多元的探索过程,通过情境提示来探索游戏,从而更加深入地理解达成预设目标。

教师:反复两遍的音乐速度有什么不一样?(引导幼儿表现节奏“X - | X - | X - | X - | X - | X - | X X | X - |”)

(2)播放“具身融入”自主游戏课件,再次播放音乐,表现四二拍的节奏特点。

教师:第一遍的速度更快?还是第二遍的速度更快?(评价幼儿的节奏表现;尝试探索出两遍音乐中四二拍“X - | X - | X - | X - | X - | X - | X X | X - |”的不同速度呈现)

提示:通过对情境内容的延伸与创造,让幼儿理解四二拍音乐不同的节奏型。

♫多元展现

通过乐器来表达音乐。

1.出示乐器节奏棒,介绍乐器的名称及演奏方法。

教师:这是什么乐器呢?它会发出哪些声音?是怎么使用的呢?

2.播放“多元展现”课件,通过乐器节奏棒自由地探索音乐四二拍的不同节奏型特点。

教师:怎样用节奏棒跟着音乐一起表演呢?(引导幼儿反复玩耍,表现出四二拍节奏)

提示:可以改变表演队形,围桌游玩或者围大圈表演音乐,也可以把乐器替换成其他材料。

四 活动延伸

1.引导幼儿到音乐区继续玩耍,不断地探索四二拍不同速度演奏。

2.运用到餐前互动之中,通过身体的拍打再次玩耍。

3.有主题墙的也可以投放到主题墙上去做呈现。

第十五节 演奏活动《小小打铁人》

音乐素养

乐段:4个AB段反复。

节拍:四二拍。

节奏:“X X X | X X X | X X X | X X X |”。

乐器:碰钟(也可以用其他难度适宜的乐器或生活材料代替)。

基本情境:打铁的游戏。

情境创造:打盆、打铁桶等大体积物品及打钥匙、打铁勺等小体积物品。

一 活动目标

1.在音乐中玩耍“制作铁器及兵器”游戏,萌发民族自豪感,体验音乐活动的快乐。

2.基本能用碰钟根据音乐的“哒哒哒”即“X X X |”的节奏进行表演。

3.大胆想象游戏内容,了解中国古代铁器的铸造过程。

二 活动准备

1.场景准备:围桌而坐、围成半圆皆可;也可以准备一些铁质成品。

2.物质准备:教学多媒体资源包、碰钟(也可以用其他难度适宜的乐器或生活材料代替)。

3.经验准备:对四二拍的节奏型有一定的了解。

三 活动过程

♫立体感知

1.全屏播放“立体感知”的动画导入，通过视觉与听觉学习激发幼儿对“小小打铁人”的音乐情境主题的活动兴趣，初步对中国古代的铁器及兵器有所了解。

教师：你见过打铁师傅打铁吗？

2.第二次播放，缩小视频，引导幼儿专注倾听音乐，感受音乐中4个AB段反复的旋律。

教师：铁可以打出哪些物品呢？（教师可用“打钥匙”“打勺子”“打铁壶”“打剪刀”等口令进行提示）

3.第三次播放，缩小视频，引导幼儿运用自己的肢体摆动来跟着音乐动一动，呈现出对四二拍音乐节奏的感知。

教师：怎样用身体跟随音乐表达出来？（可以运用拍手、拍腿等声势动作表现）

提示：通过动画的导入，引导幼儿用视觉、听觉、运动觉的多维学习方式初步感受四二拍音乐的节奏，为“具身融入”“自主探索”的游戏环节打下坚实的基础。

♫具身融入与自主探索

1.通过基本的情境，初步尝试理解音乐的旋律。

（1）播放“具身融入”的第一页课件，通过“小小打铁人”的情境理解游戏的过程，在脑海里清晰地再现本次活动的情境。

教师：打铁师傅是怎么打铁的呢？如何用动作表现出来？（引导幼儿自主探索游戏的动作）

（2）播放“具身融入”的旋律课件，引导幼儿通过游戏理解音乐中四二拍的节奏型。

教师：我们可以借助什么道具来练习打铁技术呢？（引导幼儿用纸张、桌子等感受节奏）

（3）再次播放本页的音乐，可以结合“自主探索”的视频呈现。

教师：你是怎样用动作表现出音乐节奏的呢？

提示：通过打铁师傅角色的代入，玩耍3遍左右，让幼儿对音乐中四二拍的节奏型有了初步的了解。

2.情境创造——通过不同的情境游戏内容，巩固对音乐节奏的感知与理解。

（1）播放“具身融入”情境故事课件，结合“自主探索”中的视频呈现。此阶段为多元的探索过程，通过情境提示来探索游戏，从而更加深入地理解达成预设目标。

教师：打铁师傅打出了什么样的铁器？用动作怎么表现出来？(引导幼儿表现出音乐节奏；用创造性的打盆、打铁桶、打钥匙、打铁勺等物品动作表现出“X X X | X X X | X X X | X X X |”的节奏)

(2)播放“具身融入”自主游戏课件，再次播放音乐，表现四二拍的节奏特点。

教师：你愿意打出什么兵器来保卫祖国？(评价幼儿的节奏表现；尝试探索出音乐中四二拍X X X | X X X | X X X | X X X |”的不同节奏型)

提示：通过对情境内容的延伸与创造，让幼儿理解四二拍音乐不同的节奏型。

♫多元展现

通过乐器来表达音乐。

1. 出示乐器碰钟，介绍乐器的名称及演奏方法。

教师：这是什么乐器呢？它会发出哪些声音？是怎么使用的呢？

2. 播放“多元展现”课件，通过乐器碰钟自由地探索音乐四二拍的不同节奏型特点。

教师：怎样用碰钟跟着音乐一起表演呢？(引导幼儿反复玩耍，表现出四二拍节奏)

提示：可以改变表演队形，围桌游玩或者围大圈表演音乐，也可以把乐器替换成其他材料。

总结：今天我们认识了四二拍“哒哒哒”的音乐节奏，同时也了解到中国古代收割农作物的铁器及保卫祖国的兵器。小朋友们，我们要珍惜现在的生活，热爱祖国，保卫祖国！

四　活动延伸

1. 引导幼儿到音乐区继续玩耍，不断探索四三拍不同节奏型的演奏。

2. 运用到餐前互动之中，通过身体的拍打再次玩耍。

第十六节 演奏活动《快与慢》

音乐素养

乐段：4个AB段反复。

节拍：四四拍。

乐器：棒铃和带把碰钟(也可以用其他难度适宜的乐器或生活材料代替)。

基本情境：洗毛巾和擦桌子的游戏。

情境创造：根据音乐的感受创编出转风车、跳格子、捡树叶等其他游戏内容。

一 活动目标

1.积极与同伴随音乐玩耍“洗毛巾”“擦桌子”等游戏，感受音乐速度游戏带来的快乐。

2.基本能用棒铃及带把碰钟根据ABABABAB段的音乐逐渐加快的节奏进行表演。

3.初步了解音乐中速度由慢到快逐渐变化的旋律特点。

二 活动准备

1.场景准备：围桌而坐、围成半圆皆可。

2.物质准备：教学多媒体资源包、棒铃和碰钟(也可以用其他难度适宜的乐器或生活材料代替)。

3.经验准备：对慢与快的速度有一定的感知。

三　活动过程

♫立体感知

1.全屏播放“立体感知”的动画导入，通过视觉与听觉学习激发幼儿对“爱劳动”的音乐情境主题的活动兴趣。

教师：你帮助家人做过家务吗？

2.第二次播放，缩小视频，引导幼儿专注倾听音乐，感受音乐中4个AB段反复的旋律。

教师：你做家务的时候是快快的还是慢慢的？（教师可用“慢”“中”“快”“急”等口令进行提示）

3.第三次播放，缩小视频，引导幼儿运用自己的肢体摆动来跟着音乐动一动，呈现出对音乐速度变化的感知。

教师：这个音乐的速度有什么变化？怎样用身体表现出来？（可以运用拍手、拍腿等声势动作表现）

提示：通过动画的导入，引导幼儿用视觉、听觉、运动觉的多维学习方式初步感受音乐慢、中、快急的4种速度，为“具身融入”“自主探索”的游戏环节打下坚实的基础。

♫具身融入与自主探索

1.通过基本的情境，初步尝试理解音乐的旋律。

（1）播放“具身融入”的第一页课件，通过“爱劳动”的情境理解游戏的过程，在脑海里清晰地再现本次活动的情境。

教师：你会做什么家务呢？怎样用动作表现呢？（引导幼儿自主探索游戏的动作）

（2）播放“具身融入”4个AB段旋律课件，引导幼儿通过游戏理解音乐中速度的变化。

教师：你是怎样用身体动作表现出音乐速度变化的呢？（引导幼儿在座位上用上肢动作感受）

（3）再次播放本页的音乐，可以结合“自主探索”的视频呈现。

教师：音乐的速度一共变化了几次？是怎样变化的？

提示：通过“做家务”的情境代入，玩耍3遍左右，让幼儿对音乐的速度变化有了初步的掌握。

2.情境创造——通过不同的情境游戏内容，巩固对音乐速度变化的感知与理解。

（1）播放“具身融入”情境故事课件，结合“自主探索”中的视频呈现。此阶段为多元的探索过程，通过情境提示来探索游戏，从而更加深入地理解达成预设目标。

教师：除了洗毛巾和擦桌子？还可以做哪些家务？（引导幼儿创造性地用其他家务动

作展示出音乐速度的变化）

（2）播放“具身融入”自主游戏课件，再次播放音乐，表现四二拍的节奏特点。

教师：你还可以跟着音乐的变化玩耍其他游戏吗？（评价幼儿的节奏表现；尝试根据音乐的感受创编出转风车、跳格子、捡树叶等其他游戏内容）

提示：通过对情境内容的延伸与创造，让幼儿理解音乐由慢到快的速度变化。

♫多元展现

通过乐器来表达音乐。

1.出示乐器棒铃及碰钟，介绍乐器的名称及演奏方法。

教师：这是什么乐器呢？它会发出哪些声音？是怎么使用的呢？

2.播放“多元展现”课件，通过乐器棒铃及碰钟自由地探索音乐速度的变化。

教师：怎样用棒铃及碰钟跟着音乐一起表演呢？（引导幼儿反复玩耍，表现出音乐的速度）

提示：可以改变表演队形，围桌游玩或者围大圈表演音乐，也可以把乐器替换成其他材料。

四 活动延伸

1.引导幼儿到音乐区继续玩耍，不断探索音乐慢、中、快、急四个不同的速度。

2.投放到科学区，探索不同的速度。

第十七节 演奏活动《奶牛与蚊子》

音乐素养

乐段：ABABAB段。

节奏：B段中，长音结束后的强拍演奏。

乐器：带把响板或者快板(也可以用其他难度适宜的乐器或生活材料代替)。

基本情境：蚊子叮奶牛的情境游戏。

情境创造：打字员与蚊子，清洁阿姨与蚊子等其他游戏内容。

一 活动目标

1.喜欢与同伴一起跟随音乐玩耍“奶牛与蚊子”的游戏，体验音乐活动的趣味。

2.基本能用带把响板根据B段音乐中出现的强拍进行表演。

3.通过“奶牛与蚊子”的游戏，感知诙谐的音乐情绪。

二 活动准备

1.场景准备：围桌而坐、围成半圆皆可。

2.物质准备：教学多媒体资源包、响板或快板(也可以用其他难度适宜的乐器或生活材料代替)。

3.经验准备：具有一定的音乐基础，基本能感知音乐中的长音与重音。

三 活动过程

♫立体感知

1.全屏播放“立体感知”的动画导入，通过视觉与听觉学习激发幼儿对“奶牛与蚊子”的音乐情境主题的活动兴趣。

教师：你见过奶牛吗？奶牛的生活是如何的？

2.第二次播放，缩小视频，引导幼儿专注倾听音乐，感受音乐中ABABAB段反复的旋律。

教师：你们看到了谁？在干什么？(教师可用“奶牛走路”“蚊子来啦”等口令进行提示)

3.第三次播放，缩小视频，引导幼儿运用自己的肢体摆动来跟着音乐动一动，呈现出对音乐长音与重音的感知。

教师：怎样用身体动作跟随音乐表现出来？(拍手、拍肩等声势动作表现)

提示：通过动画的导入，引导幼儿用视觉、听觉、运动觉的多维学习方式初步感受B段音乐中，长音与重音的变化，为“具身融入”“自主探索”的游戏环节打下坚实的基础。

♫具身融入与自主探索

1.通过基本的情境，初步尝试理解音乐的旋律。

(1)播放“具身融入”的第一页课件，通过奶牛与蚊子不同的角色理解游戏过程，在脑海里清晰地再现本次活动的情境。

教师：奶牛和蚊子发生了什么事？怎样用动作表现出来？(引导幼儿自主探索游戏的动作)

(2)播放“具身融入”ABABAB段旋律课件，引导幼儿通过游戏理解音乐中的长音与重音。

教师：蚊子出现的时候，音乐有什么特点？(引导幼儿在座位上用上肢动作理解音乐中的长音)

(3)再次播放本页的音乐，可以结合“自主探索”的视频呈现。

教师：蚊子在什么时候叮奶牛的？奶牛被叮了几次？(引导幼儿理解B段音乐中的重音)

提示：通过奶牛与蚊子的角色代入，玩耍3遍左右，让幼儿对音乐的长音与重音有了初步的了解。

2.情境创造——通过不同的情境游戏内容，巩固对音乐中长音与重音的感知与理解。

(1)播放“具身融入”情境故事课件，结合“自主探索”中的视频呈现。此阶段为多元的探索过程，通过情境提示来探索游戏，从而更加深入地理解达成预设目标。

教师:奶牛还做了什么事情？蚊子会叮奶牛哪些部位?(引导幼儿创造性地用其动作展示出音乐A段,用叮的不同部位和方式展示出B段中的长音与重音)

(2)播放“具身融入”自主游戏课件,再次播放音乐,表现音乐的重音节奏特点。

教师:你还可以跟着音乐的特点玩耍其他游戏吗?(评价幼儿的节奏表现;尝试根据音乐的感受创编出打字员与蚊子、清洁阿姨与蚊子等其他游戏内容)

提示:通过对情境内容的延伸与创造,让幼儿理解音乐由慢到快的速度变化。

♫多元展现

通过乐器来表达音乐。

1.出示乐器响板或快板,介绍乐器的名称及演奏方法。

教师:这是什么乐器呢？它会发出哪些声音？是怎么使用的呢?

2.播放“多元展现”课件,通过乐器响板或快板自由地探索音乐中出现的重音。

教师:怎样用响板或快板跟着音乐一起表演呢?(引导幼儿反复玩耍,表现出音乐的重音)

提示:可以改变表演队形,围桌游玩或者围大圈表演音乐,也可以把乐器替换成其他材料。

四　活动延伸

1.引导幼儿到音乐区继续玩耍,不断探索快板的演奏方法。

2.运用到餐前互动之中,通过身体的拍打再次玩耍。

第十八节 演奏活动《凳子舞》

音乐素养

乐曲表现：弱起重音“ramsamsam”。

节拍：四四拍。

节奏：“X X X – |”。

乐器：龙头梆子(也可以用其他难度适宜的乐器或生活材料代替)。

基本情境：“与凳子共舞”的情境游戏。

情境创造：根据音乐创编出“鲤鱼过龙门”“斗鸡”“打地鼠”等其他情境游戏。

一 活动目标

1.感受《ramsamsam》中活泼快乐的旋律，喜欢与同伴一起随乐玩耍。

2.基本能用龙头梆子按四四拍音乐中的节奏特点进行表演。

3.初步了解音乐中不同节奏的长音与重音。

二 活动准备

1.场景准备：围桌而坐、围成半圆皆可。

2.物质准备：教学多媒体资源包、龙头梆子(也可以用其他难度适宜的乐器或生活材料代替)。

3.经验准备：上过《奶牛与蚊子》，对长音和重音有基本的了解。

三 活动过程

♫立体感知

1.全屏播放“立体感知”的动画导入，通过视觉与听觉学习激发幼儿对“与凳子共舞”的音乐情境主题的活动兴趣。

教师：你们和凳子一起跳过舞吗？

2.第二次播放，缩小视频，引导幼儿专注倾听音乐“ramsamsam”出现的重音部分。

教师：你在音乐中听到“ramsamsam”了吗？（教师可用“ramsamsam”的口令进行提示）

3.第三次播放，缩小视频，引导幼儿运用自己的肢体摆动来跟着音乐动一动，呈现出对歌词“ramsamsam”的节奏感知。

教师：怎样用身体跟随音乐表达出来？（可以运用拍手、拍肩、跺脚等多种声势动作）

提示：通过动画的导入，引导幼儿用视觉、听觉、运动觉的多维学习方式初步感受四四拍音乐的节奏，为“具身融入”“自主探索”的游戏环节打下坚实的基础。

♫具身融入与自主探索

1.通过基本的情境，初步尝试理解音乐的旋律。

（1）播放“具身融入”的第一页课件，通过“与凳子共舞”的情境理解游戏的过程，在脑海里清晰地再现本次活动的情境。

教师：你会跟着音乐和凳子怎么跳舞呢？（引导幼儿自主探索游戏的动作）

（2）播放“具身融入”的旋律课件，引导幼儿通过游戏理解目标中“ ramsamsam”的节奏。

教师：在“ ramsamsam”出现时，你会怎样表演？（引导幼儿在座位上用上肢动作感受）

（3）再次播放本页的音乐，可以结合“自主探索”的视频呈现。

教师：歌曲中的“ ramsamsam”出现了几次呢？

提示：通过“与凳子共舞”的情境代入，玩要3遍左右，让幼儿对音乐中“X X X – |”的节奏有了初步理解。

2.情境创造——通过不同的情境内容，巩固对音乐节奏的感知与理解。

（1）播放“具身融入”情境故事课件，结合“自主探索”中的视频呈现。此阶段为多元的探索过程，通过情境提示来探索游戏，从而更加深入地理解达成预设目标。

教师：三人一组，可以跟着音乐的节奏怎样玩要？（引导幼儿有节奏地来表现，探索音乐中出现的“ ramsamsam”，即四四拍，“X X X – |”节奏出现的地方，并用动作准确地表现出来）

(2)播放“具身融入”自主游戏课件,再次播放音乐,表现四四拍的节奏特点。

教师:你还会跟着音乐中“ramsamsam”玩什么游戏呢?(评价幼儿的节奏表现;引导幼儿创编出“鲤鱼过龙门”“斗鸡”“打地鼠”等其他情境游戏)

提示:通过对情境内容的延伸与创造,让幼儿理解四四拍音乐和“X X X – |”的节奏特点。

♫多元展现

通过乐器来表达音乐。

1.出示乐器龙头梆子,介绍乐器的名称及演奏方法。

教师:这是什么乐器呢? 它会发出哪些声音? 是怎么使用的呢?

2.播放“多元展现”课件,通过乐器龙头梆子自由地探索音乐四四拍的节奏特点。

教师:怎样用龙头梆子跟着音乐一起表演呢?(引导幼儿反复玩耍,表现出四四拍节奏)

提示:可以改变表演队形,围桌游玩或者围大圈表演音乐,也可以把乐器替换成其他材料。

四 活动延伸

1.引导幼儿到音乐区继续玩耍,不断探索四四拍的多种节奏型。

2.延伸到户外游戏区,玩耍“鲤鱼过龙门”“斗鸡”“打地鼠”等游戏。

3.运用到餐前互动之中,通过身体的拍打再次玩耍。

4.有主题墙的也可以投放到主题墙上去做呈现。

第十九节 演奏活动《清晨五部曲》

音乐素养

乐段:ABCDE段。

节拍:四四拍,强拍或者创编节奏型合奏表演。

乐器:碰钟与棒棒糖鼓(也可以用其他难度适宜的乐器或生活材料代替)。

基本情境:早起洗漱、上学的情境游戏。

情境创造:参观自然博物馆等其他情境内容。

一 活动目标

1.通过音乐游戏活动,养成良好的起床习惯,对音乐的多元情境,充满好奇与兴趣。

2.基本能用碰钟、棒棒糖鼓根据四四拍的ABCDE乐段的强拍节奏进行表演。

3.了解打击乐轮奏与合奏的演奏方式。

二 活动准备

1.场景准备:围桌而坐、围成半圆皆可。

2.物质准备:教学多媒体资源包、碰钟、棒棒糖鼓(可以用其他难度适宜的乐器或生活材料代替)。

3.经验准备:对音乐的乐段旋律有一定的辨别能力。

三 活动过程

♫立体感知

1.全屏播放“立体感知”的动画导入，通过视觉与听觉学习激发幼儿对“清晨五部曲”的音乐情境主题的活动兴趣。

教师：早上起床后你会做哪些事情呢？

2.第二次播放，缩小视频，引导幼儿专注倾听音乐，感受音乐ABCDE段的旋律特点。

教师：早上起床后，你会先做什么？再做什么？（教师可用“穿衣”“叠被”“洗脸”等口令对应ABCDE段进行提示）

3.第三次播放，缩小视频，引导幼儿运用自己的肢体摆动来跟着音乐动一动，呈现出对四四拍音乐节奏的感知。

教师：怎样跟随音乐用身体表达出来？（可以运用拍手、拍肩、跺脚等多种声势动作）

提示：通过动画的导入，引导幼儿用视觉、听觉、运动觉的多维学习方式初步感受四四拍音乐的节奏，为“具身融入”“自主探索”的游戏环节打下坚实的基础。

♫具身融入与自主探索

1.通过基本的情境，初步尝试理解音乐的旋律。

（1）播放“具身融入”的第一页课件，通过“清晨五部曲”的情境内容理解游戏的过程，在脑海里清晰地再现本次活动的情境。

教师：你起床后会做哪5件事？怎样用动作表现出来？（引导幼儿自主探索游戏的动作）

（2）播放“具身融入”旋律课件，引导幼儿通过游戏理解目标中ABCDE段不同的音乐旋律。

教师：有不一样的内容吗？怎样用动作表现呢？（引导幼儿在座位用上肢动作感受旋律的变化）

（3）再次播放本页的音乐，可以结合“自主探索”的视频呈现。

教师：怎样将起床、穿衣、吃饭等内容根据四四拍的节奏表现出来呢？

提示：通过“清晨五部曲”的情境代入，玩耍3遍左右，让幼儿对ABCDE段音乐有了初步的理解。

2.情境创造——通过不同的情境呈现，巩固对音乐乐段的感知与理解。

（1）播放“具身融入”情境故事课件，结合“自主探索”中的视频呈现，此阶段为多元的探索过程，通过情境提示来探索游戏，从而更加深入地理解达成预设目标。

教师：爸爸妈妈起床后，会做哪5件不一样的事情？（引导幼儿有节奏的来表现ABCDE

段音乐，探索出音乐ABCDE段中四四拍的强拍节奏，并用动作准确地表现出来）

（2）播放“具身融入”自主游戏课件，再次播放音乐，表现四四拍的节奏特点。

教师：听着音乐，你还会想到什么游戏呢?（评价幼儿的节奏表现；引导幼儿创编参观自然博物馆的草原区、森林区、海洋区、沙漠区、恐龙区等其他情境内容）

提示：通过对情境内容的延伸与创造，让幼儿理解四四拍的ABCDE段。

♫多元展现

通过乐器来表达音乐。（幼儿认识乐器，可以进行听音辨器）

1. 出示乐器碰钟与棒棒糖鼓，介绍乐器的名称及演奏方法。

教师：这是什么乐器呢？它会发出哪些声音？是怎么使用的呢？

2. 播放“多元展现”课件，通过乐器碰钟与棒棒糖鼓自由探索ABCDE段音乐的节奏特点。

教师：怎样用碰钟与棒棒糖鼓随音乐一起表演?（引导幼儿多次玩耍，探索四四拍的多元节奏型）

提示：可以改变表演队形，围桌游玩或者围大圈表演音乐，也可以把乐器替换成其他材料。

四　活动延伸

1. 引导幼儿到音乐区继续玩耍，探索同一音乐下的多种表演方式。

2. 运用到餐前互动之中，通过身体的拍打再次玩耍。

第二十节 演奏活动《探险黑风山》

音乐素养

乐段：ABCDE段。

节拍：四四拍，强拍或者创编节奏型合奏表演。

乐器：龙头梆子、双响筒、四铃板擦、棒棒糖鼓、碰钟（也可以使用其他乐器）。

基本情境：去黑风山探险，夺回藏宝图的情境故事。

情境创造：西游记之"拯救唐僧""大战老妖"的情境游戏。

一 活动目标

1. 积极扮演勇士、黑风山老妖等角色，并尝试用乐器表演音乐，体验音乐活动的趣味。
2. 基本能用龙头梆子、棒棒糖鼓等乐器跟随音乐ABCDE的乐段特点进行表演。
3. 初步理解音乐中雄伟激昂的音乐情绪。

二 活动准备

1. 场景准备：围桌而坐、围成半圆皆可；有条件的可以利用区角材料布置黑风山场景。
2. 物质准备：教学多媒体资源包、5种乐器（便于幼儿以乐团的形式表演）。
3. 经验准备：上过《清晨五部曲》，对ABCDE五乐段的音乐有基本的了解。

三　活动过程

♫立体感知

1.全屏播放“立体感知”的动画导入,通过视觉与听觉学习激发幼儿对“探险黑风山”的音乐情境主题的活动兴趣。

教师:你们听过黑风山老妖的故事吗?

2.第二次播放,缩小视频,引导幼儿专注倾听音乐,感受音乐ABCDE段的旋律特点。

教师:夺回藏宝图,需要用到哪些武器?(教师可用“枪”“弹”“炮”等口令对应ABCDE段进行提示)

3.第三次播放,缩小视频,引导幼儿运用自己的肢体摆动来跟着音乐动一动,呈现出对音乐ABCDE5个乐段的感知。

教师:怎样跟随音乐用身体表达出来?(可以运用拍手、拍肩、跺脚等多种声势动作)

提示:通过动画的导入,引导幼儿用视觉、听觉、运动觉的多维学习方式初步感受四四拍音乐的节奏,为“具身融入”“自主探索”的游戏环节打下坚实的基础。

♫具身融入与自主探索

1.通过基本的情境,初步尝试理解音乐的旋律。

(1)播放“具身融入”的第一页课件,通过“探险黑风山”的情境内容理解游戏的过程,在脑海里清晰地再现本次活动的情境。

教师:你准备了哪些武器夺回藏宝图?怎样用动作表现出来?(引导幼儿自主探索游戏的动作)

(2)播放“具身融入”旋律课件,引导幼儿通过游戏理解目标中ABCDE段不同的音乐旋律。

教师:找到藏宝图后,撤退时需要注意什么?(引导幼儿在座位用上肢动作感受旋律的变化)

(3)再次播放本页的音乐,可以结合“自主探索”的视频呈现。

教师:怎样将用弓箭、枪、炮进攻、找到藏宝图、撤退等内容根据四四拍的节奏表现出来呢?

提示:通过“探险黑风山”的情境代入,玩耍3遍左右,让幼儿初步掌握了音乐的ABCDE段。

2.情境创造——通过不同的情境呈现,巩固对音乐乐段的感知与理解。

(1)播放“具身融入”情境故事课件,结合“自主探索”中的视频呈现。此阶段为多元的探索过程,通过情境提示来探索游戏,从而更加深入地理解达成预设目标。

教师:黑风山老妖的守卫是如何反击勇士的?(引导幼儿有节奏地来表现ABCDE段音乐,探索出音乐ABCDE段中四四拍的强拍节奏,并用动作准确地表现出来)

(2)播放“具身融入”自主游戏课件,再次播放音乐,表现四四拍的节奏特点。

教师:听着音乐,你还会想到什么游戏呢?(评价幼儿的节奏表现;引导幼儿创编“拯救唐僧”“大战老妖”等其他情境游戏)

提示:通过对情境内容的延伸与创造,让幼儿理解四四拍的ABCDE段。

♫多元展现

通过乐器来表达音乐。(幼儿认识乐器,可以进行听音辨器)

1.出示乐器龙头梆子、双响筒、四铃板擦、棒棒糖鼓、碰钟,介绍乐器的名称及演奏方法。

教师:这是什么乐器呢? 它会发出哪些声音? 是怎么使用的呢?

2.播放“多元展现”课件,通过乐器碰钟与棒棒糖鼓等自由探索ABCDE段音乐的节奏特点。

教师:怎样用碰钟与双响筒等随乐一起表演?(引导幼儿多次玩耍,探索四四拍的多元节奏型)

提示:可以改变表演队形,围桌游玩或者围大圈表演音乐,也可以把乐器替换成其他材料。

四 活动延伸

1.引导幼儿到音乐区继续玩耍,探索小小打击乐团的多种合作演奏方式。

2.运用到餐前互动之中,通过身体的拍打再次玩耍。

第二十一节　演奏活动《探索星球》

音乐素养

乐段：ABA段。

节拍：四四拍，随强拍表演或者根据音乐节拍创编不同节奏型表演。

乐器：花鼓铃（也可以使用难度适宜的其他乐器或者生活材料代替）。

基本情境：机器人探索神秘星球的故事。

情境创造：参观机器星球的运动室、舞蹈室、乐器室、美工室、生产室等其他情境内容。

一　活动目标

1.喜欢与同伴一起跟随音乐扮演机器人探索星球，感受音乐活动的快乐。

2.基本能用花鼓铃根据音乐ABA乐段的节奏特点进行表演。

3.大胆想象神秘星球机器人的情境，专注投入音乐游戏活动。

二　活动准备

1.场景准备：围桌而坐、围成半圆皆可；有条件的可以利用科学室材料布置宇宙场景。

2.物质准备：教学多媒体资源包、花鼓铃（也可以使用难度适宜的其他乐器或者生活材料代替）。

3.经验准备：知道机器人，对机器人的动作特点有一定的了解。

三 活动过程

♫立体感知

1.全屏播放“立体感知”的动画导入，通过视觉与听觉学习激发幼儿对“星球机器人”的音乐情境主题的活动兴趣。

教师：你们了解过宇宙吗？宇宙中会不会有机器人星球呢？

2.第二次播放，缩小视频，引导幼儿专注倾听音乐，感受音乐ABA段的旋律特点。

教师：你会怎么探索星球呢？(教师可用“望远镜”“激光探测仪”“声波”等口令对应ABA段进行提示)

3.第三次播放，缩小视频，引导幼儿运用自己的肢体摆动来跟着音乐动一动，呈现出对音乐3个乐段ABA的节奏感知。

教师：怎样跟随音乐用身体表达出来？(可以运用拍手、拍肩、跺脚等多种声势动作)

提示：通过动画的导入，引导幼儿用视觉、听觉、运动觉的多维学习方式初步感受四四拍音乐的节奏，为“具身融入”“自主探索”的游戏环节打下坚实的基础。

♫具身融入与自主探索

1.通过基本的情境，初步尝试理解音乐的旋律。

(1)播放“具身融入”的第一页课件，通过“探索星球”的情境内容理解游戏的过程，在脑海里清晰地再现本次活动的情境。

教师：你是怎样探索星球的呢？怎样用动作表现出来？(引导幼儿自主探索游戏的动作)

(2)播放“具身融入”旋律课件，引导幼儿通过游戏理解目标中ABA段不同的音乐旋律。

教师：机器人的动作有什么特点？还有哪些探索动作？(引导幼儿在座位用上肢动作感受旋律变化)

(3)再次播放本页的音乐，可以结合“自主探索”的视频呈现。

教师：怎样将望远镜侦查、扫描、对话交流、继续探测等内容根据ABA段表现出来呢？

提示：通过“探索星球”的情境代入，玩耍3遍左右，让幼儿初步掌握了音乐的ABA段。

2.情境创造——通过不同的情境呈现，巩固对音乐乐段的感知与理解。

(1)播放“具身融入”情境故事课件，结合“自主探索”中的视频呈现。此阶段为多元的探索过程，通过情境提示来探索游戏，从而更加深入地理解达成预设目标。

教师：你发现星球上有多少机器人呢？再跟着音乐探索一次吧(引导幼儿有节奏的来

表现ABA段音乐，探索出音乐ABA段中四四拍的强拍节奏，并用动作准确地表现出来）

(2)播放“具身融入”自主游戏课件，再次播放音乐，表现四四拍的节奏特点。

教师：听着音乐，你还会想到什么游戏呢？（评价幼儿的节奏表现；引导幼儿创编参观机器星球的运动室、舞蹈室、乐器室、美工室、生产室等其他情境内容，并用动作表现出来）

提示：通过对情境内容的延伸与创造，让幼儿理解四四拍音乐的ABA段。

♫多元展现

通过乐器来表达音乐。

1.出示乐器花鼓铃，介绍乐器的名称及演奏方法。

教师：这是什么乐器呢？它会发出哪些声音？是怎么使用的呢？

2.播放“多元展现”课件，通过乐器花鼓铃自由探索ABA段音乐的节奏特点。

教师：怎样用花鼓铃等随乐一起表演？（引导幼儿多次玩耍，探索四四拍的多元节奏型）

提示：可以改变表演队形，围桌游玩或者围大圈表演音乐，也可以把乐器替换成其他材料。

四　活动延伸

1.延伸至科学区，继续探索宇宙星球。

2.运用到餐前互动之中，通过身体的拍打再次玩耍。

3.有主题墙的也可以投放到主题墙上去做呈现。

第二十二节 演奏活动《敲奏与刮奏》

音乐素养

乐曲表现：上、下、外、里四个方位。

节拍：四二拍。

乐器：三响筒(也可以用其他难度适宜的乐器或生活材料代替)。

基本情境：讲述上、下、外、里4个方位拍手的游戏。

情境创造：根据音乐进行上跳、下蹲、外跑、里钻的运动游戏或者“木头人”的游戏。

一 活动目标

1.感受音乐中活泼快乐的旋律,喜欢与同伴一起玩耍方位游戏。

2.基本能用三响筒根据四二拍音乐的歌词特点进行表演。

3.初步了解英文up、down、out、in分别指向上、向下、向外、向里。

二 活动准备

1.场景准备:围桌而坐、围成半圆皆可。

2.物质准备:教学多媒体资源包、三响筒(也可以用其他难度适宜的乐器或生活材料代替)。

3.经验准备:了解up、down 、out、in分别指向上、向下、向外、向里。

三 活动过程

立体感知

1. 全屏播放“立体感知”的动画导入，通过视觉与听觉学习激发幼儿对“方位游戏”的音乐情境主题的活动兴趣。

教师：你知道哪些方位呢？

2. 第二次播放，缩小视频，引导幼儿专注倾听音乐，感受音乐中四二拍的节奏型。

教师：歌曲中都出现了哪些方位？（教师可用“上”“下”“外”“里”的口令进行提示）

3. 第三次播放，缩小视频，引导幼儿运用自己的肢体摆动来跟着音乐动一动，呈现出对四二拍音乐节奏的感知。

教师：怎样跟随音乐用身体表达出来？（可以运用拍手、拍腿等声势动作表现）

提示：通过动画的导入，引导幼儿用视觉、听觉、运动觉的多维学习方式初步感受四二拍音乐的节奏，为“具身融入”“自主探索”的游戏环节打下坚实的基础。

具身融入与自主探索

1. 通过基本的情境，初步尝试理解音乐的旋律。

（1）播放“具身融入”的第一页课件，通过方位游戏的情境理解游戏的过程，在脑海里清晰地再现本次活动的情境。

教师：怎样跟着音乐把方位展示出来呢？你会做什么动作展现方位？（引导幼儿自主探索游戏的动作）

（2）播放“具身融入”的旋律课件，引导幼儿通过游戏理解音乐中四二拍的节奏型。

教师：你听到音乐的叠唱部分“up——向上，down——向下，out——向外，in——向里”的内容了吗？怎样准确地用身体表达出来呢？（引导幼儿在座位上用上肢动作感受）

（3）再次播放本页的音乐，可以结合“自主探索”的视频呈现。

教师：你是怎样有节奏的用动作表现出音乐中的叠唱部分？

提示：通过对歌曲内容的感受，玩耍3遍左右，让幼儿对音乐中四二拍的节奏型有了初步的了解。

2. 情境创造——通过不同的情境游戏内容，巩固对音乐节奏的感知与理解。

（1）播放“具身融入”情境故事课件，结合“自主探索”中的视频呈现。此阶段为多元的探索过程，通过情境提示来探索游戏，从而更加深入地理解达成预设目标。

教师：还可以用哪些运动表示歌曲中的叠唱部分呢？（引导幼儿用上跳、下蹲、外跑、里钻的动作进行运动游戏）

(2)播放“具身融入”自主游戏课件,再次播放音乐,表现四二拍的节奏特点。

教师:你听到这个音乐,还想玩什么游戏? 怎么玩呢?(评价幼儿的节奏表现;尝试探索出根据音乐玩耍“木头人”等其他音乐游戏)

提示:通过对情境内容的延伸与创造,让幼儿理解四二拍音乐中的节奏。

♫多元展现

通过乐器来表达音乐。

1.出示乐器三响筒,介绍乐器的名称及演奏方法。

教师:这是什么乐器呢? 它会发出哪些声音? 是怎么使用的呢?

2.播放“多元展现”课件,通过乐器三响筒自由地探索四二拍音乐的节奏。

教师:怎样用三响筒跟着音乐一起表演呢?(引导幼儿反复玩耍,探索三响筒的不同演奏方式)

提示:可以改变表演队形,围桌游玩或者围大圈表演音乐,也可以把乐器替换成其他材料。

四 活动延伸

1.引导幼儿到音乐区继续玩耍,不断探索四二拍不同节奏型。

2.运用到餐前互动之中,通过身体的拍打再次玩耍。

3.有主题墙的也可以投放到主题墙上去做呈现。

第二十三节 演奏活动《摘果子》

音乐素养

乐段：ABAABA段。

节拍：四二拍，强拍或者创编节奏型合奏表演。

乐器：铃鼓和双头沙锤（也可以使用难度适宜的其他乐器）。

基本情境：果园摘果子的游戏。

情境创造：创编出荡秋千、坐跷跷板、攀高等其他游戏内容；或者去游乐场游玩等。

一　活动目标

1. 在音乐游戏中体验摘水果、吃水果的乐趣。

2. 基本能用铃鼓、沙锤根据四二拍的ABA乐段的节奏特点进行表演。

3. 深入感知轮奏与合奏的演奏方式。

二　活动准备

1. 场景准备：围桌而坐、围成半圆皆可；有条件的也可以用KT板大树布置果园场景。

2. 物质准备：教学多媒体资源包、铃鼓和双头沙锤（也可以使用难度适宜的其他乐器）。

3. 经验准备：对音乐旋律的变化有一定的感知能力。

三 活动过程

立体感知

1.全屏播放“立体感知”的动画导入,通过视觉与听觉学习激发幼儿对“摘果子”的音乐情境主题的活动兴趣。

教师:你去果园摘过果子吗? 都摘过哪些果子呢?

2.第二次播放,缩小视频,引导幼儿专注倾听音乐,感受音乐ABAABA段的旋律特点。

教师:摘完果子又干什么呢?(教师可用“摘”“洗”“吃”等口令对应ABAABA段进行提示)

3.第三次播放,缩小视频,引导幼儿运用自己的肢体摆动来跟着音乐动一动,呈现出对音乐ABAABA乐段的感知。

教师:怎样用身体表达出来?(可以运用拍手、拍肩、跺脚等多种声势动作)

提示:通过动画的导入,引导幼儿用视觉、听觉、运动觉的多维学习方式初步感受四二拍音乐的节奏,为“具身融入”“自主探索”的游戏环节打下坚实的基础。

具身融入与自主探索

1.通过基本的情境,初步尝试理解音乐的旋律。

(1)播放“具身融入”的第一页课件,通过“摘果子”的情境内容理解游戏的过程,在脑海里清晰地再现本次活动的情境。

教师:你准备摘什么水果? 怎样用动作表现出来?(引导幼儿自主探索游戏的动作)

(2)播放“具身融入”旋律课件,引导幼儿通过游戏理解目标中ABAABA段不同的音乐旋律。

教师:摘树上和地上的水果动作有何不同?(引导幼儿在座位用上肢动作感受旋律的变化)

(3)再次播放本页的音乐,可以结合“自主探索”的视频呈现。

教师:怎样将摘、洗、吃水果等内容根据四二拍的节奏表现出来呢?

提示:通过“摘水果”的情境代入,玩耍3遍左右,让幼儿初步掌握了音乐的ABAABA段。

2.情境创造——通过不同的情境呈现,巩固对音乐乐段的感知与理解。

(1)播放“具身融入”情境故事课件,结合“自主探索”中的视频呈现。此阶段为多元的探索过程,通过情境提示来探索游戏,从而更加深入地理解达成预设目标。

教师:果园里还有什么?(引导幼儿有节奏的来表现ABAABA段音乐,创编出荡秋千、坐跷跷板、攀高等其他游戏内容)

(2)播放“具身融入”自主游戏课件,再次播放音乐,表现四二拍的节奏特点。

教师:听着音乐,你还会想到什么游戏呢?(评价幼儿的节奏表现;引导幼儿创编和好朋友去游乐场等其他情境内容,引导幼儿根据音乐旋律与节奏的变化进行游戏)

提示:通过对情境内容的延伸与创造,让幼儿理解四二拍音乐的ABAABA段。

♫多元展现

通过乐器来表达音乐。(幼儿认识乐器,可以进行听音辨器)

1.出示乐器铃鼓和双头沙锤,介绍乐器的名称及演奏方法。

教师:这是什么乐器呢? 它会发出哪些声音? 是怎么使用的呢?

2.播放“多元展现”课件,通过乐器铃鼓和双头沙锤自由探索ABAABA段音乐的节奏特点。

教师:怎样用铃鼓和双头沙锤随乐一起表演?(引导幼儿多次玩耍,探索四二拍的多元节奏型)

提示:可以改变表演队形,围桌游玩或者围大圈表演音乐,也可以把乐器替换成其他材料。

四　活动延伸

1.投放到美工区,根据音乐制作“我喜欢的水果”等。

2.运用到餐前互动之中,通过身体的拍打再次玩耍。

第二十四节 演奏活动《南北礼仪队》

音乐素养

乐段:ABCABC段。

节拍:二二拍,强拍或者创编节奏型合奏表演。

乐器:快板、铁镲、五铃皮铃(也可以使用难度适宜的其他乐器)。

基本情境:举行盛大的庆祝仪式。

情境创造:创编出扭秧歌、敲锣打鼓等其他情境内容或者买新衣、做项链、开汽车等其他主题。

一 活动目标

1.喜欢与同伴一起扮演礼仪队成员,在游戏中感受"庆祝仪式"的快乐。

2.基本能用快板、铁镲、五铃皮铃根据二二拍音乐的节奏特点进行表演。

3.深入感知轮奏与合奏的演奏方式。

二 活动准备

1.场景准备:围桌而坐、围成半圆皆可。

2.物质准备:教学多媒体资源包、快板、铁镲、五铃皮铃(也可以使用难度适宜的其他乐器)。

3.经验准备:对音乐旋律的变化有一定的感知能力。

三 活动过程

♫立体感知

1.全屏播放“立体感知”的动画导入,通过视觉与听觉学习激发幼儿对“礼仪队”的音乐情境主题的活动兴趣。

教师:你参加过礼仪队吗?

2.第二次播放,缩小视频,引导幼儿专注倾听音乐,感受音乐ABCABC段的旋律特点。

教师:你会用什么仪式来表示欢迎呢?(教师可用“拍手”“放烟花”“吹号”“跳舞”等口令对应ABCABC段进行提示)

3.第三次播放,缩小视频,引导幼儿运用自己的肢体摆动来跟着音乐动一动,呈现出对音乐ABCABC乐段的感知。

教师:怎样跟随音乐用身体表达出来?(可以运用拍手、拍肩、跺脚等多种声势动作)

提示:通过动画的导入,引导幼儿用视觉、听觉、运动觉的多维学习方式初步感受二二拍音乐的节奏,为“具身融入”“自主探索”的游戏环节打下坚实的基础。

♫具身融入与自主探索

1.通过基本的情境,初步尝试理解音乐的旋律。

(1)播放“具身融入”的第一页课件,通过“南北礼仪队”的情境内容理解游戏的过程,在脑海里清晰地再现本次活动的情境。

教师:两人一组可以用什么仪式来表示欢迎? 怎样用动作表现出来?(引导幼儿自主探索游戏的动作)

(2)播放“具身融入”旋律课件,引导幼儿通过游戏理解目标中ABCABC段不同的音乐旋律。

教师:还有哪些表示欢迎的动作呢?(引导幼儿在座位用上肢动作感受旋律的变化)

(3)再次播放本页的音乐,可以结合“自主探索”的视频呈现。

教师:两人怎样将拍手、放烟花、吹号、跳舞等内容根据二二拍的节奏表现出来呢?

提示:通过“南北礼仪队”的情境代入,玩耍3遍左右,让幼儿初步掌握了音乐的ABCABC段。

2.情境创造——通过不同的情境呈现,巩固对音乐乐段的感知与理解。

(1)播放“具身融入”情境故事课件,结合“自主探索”中的视频呈现。此阶段为多元的探索过程,通过情境提示来探索游戏,从而更加深入地理解达成预设目标。

教师:北方秧歌队、南方锣鼓队会怎么举行欢迎仪式呢? 他们的欢迎仪式动作有什么

不同?(引导幼儿有节奏的来表现ABCABC段音乐,创编出扭秧歌、敲锣打鼓的各3种不同的表演动作等其他游戏内容)

(2)播放"具身融入"自主游戏课件,再次播放音乐,表现二二拍的节奏特点。

教师:听着音乐,你还会想到什么游戏呢?(评价幼儿的节奏表现;引导幼儿创编买新衣、做项链、开汽车等其他情境内容,引导幼儿根据音乐旋律与节奏的变化进行游戏)

提示:通过对情境内容的延伸与创造,让幼儿理解二二拍音乐的ABCABC段。

♫多元展现

通过乐器来表达音乐(幼儿认识乐器,可以进行听音辨器)

1.出示乐器快板、铁镲、五铃皮铃,介绍乐器的名称及演奏方法。

教师:这是什么乐器呢?它会发出哪些声音?是怎么使用的呢?

2.播放"多元展现"课件,通过乐器快板、铁镲等自由探索ABCABC段音乐的节奏特点。

教师:怎样用快板、铁镲、五铃皮铃随乐一起表演?(引导幼儿多次玩要,探索二二拍的多元节奏型)

提示:可以改变表演队形,围桌游玩或者围大圈表演音乐,也可以把乐器替换成其他材料。

四 活动延伸

1.投放到音乐区,探索二二拍节奏。

2.运用到餐前互动之中,通过身体的拍打再次玩要。

第五章

幼儿园情境音乐教学法

实践案例——歌唱活动篇

第一节 歌唱活动《音阶歌》(一)

音乐素养

音的高低:Do Re Mi Fa Sol La Si Do之间的音程距离关系。

歌词:我的小手会唱歌,我的小手会唱歌,啦啦啦啦……

Do变成拳头,Re变成滑梯,Mi变成小桥,Fa变成蝌蚪,Sol变成小门,La变成小伞,Si指向天空,Do……

一 活动目标

1.喜欢与同伴一起跟随音乐演唱歌曲,体验音程游戏的乐趣。

2.基本能有音准地演唱歌曲中的Do Re Mi Fa Sol La Si Do。

3.初步感知音阶Do Re Mi Fa Sol La Si Do之间的音程关系。

二 活动准备

1.场景准备:围桌而坐、围成半圆皆可;有条件的可以利用区角材料布置小舞台的情境。

2.物质准备:教学多媒体资源包;节奏杯;乐器八音按钟。

3.经验准备:知道音阶Do Re Mi Fa Sol La Si Do;活动开始前进行发声练习。

三 活动过程

♫立体感知

1.全屏播放“立体感知”的动画导入，通过视觉与听觉学习激发幼儿对“音阶歌”的音乐情境主题的活动兴趣。

教师：你看到了什么？（引导幼儿通过动画，初步感知歌曲内容）

2.第二次播放，缩小视频，引导幼儿专注倾听歌曲内容。（此处也可以教师范唱）

教师：听一听，歌曲里唱了什么？

3.第三次播放，缩小视频，引导幼儿运用自己的肢体摆动来跟着音乐动一动，呈现出对音阶Do Re Mi Fa Sol La Si Do的感知。（此处也可以教师范唱第二遍）

教师：你可以在音阶出现时，做什么样的身体动作呢？（可以运用拍手、拍肩等多种声势动作）

提示：通过动画的导入，引导幼儿用视觉、听觉、运动觉的多维学习方式初步感受歌曲中音阶出现的部分，为“具身融入”“自主探索”的游戏环节打下坚实的基础。

♫具身融入

1.通过基本的情境，进一步熟悉歌曲，尝试参与游戏。

（1）播放“具身融入”的第一页课件，玩耍歌唱游戏“我是小歌手”。

教师：你会唱音阶Do Re Mi Fa Sol La Si Do吗？（引导幼儿自主探索歌曲中音阶的音程关系）

（2）播放“具身融入”歌词图谱课件，引导幼儿通过图片理解歌曲内容。

教师：每一个音阶都变成了什么？（引导幼儿单句演唱，注意音阶的音程距离）

提示：歌词图谱游戏，玩耍3遍左右，让幼儿对歌曲的内容，有了进一步的理解。

2.通过游戏初步尝试练唱歌曲，进一步熟悉歌曲的演唱。

（1）播放“具身融入”的指图游戏课件。此阶段为多元的探索过程，通过情境提示来探索游戏，从而更加深入地理解达成预设目标。

教师：我们来玩一玩点兵点将，指到哪个图，就请你唱出对应的那个音阶。（教师与幼儿，或幼儿与幼儿，一指一答，相互玩耍游戏）

（2）出示节奏杯音阶梯，再次播放音乐，变换游戏内容，表现出音阶特点。

教师：谁愿意来拍一拍我们的音阶？下面的幼儿可以为其伴唱。（将节奏杯的数量按照1234567的数量依次叠加起来，引导幼儿通过拍打越来越高的节奏杯，理解音阶的音程关系）

提示：通过指图游戏和拍打音阶节奏杯游戏，幼儿试练歌曲内容，初步演唱歌曲。

♫自主探索

通过动作的创编,能够基本流畅地边唱歌边玩要游戏。

教师:你可以根据歌词做什么动作呢?(边唱边玩,引导幼儿为歌曲设计动作)

播放“自主探索”的动作视频,边唱边玩。

教师:让我们一起围着桌子或者板凳,边唱边做动作玩要。

提示:引导幼儿反复玩要几遍,能基本流畅的根据音乐玩要游戏。

♫多元展现

通过多元的动作及队形空间来表达音乐。

1.展示“具身融入”自主游戏课件,引导幼儿用多元的动作来表达音乐。

教师:你还可以用什么动作或者其他方式来表示歌曲内容呢?(引导幼儿探索不同的游戏动作)

2.出示八音按钟,播放伴奏音乐,教师为幼儿演唱伴奏。

教师:谁是小小歌手? 让我为你们伴奏。(引导幼儿反复演唱,自由地根据音乐玩要游戏)

提示:可以改变表演队形,围桌游玩或者围大圈表演音乐,评价幼儿对音阶的掌握程度。

四 活动延伸

1.在餐前、放学前,反复演唱。

2.将八音按钟投放至音乐区角,不断探索。

第二节 歌唱活动《大猫小猫》

音乐素养

歌词:我是一只大猫,我的声音很大,喵喵喵喵喵。

我是一只小猫,我的声音很小,喵喵喵喵喵。

创编建议:我是一只大狗,我的声音很大,汪汪汪汪汪。

我是一只小狗,我的声音很小,汪汪汪汪汪。

一 活动目标

1.通过玩耍“大猫小猫”的音乐游戏,喜欢歌唱。

2.基本能准确地演唱歌曲《大猫小猫》,尝试创编其他动物的歌词,融入音乐。

3.初步感知音乐中的大声与小声,即强音与弱音。

二 活动准备

1.场景准备:围桌而坐、围成半圆皆可;有条件的可以利用区角材料布置小舞台的情境。

2.物质准备:教学多媒体资源包;大猫与小猫图卡或《大猫小猫》钢琴谱。

3.经验准备:活动开始前进行发声练习。

三 活动过程

立体感知

1.全屏播放"立体感知"的动画导入,通过视觉与听觉学习激发幼儿对"大猫小猫"的音乐情境主题的活动兴趣。

教师:你看到了什么?(引导幼儿通过动画,初步感知歌曲内容)

2.第二次播放,缩小视频,引导幼儿专注倾听歌曲内容。(此处也可以教师范唱)

教师:听一听,歌曲里大猫和小猫的声音是怎样的呢?

3.第三次播放,缩小视频,引导幼儿运用自己的肢体摆动来跟着音乐动一动,呈现出对音乐"大猫小猫" 的感知。(此处也可以教师范唱第二遍)

教师:你可以在大猫和小猫出现时,做什么样的身体动作呢?(可以运用拍手、拍肩等多种声势动作)

提示:通过动画的导入,引导幼儿用视觉、听觉、运动觉的多维学习方式初步感受歌曲中声音大小不同的部分,为"具身融入""自主探索"的游戏环节打下坚实的基础。

具身融入

1.通过基本的情境,进一步熟悉歌曲,尝试参与游戏。

(1)播放"具身融入"的第一页课件,玩要歌唱游戏"我是小歌手"。

教师:你会模仿大猫和小猫唱的"喵喵喵喵喵"的声音吗?(引导幼儿自主探索歌曲中大猫和小猫声音的大小关系,初步感知强音与弱音)

(2)播放"具身融入"歌词图谱课件,引导幼儿通过图片理解歌曲内容。

教师:这首歌唱了关于大猫和小猫的什么游戏呢?(引导幼儿单句演唱,注意歌曲的歌词内容)

提示:歌词图谱游戏,玩要3遍左右,让幼儿对歌曲的内容有进一步的理解。

2.通过游戏初步尝试练唱歌曲,进一步熟悉歌曲的演唱。

(1)播放"具身融入"的歌词图谱课件。此阶段为多元的探索过程,通过情境提示来探索游戏,从而更加深入地理解达成预设目标。

教师:我们来玩一玩点兵点将,指到哪个图,就请你唱出对应的动物和它的声音。(教师与幼儿,幼儿与幼儿,一指一答,相互玩要游戏)

(2)出示歌词图谱课件,再次播放音乐,变换游戏内容,通过分组演唱来熟悉歌词,再次感受强音和弱音。

教师:谁愿意来做今天的"小小指挥家"? 请你选出扮演大猫的队伍和扮演小猫的队

伍，指一指。

提示：通过指图游戏和分组演唱游戏，让幼儿试练歌曲内容，基本初步演唱歌曲。

♫自主探索

通过动作的创编，能够基本流畅地边唱歌边玩耍游戏。

教师：你可以根据歌词做什么动作呢？（边唱边玩，引导幼儿为歌曲设计动作）

播放“自主探索”的动作视频，边唱边玩。

教师：让我们一起围着桌子或者板凳，边唱边做动作玩耍。

提示：引导幼儿反复演唱几遍，能基本流畅的根据音乐玩耍游戏。

♫多元展现

通过多元的动作及队形空间来表达音乐。

1.展示“具身融入”游戏表演课件，引导幼儿用多元的动作来表达音乐。

教师：还有哪些动物可以来唱歌呢？（引导幼儿用马、青蛙、兔子等动物创编歌词）

2.出示钢琴伴奏，或者播放伴奏音乐，教师为幼儿演唱伴奏。

教师：谁是小小歌手？让我为你们伴奏。（引导幼儿反复演唱，自由地根据音乐玩耍游戏）

提示：可以改变表演队形，围桌游玩或者围大圈表演音乐，评价幼儿对歌曲的掌握程度。

四　活动延伸

1.在餐前、放学前，反复演唱。

2.将歌词图谱投放至音乐区角，不断探索。

第三节 歌唱活动《动物大集合》

备注：乐感强的班级，直接上歌唱活动的教案；乐感弱的班级上附录4中的歌曲打击乐活动的教案，再反复熟悉演唱即可。

音乐素养

歌词：

来，来，跟我来，一起做游戏；左摇摇，右摆摆，请你看过来；小蝌蚪，游游游，小蝌蚪，游游游。

来，来，跟我来，一起做游戏；左摇摇，右摆摆，请你看过来；大公鸡，喔喔喔，大公鸡，喔喔喔。

来，来，跟我来，一起做游戏；左摇摇，右摆摆，请你看过来；小企鹅，走走走，小企鹅，走走走。

来，来，跟我来，一起做游戏；左摇摇，右摆摆，请你看过来；大猩猩，吼吼吼，大猩猩，吼吼吼。

创编建议：

来，来，跟我来，一起做游戏；左摇摇，右摆摆，请你看过来；小白兔，跳跳跳；小白兔，跳跳跳。

一 活动目标

1.愿意与同伴一起跟着音乐扮演公鸡、企鹅等动物玩耍游戏，感受到音乐游戏的快乐。

2.初步学会演唱新歌《动物大集合》，尝试创编其他的动物融入音乐。

3.通过音乐活动，了解蝌蚪游、公鸡叫、企鹅走、猩猩吼的行为方式。

二　活动准备

1.场景准备:围桌而坐、围成半圆皆可;有条件的可以利用区角材料布置小舞台的情境。

2.物质准备:教学多媒体资源包;蝌蚪、公鸡、企鹅、猩猩的图卡;钢琴伴奏谱。

3.经验准备:活动开始前进行发声练习。

三　活动过程

♫立体感知

1.全屏播放"立体感知"的动画导入,通过视觉与听觉学习激发幼儿对"动物大集合"的音乐情境主题的活动兴趣。

教师:你看到了什么?(引导幼儿通过动画,初步感知歌曲内容)

2.第二次播放,缩小视频,引导幼儿专注倾听歌曲内容。(此处也可以教师范唱)

教师:听一听,歌曲里唱了哪些动物呢? 它们在做什么?

3.第三次播放,缩小视频,引导幼儿运用自己的肢体摆动来跟着音乐动一动,呈现出对音乐歌词内容及旋律的感知。(此处也可以教师范唱第二遍)

教师:你可以用哪些声势动作为歌曲伴奏?(可以运用拍手、拍肩等多种声势动作)

提示:通过动画的导入,引导幼儿用视觉、听觉、运动觉的多维学习方式初步感受歌曲的旋律及歌词内容,为"具身融入""自主探索"的游戏环节打下坚实的基础。

♫具身融入

1.通过基本的情境,进一步熟悉歌曲,尝试参与游戏。

(1)播放"具身融入"的第一页课件,玩耍歌唱游戏"我是小歌手"。

教师:歌曲中哪几个动物来玩了游戏?(引导幼儿探索小蝌蚪、大公鸡、小企鹅、大猩猩的演唱)

(2)播放"具身融入"歌词图谱课件,引导幼儿通过图片理解歌曲内容。

教师:每一个动物走路的特点是什么?(引导幼儿探索蝌蚪游、公鸡喔、企鹅走、猩猩吼的演唱)

提示:歌词图谱游戏,玩耍3遍左右,让幼儿对歌曲的内容,有了进一步的理解。

2.通过游戏初步尝试练唱歌曲,进一步熟悉歌曲的演唱。

(1)播放"具身融入"的歌词图谱课件。此阶段为多元的探索过程,通过情境提示来探索游戏,从而更加深入地理解达成预设目标。

教师:我们是怎样邀请小蝌蚪、大公鸡、小企鹅、大猩猩来玩耍的?(引导幼儿单句演唱歌曲)

(2)出示动物图卡或者课件,再次播放音乐,变换游戏内容,表现出音乐的旋律特点。

教师:我们来玩一玩点兵点将,指到哪个图,就请你唱出对应的歌词。(教师与幼儿,幼儿与幼儿,一指一唱,相互玩耍游戏)

提示:通过指图游戏,反复玩耍几遍,幼儿试练歌曲内容,基本能演唱歌曲。

♫自主探索

通过动作的创编,能够基本流畅地边唱歌边玩耍游戏。

教师:你可以根据歌词做什么动作呢?(边唱边玩,引导幼儿为歌曲设计动作)

播放"自主探索"的动作视频,边唱边玩。

教师:让我们一起围着桌子或者板凳,边唱边做动作玩耍。

提示:引导幼儿反复玩耍几遍,能基本流畅的根据音乐玩耍游戏。

♫多元展现

通过多元的动作及队形空间来表达音乐。

1.展示"具身融入"自主游戏课件,引导幼儿用多元的动作来表达音乐。

教师:还有哪些动物会一起来做游戏呢?你会用什么动作来表现呢?(引导幼儿探索不同的游戏动作)

2.出示钢琴伴奏谱,或者播放伴奏音乐,教师为幼儿演唱伴奏。

教师:谁是小小歌手?让我为你们伴奏。(引导幼儿反复演唱,自由地根据音乐玩耍游戏)

提示:可以改变表演队形,围桌游玩或者围大圈表演音乐,评价幼儿对歌曲的掌握程度。

四 活动延伸

1.可以在餐前、放学前,反复演唱歌曲。

2.将歌曲图谱投放至音乐区角,不断探索。

第四节 歌唱活动《大雨小雨》

备注：能力强的班级，直接上歌唱活动的教案；能力弱的班级上附录4中的歌曲打击乐活动的教案，再反复熟悉演唱即可。

音乐素养

歌词：

小小雨滴洒下来，滴答滴答；小小雨滴洒下来，滴答滴答。

小小雨滴洒下来，滴答滴答；小小雨滴洒下来，滴答滴答。

大雨大雨，就要落下来，稀里哗啦稀里哗啦；大雨大雨，就要落下来，稀里哗啦稀里哗啦。

大雨大雨，就要落下来，稀里哗啦稀里哗啦；大雨大雨，就要落下来，稀里哗啦稀里哗啦。

创编建议：

小小树叶洒下来，沙沙沙沙；小小树叶洒下来，沙沙沙沙。

小小树叶洒下来，沙沙沙沙；小小树叶洒下来，沙沙沙沙。

树叶树叶，就要落下来，稀里哗啦稀里哗啦。

树叶树叶，就要落下来，稀里哗啦稀里哗啦。

树叶树叶，就要落下来，稀里哗啦稀里哗啦。

树叶树叶，就要落下来，稀里哗啦稀里哗啦。

一　活动目标

1. 通过玩要“大雨小雨”的音乐游戏，感受到歌唱活动的快乐。
2. 基本能准确地演唱歌曲《大雨小雨》，尝试创编其他的事物融入音乐。
3. 在游戏活动中，大胆想象下雨后大雨和小雨的状态，积极与同伴一起快乐表演。

二 活动准备

1.场景准备:围桌而坐、围成半圆皆可;有条件的可以利用区角材料布置小舞台的情境。

2.物质准备:教学多媒体资源包;建议教师自备小雨和小雨的图卡;教师自备钢琴伴奏谱。

3.经验准备:活动开始前进行发声练习。

三 活动过程

♫立体感知

1.全屏播放“立体感知”的动画导入,通过视觉与听觉学习激发幼儿对“大雨小雨”的音乐情境主题的活动兴趣。

教师:你看到了什么?(引导幼儿通过动画,初步感知歌曲内容)

2.第二次播放,缩小视频,引导幼儿专注倾听歌曲内容。(此处也可以教师范唱)

教师:听一听,歌曲里小雨和大雨落下来的声音是怎样的呢?

3.第三次播放,缩小视频,引导幼儿运用自己的肢体摆动来跟着音乐动一动,呈现出对音乐歌词内容及旋律的感知。(此处也可以教师范唱第二遍)

教师:你可以用哪些身体动作为歌曲伴奏?(可以运用拍手、拍肩等多种声势动作)

提示:通过动画的导入,引导幼儿用视觉、听觉、运动觉的多维学习方式初步感受歌曲的旋律及歌词内容,为“具身融入”“自主探索”的游戏环节打下坚实的基础。

♫具身融入

1.通过基本的情境,进一步熟悉歌曲,尝试参与游戏。

(1)播放“具身融入”的第一页课件,玩耍歌唱游戏“下雨了”。

教师:“滴答”和“稀里哗啦”分别代表什么雨?(引导幼儿探索歌曲内容)

(2)播放“具身融入”歌词图谱课件,引导幼儿通过图片理解歌曲内容。

教师:你听到歌曲中的“小雨滴洒下来”几次?(引导幼儿探索关于小雨洒下的歌曲演唱)

教师:你听到歌曲中的“大雨大雨落下来”几次?(引导幼儿探索关于大雨落下的歌曲演唱)

提示:歌词图谱游戏,玩耍3遍左右,让幼儿对歌曲的内容,有了进一步的理解。

2.通过游戏初步尝试练唱歌曲,进一步熟悉歌曲的演唱。

(1)播放“具身融入”的歌词图谱课件。此阶段为多元的探索过程,通过情境提示来探索游戏,从而更加深入地理解达成预设目标。

教师:你愿意扮演小雨或大雨来唱歌吗?(引导幼儿单句演唱歌曲)

(2)出示小雨大雨的图卡或者课件,再次播放音乐,变换游戏内容,表现出音乐的旋律特点。

教师:我们来玩一玩点兵点将,指到小雨或大雨时,就请你唱出对应的歌词。(教师与幼儿,幼儿与幼儿,一指一唱,相互玩耍游戏)

提示:通过指图游戏,反复玩耍几遍,幼儿试练歌曲内容,基本能演唱歌曲。

♫自主探索

通过动作的创编,能够基本流畅地边唱歌边玩耍游戏。

教师:你可以根据歌词做什么动作呢?(边唱边玩,引导幼儿为歌曲设计动作)

播放“自主探索”的动作视频,边唱边玩。

教师:让我们一起围着桌子或者板凳,边唱边做动作玩耍。

提示:引导幼儿反复玩耍几遍,能基本流畅的根据音乐玩耍游戏。

♫多元展现

通过多元的动作及队形空间来表达音乐。

1.展示“具身融入”自主游戏课件,引导幼儿创编部分歌词来表达音乐。

教师:“小小雨滴”和“大雨小雨”可以变成什么落下来呢?

2.出示钢琴伴奏谱,再次播放音乐,教师为幼儿演唱伴奏。

教师:谁是小小歌手?让我为你们伴奏。(引导幼儿反复演唱,自由地根据音乐玩耍游戏)

提示:可以改变表演队形,围桌游玩或者围大圈表演音乐,评价幼儿对歌曲的掌握程度。

四　活动延伸

1.可以在餐前、放学前,反复演唱歌曲。

2.将歌曲图谱投放至音乐区角,不断探索。

第五节 歌唱活动《音阶歌》(二)

音乐素养

音的高低：Do Re Mi Fa Sol La Si Do之间的音程距离关系。

歌词：我的小手会唱歌，我的小手会唱歌，啦啦啦啦……

Do变成拳头，Re变成滑梯，Mi变成小桥，Fa变成蝌蚪，Sol变成小门，La变成小伞，Si指向天空，Do……

一 活动目标

1.喜欢与同伴一起跟随音乐演唱歌曲，体验音程游戏的乐趣。

2.基本能有音准地演唱歌曲中的Do Re Mi Fa Sol La Si Do。

3.初步感知音阶Do Re Mi Fa Sol La Si Do之间的音程关系。

二 活动准备

1.场景准备：围桌而坐、围成半圆皆可；有条件的可以利用区角材料布置小舞台的情境。

2.物质准备：教学多媒体资源包；节奏杯；乐器八音按钟。

3.经验准备：知道音阶Do Re Mi Fa Sol La Si Do；活动开始前进行发声练习。

三 活动过程

♫立体感知

1.全屏播放“立体感知”的动画导入，通过视觉与听觉学习激发幼儿对“音阶歌”的音乐情境主题的活动兴趣。

教师：你看到了什么？（引导幼儿通过动画，初步感知歌曲内容）

2.第二次播放，缩小视频，引导幼儿专注倾听歌曲内容。（此处也可以教师范唱）

教师：听一听，歌曲里唱了什么呢？

3.第三次播放，缩小视频，引导幼儿运用自己的肢体摆动来跟着音乐动一动，呈现出对音阶Do Re Mi Fa Sol La Si Do的感知。（此处也可以教师范唱第二遍）

教师：你可以在音阶出现时，做什么样的身体动作呢？（可以运用拍手、拍肩等多种声势动作）

提示：通过动画的导入，引导幼儿用视觉、听觉、运动觉的多维学习方式初步感受歌曲中音阶出现的部分，为“具身融入”“自主探索”的游戏环节打下坚实的基础。

♫具身融入

1.通过基本的情境，进一步熟悉歌曲，尝试参与游戏。

（1）播放“具身融入”的第一页课件，玩耍歌唱游戏“我是小歌手”。

教师：你会唱音阶Do Re Mi Fa Sol La Si Do吗？（引导幼儿自主探索歌曲中音阶的音程关系）

（2）播放“具身融入”歌词图谱课件，引导幼儿通过图片理解歌曲内容。

教师：每一个音阶都变成了什么？（引导幼儿单句演唱，注意音阶的音程距离）

提示：歌词图谱游戏，玩耍3遍左右，让幼儿对歌曲的内容，有了进一步的理解。

2.通过游戏初步尝试练唱歌曲，进一步熟悉歌曲的演唱。

（1）播放“具身融入”的指图游戏课件。此阶段为多元的探索过程，通过情境提示来探索游戏，从而更加深入地理解达成预设目标。

教师：我们来玩一玩点兵点将，指到哪个图，就请你唱出对应的那个音阶。（教师与幼儿，或幼儿与幼儿，一指一答，相互玩耍游戏）

（2）出示节奏杯音阶梯，再次播放音乐，变换游戏内容，表现出音阶特点。

教师：谁愿意来拍一拍我们的音阶？下面的幼儿可以为其伴唱。（将节奏杯的数量按照1234567的数量依次叠加起来，引导幼儿通过拍打越来越高的节奏杯，理解音阶的音程关系）

提示:通过指图游戏和拍打音阶节奏杯游戏,幼儿试练歌曲内容,初步演唱歌曲。

♫自主探索

通过动作的创编,能够基本流畅地边唱歌边玩耍游戏。

教师:你可以根据歌词做什么不同的动作呢?(边唱边玩,引导幼儿为歌曲设计动作)

播放“自主探索”的动作视频,边唱边玩。

教师:让我们一起围着桌子或者板凳,边唱边做动作玩耍。

提示:引导幼儿反复玩耍几遍,能基本流畅的根据音乐玩耍游戏。

♫多元展现

通过多元的动作及队形空间来表达音乐。

1.展示“具身融入”自主游戏课件,引导幼儿用多元的动作来表达音乐。

教师:你还可以用什么动作或者其他方式来表示歌曲内容呢?(引导幼儿探索不同的游戏动作)

2.出示八音按钟,播放伴奏音乐,教师为幼儿演唱伴奏。

教师:谁是小小歌手? 让我为你们伴奏。(引导幼儿反复演唱,自由地根据音乐玩耍游戏)

提示:可以改变表演队形,围桌游玩或者围大圈表演音乐,评价幼儿对音阶的掌握程度。

四 活动延伸

1.在餐前、放学前,反复演唱。

2.将八音按钟投放至音乐区角,不断探索。

第六节 歌唱活动《数豆豆》

音乐素养

歌词：一二三四数豆豆，豆儿豆儿圆溜溜。
五六七八哎呦呦，装进我的小裤兜。
再反复一遍，间奏后，重复唱两遍。

一　活动目标

1. 喜欢演唱歌曲《数豆豆》，感受歌唱活动的快乐。
2. 基本能准确地演唱歌曲《数豆豆》。
3. 初步理解音乐的歌词内容，感知数量12345678。

二　活动准备

1. 场景准备：围桌而坐、围成半圆皆可；有条件的可以利用区角材料布置小舞台的情境。
2. 物质准备：教学多媒体资源包；建议自备钢琴伴奏谱。
3. 经验准备：活动开始前进行发声练习。

三　活动过程

♫ 立体感知

1. 全屏播放“立体感知”的动画导入，通过视觉与听觉学习激发幼儿对“数豆豆”的音乐情境主题的活动兴趣。

教师:你看到了什么?(引导幼儿通过动画,初步感知歌曲内容)

2.第二次播放,缩小视频,引导幼儿专注倾听歌曲内容。(此处也可以教师范唱)

教师:听一听,歌曲里唱了什么呢?

3.第三次播放,缩小视频,引导幼儿运用自己的肢体摆动来跟着音乐动一动,呈现出对音乐"数豆豆"的感知。(此处也可以教师范唱第二遍)

教师:你可以在数字出现时,做什么样的身体动作呢?(可以运用拍手、拍肩等多种声势动作)

提示:通过动画的导入,引导幼儿用视觉、听觉、运动觉的多维学习方式初步感受歌曲中数字出现的部分,为"具身融入""自主探索"的游戏环节打下坚实的基础。

♫具身融入

1.通过基本的情境,进一步熟悉歌曲,尝试参与游戏。

(1)播放"具身融入"的第一页课件,玩耍歌唱游戏"我是小歌手"。

教师:你会唱数字12345678吗?(引导幼儿自主探索歌曲中数字音的高低关系)

(2)播放"具身融入"歌词图谱课件,引导幼儿通过图片理解歌曲内容。

教师:这首歌唱了一个什么游戏呢?(引导幼儿单句演唱,注意歌曲的歌词内容)

提示:歌词图谱游戏,玩耍3遍左右,让幼儿对歌曲的内容,有了进一步的理解。

2.通过游戏初步尝试练唱歌曲,进一步熟悉歌曲的演唱。

(1)播放"具身融入"的歌词图谱课件。此阶段为多元的探索过程,通过情境提示来探索游戏,从而更加深入地理解达成预设目标。

教师:我们来玩一玩点兵点将,指到哪个图,就请你唱出对应的数字和歌词。(教师与幼儿,或幼儿与幼儿,一指一答,相互玩耍游戏)

(2)出示歌词图谱课件,再次播放音乐,变换游戏内容,通过让男孩、女孩分组演唱来熟悉歌词。

教师:谁愿意来指一指我们的数字、豆豆和裤兜呢? 下面的男孩、女孩可以为其伴唱。

提示:通过指图游戏和分组演唱游戏,让幼儿试练歌曲内容,初步演唱歌曲。

♫自主探索

通过动作的创编,能够基本流畅的边唱歌边玩耍游戏。

教师:你可以根据歌词做什么动作呢?(边唱边玩,引导幼儿为歌曲设计动作)

播放"自主探索"的动作视频,边唱边玩。

教师:让我们一起围着桌子或者板凳,边唱边做动作玩耍。

提示:引导幼儿反复演唱几遍,能基本流畅的根据音乐玩耍游戏。

♫多元展现

通过多元的动作及队形空间来表达音乐。

1.展示“具身融入”游戏表演课件，引导幼儿用多元的动作来表达音乐。

教师：你还可以用什么动作或者其他方式来表示歌曲内容呢？（引导幼儿探索不同的游戏动作）

2.出示钢琴伴奏，或者播放伴奏音乐，教师为幼儿演唱伴奏。

教师：谁是小小歌手？让我为你们伴奏。（引导幼儿反复演唱，自由地根据音乐玩耍游戏）

提示：可以改变表演队形，围桌游玩或者围大圈表演音乐，评价幼儿对歌曲的掌握程度。

四　活动延伸

1.在餐前、放学前，反复演唱。

2.将歌词图谱投放至音乐区角，不断探索。

第七节 歌唱活动《小乐队》

备注：能力强的班级，直接上歌唱活动的教案；能力弱的班级上附录4中的歌曲打击乐活动的教案，再反复熟悉演唱即可。

音乐素养

歌词：

我是一只小猫喵喵喵；我是一只小猫喵喵喵；我们一起唱歌喵喵喵。

我是一只小狗汪汪汪；我是一只小狗汪汪汪；我们一起唱歌汪汪汪。

我是一只小鸭嘎嘎嘎；我是一只小鸭嘎嘎嘎；我们一起唱歌嘎嘎嘎。

我们一起唱歌啦啦啦；我们一起唱歌啦啦啦；我们一起唱歌啦啦啦。

创编建议：

我是一只小羊咩咩咩咩；我是一只小羊咩咩咩咩；我们一起唱歌咩咩咩。

一 活动目标

1.通过玩耍“小乐队”的音乐游戏，感受到歌唱活动的快乐。

2.基本能准确地演唱歌曲《动物乐队》，尝试创编其他动物的叫声词并融入音乐。

3.在游戏活动中，大胆想象动物唱歌的状态，积极与同伴一起快乐表演。

二 活动准备

1.场景准备：围桌而坐、围成半圆皆可；有条件的可以利用区角材料布置小舞台的情境。

2.物质准备：教学多媒体资源包；小猫、小狗、小鸭的图卡；建议教师自备钢琴伴奏谱。

3.经验准备：活动开始前进行发声练习。

三　活动过程

♫立体感知

1.全屏播放“立体感知”的动画导入，通过视觉与听觉学习激发幼儿对“动物乐队”的音乐情境主题的活动兴趣。

教师：你看到了什么？（引导幼儿通过动画，初步感知歌曲内容）

2.第二次播放，缩小视频，引导幼儿专注倾听歌曲内容。（此处也可以教师范唱）

教师：听一听，歌曲里唱了哪些动物呢？

3.第三次播放，缩小视频，引导幼儿运用自己的肢体摆动来跟着音乐动一动，呈现出对音乐歌词内容及旋律的感知。（此处也可以教师范唱第二遍）

教师：你可以用哪些身体动作为歌曲伴奏？（可以运用拍手、拍肩等多种声势动作）

提示：通过动画的导入，引导幼儿用视觉、听觉、运动觉的多维学习方式初步感受歌曲的旋律及歌词内容，为“具身融入”“自主探索”的游戏环节打下坚实的基础。

♫具身融入

1.通过基本的情境，进一步熟悉歌曲，尝试参与游戏。

（1）播放“具身融入”的第一页课件，玩耍歌唱游戏“我是小歌手”。

教师：歌曲中哪几个动物来参加歌唱比赛？（引导幼儿探索小猫、小狗、小鸭的演唱）

（2）播放“具身融入”歌词图谱课件，引导幼儿通过图片理解歌曲内容。

教师：每一个动物唱歌时是怎样唱的？（引导幼儿探索“小猫喵喵喵”“小狗汪汪汪”“小鸭嘎嘎嘎”的演唱）

提示：歌词图谱游戏，玩耍3遍左右，让幼儿对歌曲的内容，有了进一步的理解。

2.通过游戏初步尝试练唱歌曲，进一步熟悉歌曲的演唱。

（1）播放“具身融入”的歌词图谱课件。此阶段为多元的探索过程，通过情境提示来探索游戏，从而更加深入地理解达成预设目标。

教师：你愿意扮演哪个动物来唱歌？（引导幼儿单句演唱歌曲）

（2）出示动物图卡或者课件，再次播放音乐，变换游戏内容，表现出音乐的旋律特点。

教师：我们来玩一玩点兵点将，指到哪个小动物，就请你唱出对应的歌词。（教师与幼儿，或幼儿与幼儿，一指一唱，相互玩耍游戏）

提示：通过指图游戏，反复玩耍几遍，幼儿试练歌曲内容，基本能演唱歌曲。

♫自主探索

通过动作的创编，能够基本流畅的边唱歌边玩耍游戏。

教师:你可以根据歌词做什么动作呢?(边唱边玩,引导幼儿为歌曲设计动作)

播放“自主探索”的动作视频,边唱边玩。

教师:让我们一起围着桌子或者板凳,边唱边做动作玩耍。

提示:引导幼儿反复玩耍几遍,能基本流畅的根据音乐玩耍游戏。

♫多元展现

通过多元的动作及队形空间来表达音乐。

1.展示“具身融入”自主游戏课件,引导幼儿创编歌词来表达音乐。

教师:还有什么动物会来参加歌唱比赛呢?它们是怎样唱歌的?有什么样的声音?(引导幼儿探索不同的游戏动作)

2.出示钢琴伴奏谱,或者播放伴奏音乐,教师为幼儿演唱伴奏。

教师:谁是小小歌手?让我为你们伴奏。(引导幼儿反复演唱,自由地根据音乐玩耍游戏)

提示:可以改变表演队形,围桌游玩或者围大圈表演音乐,评价幼儿对歌曲的掌握程度。

四 活动延伸

1.可以在餐前、放学前,反复演唱歌曲。

2.将歌曲图谱投放至音乐区角,不断探索。

第八节 歌唱活动《毛毛虫变蝴蝶》

备注：乐感强的班级，直接上歌唱活动的教案；乐感弱的班级上附录4中的歌曲打击乐活动的教案，再反复熟悉演唱即可。

音乐素养

歌词：

小小的毛毛虫软绵绵，一缩一伸慢慢爬；小小的毛毛虫软绵绵，长大以后变蝴蝶。

小蝴蝶飞来又飞去，唱歌跳舞又采花蜜；美丽的花翅膀，美丽的小花朵，猜猜谁最美丽。

小蝴蝶飞来又飞去，唱歌跳舞又采花蜜；美丽的花翅膀，美丽的小花朵，猜猜谁最美丽。

一　活动目标

1. 喜欢与同伴一起跟着音乐玩耍“毛毛虫变蝴蝶”的游戏，感受音乐活动的快乐。
2. 初步学会演唱新歌《毛毛虫变蝴蝶》。
3. 通过音乐活动，了解毛毛虫破茧成蝶的过程。

二　活动准备

1. 场景准备：围桌而坐、围成半圆皆可；有条件的可以利用区角材料布置小舞台的情境。
2. 物质准备：教学多媒体资源包；毛毛虫、蝴蝶的图卡；钢琴伴奏谱。
3. 经验准备：活动开始前进行发声练习。

三 活动过程

♫立体感知

1.全屏播放“立体感知”的动画导入，通过视觉与听觉学习激发幼儿对“毛毛虫变蝴蝶”的音乐情境主题的活动兴趣。

教师：你看到了什么？（引导幼儿通过动画，初步感知歌曲内容）

2.第二次播放，缩小视频，引导幼儿专注倾听歌曲内容。（此处也可以教师范唱）

教师：听一听，毛毛虫在干什么？蝴蝶在干什么呢？

3.第三次播放，缩小视频，引导幼儿运用自己的肢体摆动来跟着音乐动一动，呈现出对音乐歌词内容及旋律的感知。（此处也可以教师范唱第二遍）

教师：你可以用哪些声势动作为歌曲伴奏？（可以运用拍手、拍肩等多种声势动作）

提示：通过动画的导入，引导幼儿用视觉、听觉、运动觉的多维学习方式初步感受歌曲的旋律及歌词内容，为“具身融入”“自主探索”的游戏环节打下坚实的基础。

♫具身融入

1.通过基本的情境，进一步熟悉歌曲，尝试参与游戏。

（1）播放“具身融入”的第一页课件，玩耍歌唱游戏“我是小歌手”。

教师：你听到的毛毛虫是大的还是小的？是硬的还是软的？它是怎样走路的？（引导幼儿探索关于毛毛虫的演唱内容）

（2）播放“具身融入”歌词图谱课件，引导幼儿通过图片理解歌曲内容。

教师：小蝴蝶玩了什么游戏？（引导幼儿探索蝴蝶飞、唱歌跳舞采花蜜的演唱内容）

提示：歌词图谱游戏，玩耍3遍左右，让幼儿对歌曲的内容，有了进一步的理解。

2.通过游戏初步尝试练唱歌曲，进一步熟悉歌曲的演唱。

（1）播放“具身融入”的歌词图谱课件。此阶段为多元的探索过程，通过情境提示来探索游戏，从而更加深入地理解达成预设目标。

教师：毛毛虫是怎样变成蝴蝶的？（引导幼儿单句演唱歌曲）

（2）出示动物图卡或者课件，再次播放音乐，变换游戏内容，表现出音乐的旋律特点。

教师：我们来玩一玩点兵点将，指到哪个图，就请你唱出对应的歌词。（教师与幼儿，或幼儿与幼儿，一指一唱，相互玩耍游戏）

提示：通过指图游戏，反复玩耍几遍，幼儿试练歌曲内容，基本能演唱歌曲。

♫自主探索

通过动作的创编，能够基本流畅的边唱歌边玩耍游戏。

教师:你可以根据歌词做什么动作呢?(边唱边玩,引导幼儿为歌曲设计毛毛虫和蝴蝶的动作)

播放“自主探索”的动作视频,边唱边玩。

教师:让我们一起围着桌子或者板凳,边唱边做动作玩耍。

提示:引导幼儿反复玩耍几遍,能基本流畅的根据音乐玩耍游戏。

♫多元展现

通过多元的动作及队形空间来表达音乐。

1.展示“具身融入”自主游戏课件,引导幼儿用多元的动作来表达音乐。

教师:你还可以用什么动作或者方式来表示歌曲内容呢?(引导幼儿探索不同的游戏动作)

2.出示钢琴伴奏谱,或者播放伴奏音乐,教师为幼儿演唱伴奏。

教师:谁是小小歌手? 让我为你们伴奏。(引导幼儿反复演唱,自由地根据音乐玩耍游戏)

提示:可以改变表演队形,围桌游玩或者围大圈表演音乐,评价幼儿对歌曲的掌握程度。

四　活动延伸

1.可以在餐前、放学前,反复演唱歌曲。

2.将歌曲图谱投放至音乐区角,不断探索。

第九节 歌唱活动《音乐之声》(一)

音乐素养

音的高低Do Re Mi Fa Sol La Si Do之间的音程距离关系。

歌词:Do是一只小母鹿,Re是金色的阳光。
mi是称呼我自己,Fa是道路远又长。
Sol穿针又引线,La这音符紧跟Sol。
Si是饮料和茶点,然后我们再唱Do Do Do Do。

一 活动目标

1.喜欢与同伴一起跟随音乐演唱歌曲,感受歌唱活动的快乐。

2.基本能有音准的演唱歌曲中的Do Re Mi Fa Sol La Si Do。

3.初步感知音阶Do Re Mi Fa Sol La Si Do之间的音程关系。

二 活动准备

1.场景准备:围桌而坐、围成半圆皆可;有条件的可以利用区角材料布置小舞台的情境。

2.物质准备:教学多媒体资源包;节奏杯;乐器八音按钟。

3.经验准备:知道音阶Do Re Mi Fa Sol La Si Do;活动开始前进行发声练习。

三　活动过程

♫立体感知

1.全屏播放“立体感知”的动画导入，通过视觉与听觉学习激发幼儿对“音乐之声”的音乐情境主题的活动兴趣。

教师：你看到了什么？（引导幼儿通过动画，初步感知歌曲内容）

2.第二次播放，缩小视频，引导幼儿专注倾听歌曲内容。（此处也可以教师范唱）

教师：听一听，歌曲里唱了哪些音阶呢？

3.第三次播放，缩小视频，引导幼儿运用自己的肢体摆动来跟着音乐动一动，呈现出对音阶Do Re Mi Fa Sol La Si Do的感知。（此处也可以教师范唱第二遍）

教师：你可以在音阶出现时，做什么样的身体动作呢？（可以运用拍手、拍肩等多种声势动作）

提示：通过动画的导入，引导幼儿用视觉、听觉、运动觉的多维学习方式初步感受歌曲中音阶出现的部分，为“具身融入”“自主探索”的游戏环节打下坚实的基础。

♫具身融入

1.通过基本的情境，进一步熟悉歌曲，尝试参与游戏。

（1）播放“具身融入”的第一页课件，玩耍歌唱游戏“我是小歌手”。

教师：你会唱音阶Do Re Mi Fa Sol La Si Do吗？（引导幼儿自主探索歌曲中音阶的音程关系）

（2）播放“具身融入”歌词图谱课件，引导幼儿通过图片理解歌曲内容。

教师：歌曲中每一个音阶都变成了什么？（引导幼儿单句演唱，注意音阶的音程距离）

提示：歌词图谱游戏，玩耍3遍左右，让幼儿对歌曲的内容，有了进一步的理解。

2.通过游戏初步尝试练唱歌曲，进一步熟悉歌曲的演唱。

（1）播放“具身融入”的指图游戏课件。此阶段为多元的探索过程，通过情境提示来探索游戏，从而更加深入地理解达成预设目标。

教师：我们来玩一玩点兵点将，指到哪个图，就请你唱出对应的那个音阶。（教师与幼儿，幼儿与幼儿，一指一答，相互玩耍游戏）

（2）出示节奏杯音阶梯，再次播放音乐，变换游戏内容，表现出音阶特点。

教师：谁愿意来拍一拍我们的音阶？下面的幼儿可以为其伴唱。（将节奏杯的数量按照1234567的数量依次叠加起来，引导幼儿通过拍打越来越高的节奏杯，理解音阶的音程关系）

提示：通过指图游戏和拍打音阶节奏杯游戏，幼儿试练歌曲内容，初步演唱歌曲。

♫自主探索

通过动作的创编，能够基本流畅的边唱歌边玩要游戏。

教师：你可以根据歌词做什么动作呢？（边唱边玩，引导幼儿为歌曲设计动作）

播放“自主探索”的动作视频，边唱边玩。

教师：让我们一起围着桌子或者板凳，边唱边做动作玩要。

提示：引导幼儿反复玩要几遍，能基本流畅的根据音乐玩要游戏。

♫多元展现

通过多元的动作及队形空间来表达音乐。

1.展示“具身融入”自主游戏课件，引导幼儿用多元的动作来表达音乐。

教师：你还可以用什么动作或者其他方式来表示歌曲内容呢？（引导幼儿探索不同的游戏动作）

2.出示八音按钟，再次播放伴奏音乐，教师为幼儿演唱伴奏。

教师：谁是小小歌手？让我为你们伴奏。（引导幼儿反复演唱，自由地根据音乐玩要游戏）

提示：可以改变表演队形，围桌游玩或者围大圈表演音乐，评价幼儿对音阶的掌握程度。

四 活动延伸

1.在餐前、放学前，反复演唱。

2.将八音按钟投放至音乐区角，不断探索。

第十节 歌唱活动《闪烁的红星》

音乐素养

歌词：一二三四五颗星；红旗印着小黄星。
挂在红旗放光明；就像我爱祖国的心。

一　活动目标

1. 喜欢歌曲《闪烁的红星》，萌发对祖国的崇敬与热爱，感受音乐活动的乐趣。
2. 基本准确地演唱新歌《闪烁的红星》。
3. 初步认识中华人民共和国国旗——五星红旗。

二　活动准备

1. 场景准备：围桌而坐、围成半圆皆可；有条件的可以利用区角材料布置小舞台的情境。
2. 物质准备：教学多媒体资源包；国旗；建议教师自备钢琴伴奏谱。
3. 经验准备：活动开始前进行发声练习。

三　活动过程

♫立体感知

1. 全屏播放“立体感知”的动画导入，通过视觉与听觉学习激发幼儿对“闪烁的红星”的音乐情境主题的活动兴趣。

教师：你看到了什么？（引导幼儿通过动画，初步感知歌曲内容）

2.第二次播放，缩小视频，引导幼儿专注倾听歌曲内容。（此处也可以教师范唱）

教师：听一听，歌曲里唱的是我们国家的什么呢？

3.第三次播放，缩小视频，引导幼儿运用自己的肢体摆动来跟着音乐动一动，呈现出对音乐歌词内容及旋律的感知。（此处也可以教师范唱第二遍）

教师：你可以用哪些身体动作为歌曲伴奏？（可以运用拍手、拍肩等多种声势动作）

提示：通过动画的导入，引导幼儿用视觉、听觉、运动觉的多维学习方式初步感受歌曲的旋律及歌词内容，为“具身融入”“自主探索”的游戏环节打下坚实的基础。

♫具身融入

1.通过基本的情境，进一步熟悉歌曲，尝试参与游戏。

（1）播放“具身融入”的第一页课件，玩耍歌唱游戏“我是小歌手”。

教师：国旗上有几颗星呢？（引导幼儿探索“一二三四五颗星”的演唱）

（2）播放“具身融入”歌词图谱课件，引导幼儿通过图片理解歌曲内容。

教师：五颗星是什么颜色的？（引导幼儿探索“红旗印着小黄星”“挂在红旗放光明”的演唱）

教师：你喜欢祖国妈妈吗？你会用怎样的动作表达对祖国妈妈的爱？（引导幼儿表达对五星红旗的爱护，对祖国的崇敬与热爱）

提示：歌词图谱游戏，玩耍3遍左右，让幼儿对歌曲的内容，有了进一步的理解。

2.通过游戏初步尝试练唱歌曲，进一步熟悉歌曲的演唱。

（1）播放“具身融入”的歌词图谱课件，此阶段为多元的探索过程，通过情境提示来探索游戏，从而更加深入地理解达成预设目标。

教师：你愿意来挑战一下，完整的演唱歌曲吗？（引导幼儿单句演唱歌曲）

（2）出示国旗或者课件。再次播放音乐，变换游戏内容，表现出音乐的旋律特点。

教师：我们来玩一玩点兵点将，指到哪个图谱，就请你唱出对应的歌词。（教师与幼儿，或幼儿与幼儿，一指一唱，相互玩耍游戏）

提示：通过指图游戏，反复玩耍几遍，幼儿试练歌曲内容，基本能演唱歌曲。

♫自主探索

通过动作的创编，能够基本流畅的边唱歌边玩耍游戏。

教师：你可以根据歌词做什么动作呢？（边唱边玩，引导幼儿为歌曲设计动作）

播放“自主探索”的动作视频，边唱边玩。

教师：让我们一起围着桌子或者板凳，边唱边做动作玩耍。

提示：引导幼儿反复玩耍几遍，能基本流畅的根据音乐玩耍游戏。

♫多元展现

通过多元的动作及队形空间来表达音乐。

1.展示“具身融入”自主游戏课件，引导幼儿用多元的动作来表达音乐。

教师：你还可以用什么动作或者方式来表示歌曲内容呢？（引导幼儿探索不同的游戏动作）

2.出示钢琴伴奏谱，或者播放伴奏音乐，教师为幼儿演唱伴奏。

教师：谁是小小歌手？让我为你们伴奏。（引导幼儿反复演唱，自由地根据音乐玩耍游戏）

提示：可以改变表演队形，围桌游玩或者围大圈表演音乐，评价幼儿对歌曲的掌握程度。

四 活动延伸

1.可以在餐前、放学前，反复演唱歌曲。

2.将歌曲图谱投放至音乐区角，不断探索。

第十一节 歌唱活动《叮叮与咚咚》

备注：能力强的班级，直接上歌唱活动的教案；能力弱的班级上附录4中的歌曲打击乐活动的教案，再反复熟悉演唱即可。

音乐素养

歌词：两只小鸟坐在小树上，它叫叮叮，它叫咚咚。
叮叮飞走了，叮叮飞走了。
咚咚飞走了，咚咚飞走了。
叮叮回来吧，叮叮回来吧。
咚咚回来吧，咚咚回来吧。
快快回来吧。

创编建议：两只小鸟坐在小树上，它叫香香，它叫壮壮。
香香飞走了，香香飞走了。
壮壮飞走了，壮壮飞走了。
香香回来吧，香香回来吧。
壮壮回来吧，壮壮回来吧。
快快回来吧。

一 活动目标

1.通过“小鸟叮叮与咚咚”的音乐游戏，萌发对小鸟的喜爱，感受音乐活动的乐趣。
2.基本准确地演唱新歌《叮叮与咚咚》，尝试创编其他小鸟名字融入音乐。
3.大胆想象游戏内容，积极与同伴一起创造性地扮演小鸟玩耍游戏。

二 活动准备

1.场景准备:围桌而坐、围成半圆皆可;有条件的可以利用区角材料布置小舞台的情境。

2.物质准备:教学多媒体资源包;叮叮与咚咚的图卡;建议教师自备钢琴伴奏谱。

3.经验准备:活动开始前进行发声练习。

三 活动过程

♫立体感知

1.全屏播放“立体感知”的动画导入,通过视觉与听觉学习激发幼儿对“叮叮与咚咚”的音乐情境主题的活动兴趣。

教师:你看到了什么?(引导幼儿通过动画,初步感知歌曲内容)

2.第二次播放,缩小视频,引导幼儿专注倾听歌曲内容。(此处也可以教师范唱)

教师:听一听,歌曲里唱了哪两只小鸟呢?

3.第三次播放,缩小视频,引导幼儿运用自己的肢体摆动来跟着音乐动一动,呈现出对音乐歌词内容及旋律的感知。(此处也可以教师范唱第二遍)

教师:你可以用哪些身体动作为歌曲伴奏?(可以运用拍手、拍肩等多种声势动作)

提示:通过动画的导入,引导幼儿用视觉、听觉、运动觉的多维学习方式初步感受歌曲的旋律及歌词内容,为“具身融入”“自主探索”的游戏环节打下坚实的基础。

♫具身融入

1.通过基本的情境,进一步熟悉歌曲,尝试参与游戏。

(1)播放“具身融入”的第一页课件,玩耍歌唱游戏“我是小歌手”。

教师:两只小鸟坐在哪里呢?(引导幼儿探索“两只小鸟坐在小树上”的演唱)

(2)播放“具身融入”歌词图谱课件,引导幼儿通过图片理解歌曲内容。

教师:歌曲中的小鸟分别叫什么名字?(引导幼儿探索“它叫叮叮,它叫咚咚”的演唱)

教师:谁先飞走了? 谁先回来了?(引导幼儿探索叮叮与咚咚飞走又回来的演唱)

提示:歌词图谱游戏,玩耍3遍左右,让幼儿对歌曲的内容,有了进一步的理解。

2.通过游戏初步尝试练唱歌曲,进一步熟悉歌曲的演唱。

(1)播放“具身融入”的歌词图谱课件。此阶段为多元的探索过程,通过情境提示来探索游戏,从而更加深入地理解达成预设目标。

教师:你愿意扮演哪只小鸟来唱歌?(引导幼儿单句演唱歌曲)

(2)出示小鸟图卡或者课件,再次播放音乐,变换游戏内容,表现出音乐的旋律特点。

教师:我们来玩一玩点兵点将,指到哪只小鸟,就请你唱出对应的歌词。(教师与幼儿,或幼儿与幼儿,一指一唱,相互玩耍游戏)

提示:通过指图游戏,反复玩耍几遍,幼儿试练歌曲内容,基本能演唱歌曲。

♫自主探索

通过动作的创编,能够基本流畅的边唱歌边玩耍游戏。

教师:你可以根据歌词做什么动作呢?(边唱边玩,引导幼儿为歌曲设计动作)

播放“自主探索”的动作视频,边唱边玩。

教师:让我们一起围着桌子或者板凳,边唱边做动作玩耍。

提示:引导幼儿反复玩耍几遍,能基本流畅的根据音乐玩耍游戏。

♫多元展现

通过多元的动作及队形空间来表达音乐。

1.展示“具身融入”自主游戏课件,引导幼儿用多元的小鸟名字来表达音乐。

教师:你觉得还有哪些小鸟会来,它们叫什么名字?怎样把它们唱进歌里?(引导幼儿探索不同的游戏动作)

2.出示钢琴伴奏谱,或者播放伴奏音乐,教师为幼儿演唱伴奏。

教师:谁是小小歌手?让我为你们伴奏。(引导幼儿反复演唱,自由地根据音乐玩耍游戏)

提示:可以改变表演队形,围桌游玩或者围大圈表演音乐,评价幼儿对歌曲的掌握程度。

四 活动延伸

1.可以在餐前、放学前,反复演唱歌曲。

2.将歌曲图谱投放至音乐区角,不断探索。

第十二节 歌唱活动《大鼓与小鼓》

备注：能力强的班级，直接上歌唱活动的教案；能力弱的班级上附录4中的歌曲打击乐活动的教案，再反复熟悉演唱即可。

音乐素养

歌词：大呀么大鼓咚咚；小呀么小鼓咚咚咚。
大呀么大鼓，小呀么小鼓，咚咚咚咚咚。
反复3遍。

创编建议：大呀么大鼓跳跳；小呀么小鼓跳跳跳。
大呀么大鼓，小呀么小鼓，跳跳跳跳跳。
（模拟兔子动作）

一　活动目标

1. 喜欢与同伴一起玩耍“敲大鼓与小鼓”的游戏，感受音乐活动的快乐。
2. 基本能准确地演唱新歌《大鼓与小鼓》。
3. 大胆想象大与小的物体，初步尝试创编歌词内容。

二　活动准备

1. 场景准备：围桌而坐、围成半圆皆可；有条件的可以利用区角材料布置小舞台的情境。
2. 物质准备：教学多媒体资源包；大鼓与小鼓的图卡；建议教师自备钢琴伴奏谱。
3. 经验准备：活动开始前进行发声练习。

三 活动过程

立体感知

1. 全屏播放"立体感知"的动画导入，通过视觉与听觉学习激发幼儿对"大鼓与小鼓"的音乐情境主题的活动兴趣。

教师：你看到了什么？（引导幼儿通过动画，初步感知歌曲内容）

2. 第二次播放，缩小视频，引导幼儿专注倾听歌曲内容。（此处也可以教师范唱）

教师：听一听，歌曲里唱了哪两种鼓呢？

3. 第三次播放，缩小视频，引导幼儿运用自己的肢体摆动来跟着音乐动一动，呈现出对音乐歌词内容及旋律的感知。（此处也可以教师范唱第二遍）

教师：你可以用哪些身体动作为歌曲伴奏？（可以运用拍手、拍肩等多种声势动作）

提示：通过动画的导入，引导幼儿用视觉、听觉、运动觉的多维学习方式初步感受歌曲的旋律及歌词内容，为"具身融入""自主探索"的游戏环节打下坚实的基础。

具身融入

1. 通过基本的情境，进一步熟悉歌曲，尝试参与游戏。

（1）播放"具身融入"的第一页课件，玩耍歌唱游戏"我是小歌手"。

教师：大鼓是怎样唱歌的？（引导幼儿探索"大呀么大鼓咚咚"的演唱）

（2）播放"具身融入"歌词图谱课件，引导幼儿通过图片理解歌曲内容。

教师：小鼓是怎样唱歌的？（引导幼儿探索"小呀么小鼓咚咚咚"的演唱）

教师：大鼓小鼓在一起是怎样唱歌的？（引导幼儿探索"大鼓咚咚与小鼓咚咚咚"的演唱）

提示：歌词图谱游戏，玩耍3遍左右，让幼儿对歌曲的内容，有了进一步的理解。

2. 通过游戏初步尝试练唱歌曲，进一步熟悉歌曲的演唱。

（1）播放"具身融入"的歌词图谱课件。此阶段为多元的探索过程，通过情境提示来探索游戏，从而更加深入地理解达成预设目标。

教师：你愿意演唱大鼓还是小鼓呢？（引导幼儿单句演唱歌曲）

（2）出示大鼓小鼓图卡或者课件，再次播放音乐，变换游戏内容，表现出音乐的旋律特点。

教师：我们来玩一玩点兵点将，指到哪只鼓，就请你唱出对应的歌词。（教师与幼儿，幼儿与幼儿，一指一唱，相互玩耍游戏）

提示：通过指图游戏，反复玩耍几遍，幼儿试练歌曲内容，基本能演唱歌曲。

♫自主探索

通过动作与歌词的创编，能够基本流畅的边唱歌边玩耍游戏。

教师：你可以根据歌词做什么动作呢？（边唱边玩，引导幼儿为歌曲设计动作）

播放“自主探索”的动作视频，尝试创编新的歌词内容。

教师：还有哪些可以发出声音的大与小物品呢？（创造性地用“大鞋与小鞋踏踏踏踏踏”“大车与小车嘀嘀嘀嘀嘀”“大风与小风呼呼呼呼呼”等多种歌词内容来表示）。

提示：引导幼儿反复玩耍几遍，能基本流畅的根据音乐玩耍游戏。

♫多元展现

通过多元的动作及队形空间来表达音乐。

1.展示“具身融入”自主游戏课件，引导幼儿用多元的动作来表达音乐。

教师：你还可以用什么动作或者方式来表示歌曲内容呢？（引导幼儿探索不同的游戏动作）

2.出示钢琴伴奏谱，或者播放伴奏音乐，教师为幼儿演唱伴奏。

教师：谁是小小歌手？让我为你们伴奏。（引导幼儿反复演唱，自由地根据音乐玩耍游戏）

提示：可以改变表演队形，围桌游玩或者围大圈表演音乐，评价幼儿对歌曲的掌握。

四　活动延伸

1.可以在餐前、放学前，反复演唱歌曲。

2.将歌曲图谱投放至音乐区角，不断探索。

第十三节 歌唱活动《音乐之声》(二)

音乐素养

音的高低Do Re Mi Fa Sol La Si Do之间的音程距离关系。

歌词:Do是一只小母鹿,Re是金色的阳光。

mi是称呼我自己,Fa是道路远又长。

Sol穿针又引线,La这音符紧跟Sol。

Si是饮料和茶点,然后我们再唱Do Do Do Do。

一 活动目标

1.喜欢与同伴一起跟随音乐演唱歌曲,感受歌唱活动的快乐。

2.基本能有音准的演唱歌曲中的Do Re Mi Fa Sol La Si Do。

3.初步感知音阶Do Re Mi Fa Sol La Si Do之间的音程关系。

二 活动准备

1.场景准备:围桌而坐、围成半圆皆可;有条件的可以利用区角材料布置小舞台的情境。

2.物质准备:教学多媒体资源包;节奏杯;乐器八音按钟。

3.经验准备:知道音阶Do Re Mi Fa Sol La Si Do;活动开始前进行发声练习。

三　活动过程

♫立体感知

1.全屏播放“立体感知”的动画导入，通过视觉与听觉学习激发幼儿对“音乐之声”的音乐情境主题的活动兴趣。

教师：你看到了什么？（引导幼儿通过动画，初步感知歌曲内容）

2.第二次播放，缩小视频，引导幼儿专注倾听歌曲内容。（此处也可以教师范唱）

教师：听一听，歌曲里唱了哪些音阶呢？

3.第三次播放，缩小视频，引导幼儿运用自己的肢体摆动来跟着音乐动一动，呈现出对音阶Do Re Mi Fa Sol La Si Do的感知。（此处也可以教师范唱第二遍）

教师：你可以在音阶出现时，做什么样的身体动作呢？（可以运用拍手、拍肩等多种声势动作）

提示：通过动画的导入，引导幼儿用视觉、听觉、运动觉的多维学习方式初步感受歌曲中音阶出现的部分，为“具身融入”“自主探索”的游戏环节打下坚实的基础。

♫具身融入

1.通过基本的情境，进一步熟悉歌曲，尝试参与游戏。

（1）播放“具身融入”的第一页课件，玩耍歌唱游戏“我是小歌手”。

教师：你会唱音阶Do Re Mi Fa Sol La Si Do吗？（引导幼儿自主探索歌曲中音阶的音程关系）

（2）播放“具身融入”歌词图谱课件，引导幼儿通过图片理解歌曲内容。

教师：歌曲中每一个音阶都变成了什么？（引导幼儿单句演唱，注意音阶的音程距离）

提示：歌词图谱游戏，玩耍3遍左右，让幼儿对歌曲的内容，有了进一步的理解。

2.通过游戏初步尝试练唱歌曲，进一步熟悉歌曲的演唱。

（1）播放“具身融入”的指图游戏课件。此阶段为多元的探索过程，通过情境提示来探索游戏，从而更加深入地理解达成预设目标。

教师：我们来玩一玩点兵点将，指到哪个图，就请你唱出对应的那个音阶。（教师与幼儿，幼儿与幼儿，一指一答，相互玩耍游戏）

（2）出示节奏杯音阶梯，再次播放音乐，变换游戏内容，表现出音阶特点。

教师：谁愿意来拍一拍我们的音阶？ 下面的幼儿可以为其伴唱。（将节奏杯的数量按照1234567的数量依次叠加起来，引导幼儿通过拍打越来越高的节奏杯，理解音阶的音程关系）

提示：通过指图游戏和拍打音阶节奏杯游戏，幼儿试练歌曲内容，初步演唱歌曲。

♫自主探索

通过动作的创编,能够基本流畅的边唱歌边玩耍游戏。

教师:你可以根据歌词做什么动作呢?(边唱边玩,引导幼儿为歌曲设计动作)

播放“自主探索”的动作视频,边唱边玩。

教师:让我们一起围着桌子或者板凳,边唱边做动作玩耍。

提示:引导幼儿反复玩耍几遍,能基本流畅的根据音乐玩耍游戏。

♫多元展现

通过多元的动作及队形空间来表达音乐。

1.展示“具身融入”自主游戏课件,引导幼儿用多元的动作来表达音乐。

教师:你还可以用什么动作或者其他方式来表示歌曲内容呢?(引导幼儿探索不同的游戏动作)

2.出示八音按钟,再次播放伴奏音乐,教师为幼儿演唱伴奏。

教师:谁是小小歌手? 让我为你们伴奏。(引导幼儿反复演唱,自由地根据音乐玩耍游戏)

提示:可以改变表演队形,围桌游玩或者围大圈表演音乐,评价幼儿对音阶的掌握程度。

四 活动延伸

1.在餐前、放学前,反复演唱。

2.将八音按钟投放至音乐区角,不断探索。

第十四节 歌唱活动《我是小小兵》

音乐素养

歌词：我是一名小小兵，小呀小呀小小兵。
勇敢正直向前行，保卫中华大家庭。
啦啦啦啦啦啦啦，我是勇敢小小兵。

创编建议：biu biu biu biu biu biu biu，我是神枪小小兵。

一　活动目标

1.喜欢歌曲《勇敢的小兵》，萌发对军人的崇敬与热爱，感受音乐活动的乐趣。

2.基本准确地演唱新歌《勇敢的小兵》。

3.大胆想象自己是一名小军人，与同伴合作表演。

二　活动准备

1.场景准备：围桌而坐、围成半圆皆可；有条件的可以利用区角材料布置小舞台的情境。

2.物质准备：教学多媒体资源包；建议教师自备钢琴伴奏谱。

3.经验准备：活动开始前进行发声练习。

三 活动过程

♫ 立体感知

1.全屏播放“立体感知”的动画导入,通过视觉与听觉学习激发幼儿对“勇敢的小兵”的音乐情境主题的活动兴趣。

教师:你看到了什么?(引导幼儿通过动画,初步感知歌曲内容)

2.第二次播放,缩小视频,引导幼儿专注倾听歌曲内容。(此处也可以教师范唱)

教师:听一听,歌曲里的小小兵是什么样的?

3.第三次播放,缩小视频,引导幼儿运用自己的肢体摆动来跟着音乐动一动,呈现出对音乐歌词内容及旋律的感知。(此处也可以教师范唱第二遍)

教师:你可以用哪些身体动作为歌曲伴奏?(可以运用拍手、拍肩等多种声势动作)

提示:通过动画的导入,引导幼儿用视觉、听觉、运动觉的多维学习方式初步感受歌曲的旋律及歌词内容,为“具身融入”“自主探索”的游戏环节打下坚实的基础。

♫ 具身融入

1.通过基本的情境,进一步熟悉歌曲,尝试参与游戏。

(1)播放“具身融入”的第一页课件,玩耍歌唱游戏“我是小歌手”。

教师:你愿意扮演小小兵吗?(引导幼儿探索“我是一名小小兵”的演唱)

(2)播放“具身融入”歌词图谱课件,引导幼儿通过图片理解歌曲内容。

教师:小小兵有什么可贵的品质?(引导幼儿探索“勇敢正直”“保卫中华大家庭”的演唱)

教师:小小兵在歌曲中一共出现了几次?(引导幼儿探索歌曲最后一句的演唱)

提示:歌词图谱游戏,玩耍3遍左右,让幼儿对歌曲的内容,有了进一步的理解。

2.通过游戏初步尝试练唱歌曲,进一步熟悉歌曲的演唱。

(1)播放“具身融入”的歌词图谱课件。此阶段为多元的探索过程,通过情境提示来探索游戏,从而更加深入地理解达成预设目标。

教师:你愿意来挑战一下,完整的演唱歌曲吗?(引导幼儿单句演唱歌曲)

(2)出示小军人图片或者课件,再次播放音乐,变换游戏内容,表现出音乐的旋律特点。

教师:我们来玩一玩点兵点将,指到哪个图谱,就请你唱出对应的歌词。(教师与幼儿,幼儿与幼儿,一指一唱,相互玩耍游戏)

提示:通过指图游戏,反复玩耍几遍,幼儿试练歌曲内容,基本能演唱歌曲。

♫自主探索

通过动作的创编，能够基本流畅的边唱歌边玩耍游戏。

教师：你可以根据歌词做什么动作呢？（边唱边玩，引导幼儿为歌曲设计动作）

播放“自主探索”的动作视频，边唱边玩。

教师：让我们一起围着桌子或者板凳，边唱边做动作玩耍。

提示：引导幼儿反复玩耍几遍，能基本流畅的根据音乐玩耍游戏。

♫多元展现

通过多元的动作及队形空间来表达音乐。

1. 展示“具身融入”自主游戏课件，引导幼儿用多元的动作来表达音乐。

教师：除了勇敢小小兵，还会有什么样的小小兵呢？他们又是怎样保卫祖国的？（引导幼儿探索不同的游戏动作）

2. 出示钢琴伴奏谱，或者播放伴奏音乐，教师为幼儿演唱伴奏。

教师：谁是小小歌手？让我为你们伴奏。（引导幼儿反复演唱，自由地根据音乐玩耍游戏）

提示：可以改变表演队形，围桌游玩或者围大圈表演音乐，评价幼儿对歌曲的掌握程度。

四　活动延伸

1. 可以在餐前、放学前，反复演唱歌曲。

2. 将歌曲图谱投放至音乐区角，不断探索。

第十五节 歌唱活动《大巨人与小矮人》

备注：能力强的班级，直接上歌唱活动的教案；能力弱的班级上附录4中的歌曲打击乐活动的教案，再反复熟悉演唱即可。

音乐素养

歌词：我变变变变，变变变变，变成大巨人。
我变变变变，变变变变，变成小矮人。
我变大变小，变大变小，变到不见了。
反复一遍。

创编建议：我变变变变，变变变变，变成大白兔。
我变变变变，变变变变，变成小白兔。
我变大变小，变大变小，变到不见了。

一 活动目标

1. 喜欢与同伴一起玩耍游戏“大巨人与小矮人”，感受音乐活动带来的乐趣。
2. 基本能准确地演唱新歌《大巨人与小矮人》。
3. 大胆想象大与小的对比物体，尝试用“大白兔、小白兔”等新的内容创编歌词。

二 活动准备

1. 场景准备：围桌而坐、围成半圆皆可；有条件的可以利用区角材料布置小舞台的情境。

2.物质准备:教学多媒体资源包;建议教师自备钢琴伴奏谱及歌词图卡。

3.经验准备:活动开始前进行发声练习。

三　活动过程

♫立体感知

1.全屏播放“立体感知”的动画导入,通过视觉与听觉学习激发幼儿对“大巨人与小矮人”的音乐情境主题的活动兴趣。

教师:你看到了什么?(引导幼儿通过动画,初步感知歌曲内容)

2.第二次播放,缩小视频,引导幼儿专注倾听歌曲内容。(此处也可以教师范唱)

教师:听一听,歌曲里的小朋友变成了什么?

3.第三次播放,缩小视频,引导幼儿运用自己的肢体摆动来跟着音乐动一动,呈现出对音乐歌词内容及旋律的感知。(此处也可以教师范唱第二遍)

教师:你可以用哪些身体动作为歌曲伴奏?(可以运用拍手、拍肩等多种声势动作)

提示:通过动画的导入,引导幼儿用视觉、听觉、运动觉的多维学习方式初步感受歌曲的旋律及歌词内容,为“具身融入”“自主探索”的游戏环节打下坚实的基础。

♫具身融入

1.通过基本的情境,进一步熟悉歌曲,尝试参与游戏。

(1)播放“具身融入”的第一页课件,玩耍歌唱游戏“我是小歌手”。

教师:你听到变了多少次,变成了大巨人?(引导幼儿探索“变成大巨人”的演唱)

(2)播放“具身融入”歌词图谱课件,引导幼儿通过图片理解歌曲内容。

教师:我又变了多少次,变成了小矮人?(引导幼儿探索“变成小矮人”的演唱)

教师:大巨人与小矮人是怎样变得不见了的呢?(引导幼儿探索“变大变小,变到不见了”的演唱)

提示:歌词图谱游戏,玩耍3遍左右,让幼儿对歌曲的内容,有了进一步的理解。

2.通过游戏初步尝试练唱歌曲,进一步熟悉歌曲的演唱。

(1)播放“具身融入”的歌词图谱课件。此阶段为多元的探索过程,通过情境提示来探索游戏,从而更加深入地理解达成预设目标。

教师:谁愿意来当小小歌手,在前面来给大家范唱呢?(引导幼儿单句演唱歌曲)

(2)出示歌词图卡或者课件,再次播放音乐,变换游戏内容,表现出音乐的旋律特点。

教师:我们来玩一玩点兵点将,指到哪个图片,就请你唱出对应的歌词。(教师与幼儿,幼儿与幼儿,一指一唱,相互玩耍游戏)

提示：通过指图游戏，反复玩耍几遍，幼儿试练歌曲内容，基本能演唱歌曲。

♫自主探索

通过动作与歌词的创编，能够基本流畅的边唱歌边玩耍游戏。

教师：你可以根据歌词做什么动作呢？（边唱边玩，引导幼儿为歌曲设计动作）

播放“自主探索”的动作视频，尝试创编新的歌词内容。

教师：还有什么物体有大的又有小的呢？（创造性地用“大泡泡、小泡泡”“大番茄、小番茄”“大云朵、小云朵”“大汽车、小汽车”“大白兔、小白兔”等其他歌词内容来表示）

提示：引导幼儿反复玩耍几遍，能基本流畅的根据音乐玩耍游戏。

♫多元展现

通过多元的动作及队形空间来表达音乐。

1.展示“具身融入”自主游戏课件，引导幼儿用多元的动作来表达音乐。

教师：你还可以用什么动作或者方式来表示歌曲内容呢？（引导幼儿探索不同的游戏动作）

2.出示钢琴伴奏谱，或者播放伴奏音乐，教师为幼儿演唱伴奏。

教师：谁是小小歌手？让我为你们伴奏。（引导幼儿反复演唱，自由地根据音乐玩耍游戏）

提示：可以改变表演队形，围桌游玩或者围大圈表演音乐，评价幼儿对歌曲的掌握程度。

四 活动延伸

1.可以在餐前、放学前，反复演唱歌曲。

2.将歌曲图谱投放至音乐区角，不断探索。

第十六节　歌唱活动《小雨点跳舞》

备注：能力强的班级，直接上歌唱活动的教案；能力弱的班级上附录4中的歌曲打击乐活动的教案，再反复熟悉演唱即可。

音乐素养

歌词：小雨点在哪里跳舞？滴答，滴答；小雨点在哪里跳舞？滴答，滴答。
小雨点在哪里跳舞？滴答，滴答；小雨点在哪里跳舞？滴答，滴答。
啦啦啦，啦，啦啦啦；啦啦啦，啦，啦啦啦。
滴答，滴答，滴答，滴答，滴答，滴答，滴答，滴答，滴答；滴答，滴答。

一　活动目标

1. 喜欢倾听歌曲《小雨点跳舞》，积极玩耍音乐游戏，感受音乐游戏的快乐。
2. 基本能准确地演唱新歌《小雨点跳舞》。
3. 大胆想象小雨点落在了不同的地方，创编歌词内容。

二　活动准备

1. 场景准备：围桌而坐、围成半圆皆可；有条件的可以利用区角材料布置小舞台的情境。

2. 物质准备：教学多媒体资源包；雨滴、问号、彩虹的歌词图卡；建议教师自备钢琴伴奏谱。

3. 经验准备：活动开始前进行发声练习。

三 活动过程

♫立体感知

1.全屏播放“立体感知”的动画导入，通过视觉与听觉学习激发幼儿对“小雨点跳舞”的音乐情境主题的活动兴趣。

教师：你看到了什么？（引导幼儿通过动画，初步感知歌曲内容）

2.第二次播放，缩小视频，引导幼儿专注倾听歌曲内容。（此处也可以教师范唱）

教师：听一听，小雨点落下的声音是怎样的？

3.第三次播放，缩小视频，引导幼儿运用自己的肢体摆动来跟着音乐动一动，呈现出对音乐歌词内容及旋律的感知。（此处也可以教师范唱第二遍）

教师：你可以用哪些身体动作为歌曲伴奏？（可以运用拍手、拍肩等多种声势动作）

提示：通过动画的导入，引导幼儿用视觉、听觉、运动觉的多维学习方式初步感受歌曲的旋律及歌词内容，为“具身融入”“自主探索”的游戏环节打下坚实的基础。

♫具身融入

1.通过基本的情境，进一步熟悉歌曲，尝试参与游戏。

（1）播放“具身融入”的第一页课件，玩耍歌唱游戏“我是小歌手”。

教师：小雨点会跳舞吗？（引导幼儿探索“小雨点在哪里跳舞”的演唱）

（2）播放“具身融入”歌词图谱课件，引导幼儿通过图片理解歌曲内容。

教师：雨点落下的声音是怎样的？ 雨点落下“滴答，滴答”与“滴答滴答滴答滴答”的速度有什么不同？（引导幼儿探索“滴答，滴答”与“滴答滴答滴答滴答”的演唱）

教师：小雨点是怎样唱歌的？（引导幼儿探索“啦啦啦”的演唱）

提示：歌词图谱游戏，玩耍3遍左右，让幼儿对歌曲的内容，有了进一步的理解。

2.通过游戏初步尝试练唱歌曲，进一步熟悉歌曲的演唱。

（1）播放“具身融入”的歌词图谱课件。此阶段为多元的探索过程，通过情境提示来探索游戏，从而更加深入地理解达成预设目标。

教师：你愿意扮演成小雨点，来跳舞吗？（引导幼儿单句演唱歌曲）

（2）出示歌词图卡或者课件，再次播放音乐，变换游戏内容，表现出音乐的旋律特点。

教师：我们来玩一玩点兵点将，指到哪个图片，就请你唱出对应的歌词。（教师与幼儿，幼儿与幼儿，一指一唱，相互玩耍游戏）

提示：通过指图游戏，反复玩耍几遍，幼儿试练歌曲内容，基本能演唱歌曲。

♫自主探索

通过动作与歌词的创编，能够基本流畅的边唱歌边玩要游戏。

教师：你可以根据歌词做什么动作呢？（边唱边玩，引导幼儿为歌曲设计动作）

播放“自主探索”的动作视频，尝试创编新的歌词内容。

教师：小雨点会在哪些地方跳舞呢？（创造性地用“小雨点在花朵上跳舞”“小雨点在玻璃上跳舞”“小雨点在雨伞上跳舞”“小雨点在大海里跳舞”“小雨点在荷叶上跳舞”等多种歌词内容来表示）

提示：引导幼儿反复玩要几遍，能基本流畅地根据音乐玩要游戏。

♫多元展现

通过多元的动作及队形空间来表达音乐。

1.展示“具身融入”自主游戏课件，引导幼儿用多元的动作来表达音乐。

教师：你还可以用什么动作或者方式来表示歌曲内容呢？（引导幼儿探索不同的游戏动作）

2.出示钢琴伴奏谱，或者播放伴奏音乐，教师为幼儿演唱伴奏。

教师：谁是小小歌手？让我为你们伴奏。（引导幼儿反复演唱，自由地根据音乐玩要游戏）

提示：可以改变表演队形，围桌游玩或者围大圈表演音乐，评价幼儿对歌曲的掌握程度。

四　活动延伸

1.可以在餐前、放学前，反复演唱歌曲。

2.将歌曲图谱投放至音乐区角，不断探索。

第十七节 歌唱活动《动物音阶歌》(一)

音乐素养

音的高低:Do Re Mi Fa Sol La Si Do之间的音程距离关系。

歌词:电线化成五线谱,燕子填了小音符。

Do Re Mi Fa Sol La Si , Do Si La Sol Fa Mi Re Do。

小羊唱着咩咩咩,小猫叫咪咪。

Do Re Mi Fa Sol La Si , Do Si La Sol Fa Mi Re Do。

Do Re Mi Fa Sol La Si , Do Si La Sol Fa Mi Re Do。

Do Re Mi Fa Sol La Si , Do Si La Sol Fa Mi Re Do。

一 活动目标

1.喜欢与同伴一起演唱歌曲《动物音阶歌》,感受歌唱活动的乐趣。

2.基本能有音准地演唱歌曲中的Do Re Mi Fa Sol La Si Do。

3.初步认识五线谱,感知音阶Do Re Mi Fa Sol La Si Do之间的音程关系。

二 活动准备

1.场景准备:围桌而坐、围成半圆皆可;有条件的可以利用区角材料布置小舞台的情境。

2.物质准备:教学多媒体资源包;节奏杯;乐器八音按钟。

3.经验准备:知道音阶Do Re Mi Fa Sol La Si Do;活动开始前进行发声练习。

三 活动过程

♫立体感知

1.全屏播放“立体感知”的动画导入，通过视觉与听觉学习激发幼儿对“音阶歌”的音乐情境主题的活动兴趣。

教师：你看到了什么？（引导幼儿通过动画，初步感知歌曲内容）

2.第二次播放，缩小视频，引导幼儿专注倾听歌曲内容。（此处也可以教师范唱）

教师：听一听，歌曲里唱了哪些音阶呢？

3.第三次播放，缩小视频，引导幼儿运用自己的肢体摆动来跟着音乐动一动，呈现出对音阶Do Re Mi Fa Sol La Si Do的感知。（此处也可以教师范唱第二遍）

教师：你可以在音阶出现时，做什么样的身体动作呢？（可以运用拍手、拍肩等多种声势动作）

提示：通过动画的导入，引导幼儿用视觉、听觉、运动觉的多维学习方式初步感受歌曲中音阶出现的部分，为“具身融入”“自主探索”的游戏环节打下坚实的基础。

♫具身融入

1.通过基本的情境，进一步熟悉歌曲，尝试参与游戏。

（1）播放“具身融入”的第一页课件，玩耍歌唱游戏“我是小歌手”。

教师：你会唱音阶Do Re Mi Fa Sol La Si Do吗？（引导幼儿自主探索歌曲中音阶的音程关系）

（2）播放“具身融入”歌词图谱课件，引导幼儿通过图片理解歌曲内容。

教师：什么变成了五线谱？什么变成了小音符？（引导幼儿单句演唱，注意音阶的音程距离）

提示：歌词图谱游戏，玩耍3遍左右，让幼儿对歌曲的内容，有了进一步的理解。

2.通过游戏初步尝试练唱歌曲，进一步熟悉歌曲的演唱。

（1）播放“具身融入”的指图游戏课件。此阶段为多元的探索过程，通过情境提示来探索游戏，从而更加深入地理解达成预设目标。

教师：我们来玩一玩点兵点将，指到哪个图，就请你唱出对应的歌词内容。（教师与幼儿，或幼儿与幼儿，一指一答，相互玩耍游戏）

（2）出示节奏杯音阶梯，再次播放音乐，变换游戏内容，表现出音阶特点。

教师：谁愿意来拍一拍我们的音阶？下面的幼儿可以为其伴唱。（将节奏杯的数量

按照1234567的数量依次叠加起来，引导幼儿通过拍打越来越高的节奏杯，理解音阶的音程关系）

提示：通过指图游戏和拍打音阶节奏杯游戏，幼儿试练歌曲内容，初步演唱歌曲。

♫自主探索

通过动作的创编，能够基本流畅的边唱歌边玩耍游戏。

教师：你可以根据歌词做什么动作呢？（边唱边玩，引导幼儿为歌曲设计动作）

播放“自主探索”的动作视频，边唱边玩。

教师：让我们一起围着桌子或者板凳，边唱边做动作玩耍。

提示：引导幼儿反复玩耍几遍，能基本流畅的根据音乐玩耍游戏。

♫多元展现

通过多元的动作及队形空间来表达音乐。

1.展示“具身融入”自主游戏课件，引导幼儿用多元的动作来表达音乐。

教师：你还可以用什么动作或者其他方式来表示歌曲内容呢？（引导幼儿探索不同的游戏动作）

2.出示八音按钟，播放伴奏音乐，教师为幼儿演唱伴奏。（个别幼儿也可以示范演奏八音按钟）

教师：谁是小小歌手？让我为你们伴奏。（引导幼儿反复演唱，自由地根据音乐玩耍游戏）

提示：可以改变表演队形，围桌游玩或者围大圈表演音乐，评价幼儿对音阶的掌握程度。

四 活动延伸

1.在餐前、放学前，反复演唱。

2.将八音按钟投放至音乐区角，不断探索。

第十八节 歌唱活动《老巫婆的汤》

备注：能力强的班级，直接上歌唱活动的教案；能力弱的班级上附录4中的歌曲打击乐活动的教案，再反复熟悉演唱即可。

音乐素养

歌词：

前奏旋律。

可怕的巫婆，熬制的浓汤，在汤里放点什么才好喝呢？在汤里放点什么才好喝呢？

间奏旋律。(跟着节奏创编各种放的食物：南瓜、鸡蛋、花菜、土豆、牛肉……)

可怕的巫婆，熬制的浓汤，在汤里放点什么才好喝呢？在汤里放点什么才好喝呢？

一　活动目标

1. 喜欢倾听歌曲《老巫婆的汤》，乐于用乐器大胆、独立的表演，体验音乐活动的快乐。
2. 基本能准确地演唱新歌《老巫婆的汤》。
3. 根据音乐旋律大胆创编关于南瓜、鸡蛋、花菜、牛肉、土豆等各种食物的歌词内容。

二　活动准备

1. 场景准备：围桌而坐、围成半圆皆可；有条件的可以利用区角材料布置小舞台的情境。

2.物质准备：教学多媒体资源包；建议教师自备钢琴伴奏谱及歌词图卡。

3.经验准备：活动开始前进行发声练习。

三 活动过程

立体感知

1.全屏播放“立体感知”的动画导入，通过视觉与听觉学习激发幼儿对“老巫婆的汤”的音乐情境主题的活动兴趣。

教师：你看到了什么？（引导幼儿通过动画，初步感知歌曲内容）

2.第二次播放，缩小视频，引导幼儿专注倾听歌曲内容。（此处也可以教师范唱）

教师：听一听，老巫婆在想什么？

3.第三次播放，缩小视频，引导幼儿运用自己的肢体摆动来跟着音乐动一动，呈现出对音乐歌词内容及旋律的感知。（此处也可以教师范唱第二遍）

教师：你可以用哪些身体动作为歌曲伴奏？（可以运用拍手、拍肩等多种声势动作）

提示：通过动画的导入，引导幼儿用视觉、听觉、运动觉的多维学习方式初步感受歌曲的旋律及歌词内容，为“具身融入”“自主探索”的游戏环节打下坚实的基础。

具身融入

1.通过基本的情境，进一步熟悉歌曲，尝试参与游戏。

（1）播放“具身融入”的第一页课件，玩耍歌唱游戏“我是小歌手”。

教师：老巫婆是怎样的一个形象？在干什么？（引导幼儿探索“可怕的巫婆，熬制的浓汤”的演唱）

（2）播放“具身融入”歌词图谱课件，引导幼儿通过图片理解歌曲内容。

教师：在汤里放点什么才好喝呢？可以怎样表现？（引导幼儿探索“在汤里放点什么才好喝呢”的演唱）

教师：你想要在汤里放什么食物呢？（引导幼儿探索“南瓜、鸡蛋、花菜、牛肉、土豆”等的歌词节奏演唱）

提示：歌词图谱游戏，玩耍3遍左右，让幼儿对歌曲的内容，有了进一步的理解。

2.通过游戏初步尝试练唱歌曲，进一步熟悉歌曲的演唱。

（1）播放“具身融入”的歌词图谱课件。此阶段为多元的探索过程，通过情境提示来探索游戏，从而更加深入地理解达成预设目标。

教师：谁愿意扮演巫婆来熬汤呢？（引导幼儿单句演唱歌曲）

（2）出示歌词图卡或者课件，再次播放音乐，变换游戏内容，表现出音乐的旋律特点。

教师:我们来玩一玩点兵点将,指到哪个图片,就请你唱出对应的歌词。(教师与幼儿,或幼儿与幼儿,一指一唱,相互玩耍游戏)

提示:通过指图游戏,反复玩耍几遍,幼儿试练歌曲内容,基本能演唱歌曲。

♫自主探索

通过动作与歌词的创编,能够基本流畅的边唱歌边玩耍游戏。

教师:你可以根据歌词做什么动作呢?(边唱边玩,引导幼儿为歌曲设计动作)

播放“自主探索”的动作视频,尝试创编新的歌词内容。

教师:汤里还可以放哪些食物? 放多少呢?(创造性地用洋葱、木耳等歌词内容来表现煮的各种食物)

提示:引导幼儿反复玩耍几遍,能基本流畅的根据音乐玩耍游戏。

♫多元展现

通过多元的动作及队形空间来表达音乐。

1.展示“具身融入”自主游戏课件,引导幼儿用多元的动作来表达音乐。

教师:你还可以用什么动作或者方式来表示歌曲内容呢?(引导幼儿探索不同的游戏动作)

2.出示钢琴伴奏谱,或者播放伴奏音乐,教师为幼儿演唱伴奏。

教师:谁是小小歌手? 让我为你们伴奏。(引导幼儿反复演唱,自由地根据音乐玩耍游戏)

提示:可以改变表演队形,围桌游玩或者围大圈表演音乐,评价幼儿对歌曲的掌握程度。

四　活动延伸

1.可以在餐前、放学前,反复演唱歌曲。

2.将歌曲图谱投放至音乐区角,不断探索。

第十九节 歌唱活动《望天门山》

音乐素养

韵白内容：天门中断楚江开，
碧水东流至此回。
两岸青山相对出，
孤帆一片日边来。
反复一遍。

一 活动目标

1.喜欢与同伴一起跟随音乐说唱《望天门山》，感受说唱古诗词的乐趣。
2.初步尝试通过节奏杯用韵白节奏表演出古诗词的断句节奏。
3.初步感知音乐中的“韵白节奏”与古诗词的联系。

二 活动准备

1.场景准备：围桌而坐、围成半圆皆可。
2.物质准备：教学多媒体资源包；节奏杯。
3.经验准备：对中华古诗词有所了解。

三 活动过程

♫立体感知

1.全屏播放“立体感知”的动画导入，通过视觉与听觉学习激发幼儿对“说唱古诗词”

的音乐情境主题的活动兴趣。

教师:你看到了什么?(引导幼儿通过动画,初步感知古诗内容)

2.第二次播放,缩小视频,引导幼儿专注倾听古诗内容。(此处教师也可以示范韵白说唱)

教师:听一听,古诗中有什么样的景色?

3.第三次播放,缩小视频,引导幼儿运用自己的肢体摆动来跟着音乐动一动,呈现出对音乐古诗内容及韵白节奏的感知。(此处教师也可以示范韵白说唱第二遍)

教师:你可以用哪些身体动作为古诗伴奏?(可以运用拍手、拍肩等多种声势动作)

提示:通过动画的导入,引导幼儿用视觉、听觉、运动觉的多维学习方式初步感受古诗的韵白节奏及古诗内容,为"具身融入""自主探索"的游戏环节打下坚实的基础。

♫具身融入

1.通过基本的情境,进一步熟悉古诗,尝试参与游戏。

(1)播放"具身融入"的第一页课件,玩耍说唱游戏"我是小诗人"。

教师:这首古诗叫什么名字?(引导幼儿探索李白的《望天门山》)

(2)播放"具身融入"古诗图谱课件,引导幼儿通过图片理解古诗内容。

教师:每一幅图片上描绘的是什么景象?(引导幼儿探索每句古诗词的内容)

教师:怎样用韵白节奏来表现这首古诗呢?(引导幼儿探索古诗词的断句节奏)

提示:歌词图谱游戏,玩耍3遍左右,让幼儿对歌曲的内容,有了进一步的理解。

2.通过游戏初步尝试练唱歌曲,进一步熟悉歌曲的演唱。

(1)播放"具身融入"的古诗图谱课件,此阶段为多元的探索过程,通过情境提示来探索游戏,从而更加深入地理解达成预设目标。

教师:谁愿意来当小小诗人,在前面来给大家展示一下古诗内容呢?(引导幼儿单句说唱古诗)

(2)出示古诗图卡或者课件,再次播放音乐,变换游戏内容。

教师:我们来玩一玩点兵点将,指到哪个图片,就请你唱出对应的古诗。(教师与幼儿,幼儿与幼儿,一指一唱,相互玩耍游戏)

提示:通过指图游戏,反复玩耍几遍,让幼儿试练歌曲内容,基本能演唱歌曲。

♫自主探索

通过动作的创编,能够基本流畅的边说唱古诗边玩耍游戏。

教师:你可以根据古诗做什么动作呢?(边唱边玩,引导幼儿为歌曲设计动作)

播放"自主探索"的动作视频,尝试创编新的表演动作。

教师:你还可以用什么动作或者方式来表示古诗内容呢?(引导幼儿探索不同的游戏动作)

提示:引导幼儿反复玩要几遍,能基本流畅的根据音乐玩要游戏。

♫多元展现

通过多元的方式及队形空间来表达音乐。

1.展示"具身融入"自主游戏课件,出示节奏杯,播放伴奏音乐。

教师:我们可以用节奏杯怎样为古诗伴奏呢?(引导幼儿反复说唱,自由地根据音乐玩要游戏)

2.播放伴奏音乐,再次出示节奏杯,探索节奏杯的多种玩法。

提示:可以改变表演队形,围桌游玩或者围大圈表演音乐,评价幼儿对歌曲的掌握。

四 活动延伸

1.可以在餐前、放学前,反复演唱古诗。

2.将古诗图谱投放至音乐区角,不断探索。

第二十节 歌唱活动《咙咚呛》

备注：能力强的班级，直接上歌唱活动的教案；能力弱的班级上附录4中的歌曲打击乐活动的教案，再反复熟悉演唱即可。

音乐素养

歌词：过新年呀咙咚咙咚呛；多快乐呀咙咚咙咚呛，
咙咚咙咚呛，咙咚咙咚呛，咙咚咙咚呛，咙咚呛呛呛。
过新年呀咙咚咙咚呛；多快乐呀咙咚咙咚呛，
咙咚咙咚呛，咙咚咙咚呛，咙咚咙咚呛，咙咚呛呛呛。

一　活动目标

1. 喜欢与同伴一起玩耍“咙咚呛”的游戏，感受音乐活动的乐趣。
2. 基本能准确地演唱新歌《咙咚呛》。
3. 根据音乐的节奏，尝试创编出“咚哒咚哒咚”等其他拟声词。

二　活动准备

1. 场景准备：围桌而坐、围成半圆皆可；有条件的可以利用区角材料布置小舞台的情境。
2. 物质准备：教学多媒体资源包；建议教师自备钢琴伴奏谱及歌词图卡。
3. 经验准备：活动开始前进行发声练习。

三 活动过程

立体感知

1. 全屏播放“立体感知”的动画导入，通过视觉与听觉学习激发幼儿对“咙咚呛”的音乐情境主题的活动兴趣。

教师：你看到了什么？（引导幼儿通过动画，初步感知歌曲内容）

2. 第二次播放，缩小视频，引导幼儿专注倾听歌曲内容。（此处也可以教师范唱）

教师：听一听，敲锣打鼓的声音是怎样的？

3. 第三次播放，缩小视频，引导幼儿运用自己的肢体摆动来跟着音乐动一动，呈现出对音乐歌词内容及旋律的感知。（此处也可以教师范唱第二遍）

教师：你可以用哪些身体动作为歌曲伴奏？（可以运用拍手、拍肩等多种声势动作）

提示：通过动画的导入，引导幼儿用视觉、听觉、运动觉的多维学习方式初步感受歌曲的旋律及歌词内容，为“具身融入”“自主探索”的游戏环节打下坚实的基础。

具身融入

1. 通过基本的情境，进一步熟悉歌曲，尝试参与游戏。

（1）播放“具身融入”的第一页课件，玩耍歌唱游戏“我是小歌手”。

教师：过新年了，你的心情如何？（引导幼儿探索“过新年呀”和“多快乐呀”的演唱）

（2）播放“具身融入”歌词图谱课件，引导幼儿通过图片理解歌曲内容。

教师：咙咚咙咚呛是什么意思呢？（引导幼儿探索“咙咚咙咚呛”的演唱）

教师：咙咚咙咚呛出现了几次呢？最后一次有何不同？（引导幼儿探索“咙咚呛呛呛”的演唱）

提示：歌词图谱游戏，玩耍3遍左右，让幼儿对歌曲的内容，有了进一步的理解。

2. 通过游戏初步尝试练唱歌曲，进一步熟悉歌曲的演唱。

（1）播放“具身融入”的歌词图谱课件。此阶段为多元的探索过程，通过情境提示来探索游戏，从而更加深入地理解达成预设目标。

教师：谁愿意来当小小歌手，在前面来给大家范唱呢？（引导幼儿单句演唱歌曲）

（2）出示歌词图卡或者课件，再次播放音乐，变换游戏内容，表现出音乐的旋律特点。

教师：我们来玩一玩点兵点将，指到哪个图片，就请你唱出对应的歌词。（教师与幼儿，幼儿与幼儿，一指一唱，相互玩耍游戏）

提示：通过指图游戏，反复玩耍几遍，让幼儿试练歌曲内容，基本能演唱歌曲。

♫自主探索

通过动作与歌词的创编，能够基本流畅的边唱歌边玩耍游戏。

教师：你可以根据歌词做什么动作呢？（边唱边玩，引导幼儿为歌曲设计动作）

播放“自主探索”的动作视频，尝试创编新的歌词内容。

教师：敲锣打鼓声还可以用哪些词语来形容呢？（创造性地用“咚哒咚哒咚、咚哒咚哒咚，咚哒咚哒咚、咚哒咚咚咚”等其他拟声词来表示）

提示：引导幼儿反复玩耍几遍，能基本流畅地根据音乐玩耍游戏。

♫多元展现

通过多元的动作及队形空间来表达音乐。

1.展示“具身融入”自主游戏课件，引导幼儿用多元的动作来表达音乐。

教师：你还可以用什么动作或者方式来表示歌曲内容呢？（引导幼儿探索不同的游戏动作）

2.出示钢琴伴奏谱，或者播放伴奏音乐，教师为幼儿演唱伴奏。

教师：谁是小小歌手？让我为你们伴奏。（引导幼儿反复演唱，自由地根据音乐玩耍游戏）

提示：可以改变表演队形，围桌游玩或者围大圈表演音乐，评价幼儿对歌曲的掌握程度。

四　活动延伸

1.可以在餐前、放学前，反复演唱歌曲。

2.将歌曲图谱投放至音乐区角，不断探索。

第二十一节 歌唱活动《动物音阶歌》(二)

音乐素养

音的高低:Do Re Mi Fa Sol La Si Do之间的音程距离关系。

歌词:电线化成五线谱,燕子填了小音符。

Do Re Mi Fa Sol La Si , Do Si La Sol Fa Mi Re Do。

小羊唱着咩咩咩,小猫叫咪咪。

Do Re Mi Fa Sol La Si , Do Si La Sol Fa Mi Re Do。

Do Re Mi Fa Sol La Si , Do Si La Sol Fa Mi Re Do。

Do Re Mi Fa Sol La Si , Do Si La Sol Fa Mi Re Do。

一 活动目标

1.喜欢与同伴一起演唱歌曲《音阶歌》,感受歌唱活动的乐趣。

2.基本能有音准的演唱歌曲中的Do Re Mi Fa Sol La Si Do。

3.初步认识五线谱,感知音阶Do Re Mi Fa Sol La Si Do之间的音程关系。

二 活动准备

1.场景准备:围桌而坐、围成半圆皆可;有条件的可以利用区角材料布置小舞台的情境。

2.物质准备:教学多媒体资源包;节奏杯;乐器八音按钟。

3.经验准备:知道音阶Do Re Mi Fa Sol La Si Do;活动开始前进行发声练习。

三 活动过程

♫立体感知

1.全屏播放“立体感知”的动画导入,通过视觉与听觉学习激发幼儿对“音阶歌”的音乐情境主题的活动兴趣。

教师:你看到了什么?(引导幼儿通过动画,初步感知歌曲内容)

2.第二次播放,缩小视频,引导幼儿专注倾听歌曲内容。(此处也可以教师范唱)

教师:听一听,歌曲里唱了哪些音阶呢?

3.第三次播放,缩小视频,引导幼儿运用自己的肢体摆动来跟着音乐动一动,呈现出对音阶Do Re Mi Fa Sol La Si Do的感知。(此处也可以教师范唱第二遍)

教师:你可以在音阶出现时,做什么样的身体动作呢?(可以运用拍手、拍肩等多种声势动作)

提示:通过动画的导入,引导幼儿用视觉、听觉、运动觉的多维学习方式初步感受歌曲中音阶出现的部分,为“具身融入”“自主探索”的游戏环节打下坚实的基础。

♫具身融入

1.通过基本的情境,进一步熟悉歌曲,尝试参与游戏。

(1)播放“具身融入”的第一页课件,玩要歌唱游戏“我是小歌手”。

教师:你会唱音阶Do Re Mi Fa Sol La Si Do吗?(引导幼儿自主探索歌曲中音阶的音程关系)

(2)播放“具身融入”歌词图谱课件,引导幼儿通过图片理解歌曲内容。

教师:什么变成了五线谱? 什么变成了小音符?(引导幼儿单句演唱,注意音阶的音程距离)

提示:歌词图谱游戏,玩要3遍左右,让幼儿对歌曲的内容,有了进一步的理解。

2.通过游戏初步尝试练唱歌曲,进一步熟悉歌曲的演唱。

(1)播放“具身融入”的指图游戏课件。此阶段为多元的探索过程,通过情境提示来探索游戏,从而更加深入地理解达成预设目标。

教师:我们来玩一玩点兵点将,指到哪个图,就请你唱出对应的歌词内容。(教师与幼儿,或幼儿与幼儿,一指一答,相互玩要游戏)

(2)出示节奏杯音阶梯,再次播放音乐,变换游戏内容,表现出音阶特点。

教师:谁愿意来拍一拍我们的音阶? 下面的幼儿可以为其伴唱。(将节奏杯的数量按照1234567的数量依次叠加起来,引导幼儿通过拍打越来越高的节奏杯,理解音阶的音程关系)

提示:通过指图游戏和拍打音阶节奏杯游戏,幼儿试练歌曲内容,初步演唱歌曲。

♫自主探索

通过动作的创编,能够基本流畅的边唱歌边玩耍游戏。

教师:你可以根据歌词做什么动作呢?(边唱边玩,引导幼儿为歌曲设计动作)

播放“自主探索”的动作视频,边唱边玩。

教师:让我们一起围着桌子或者板凳,边唱边做动作玩耍。

提示:引导幼儿反复玩耍几遍,能基本流畅的根据音乐玩耍游戏。

♫多元展现

通过多元的动作及队形空间来表达音乐。

1.展示“具身融入”自主游戏课件,引导幼儿用多元的动作来表达音乐。

教师:你还可以用什么动作或者其他方式来表示歌曲内容呢?(引导幼儿探索不同的游戏动作)

2.出示八音按钟,播放伴奏音乐,教师为幼儿演唱伴奏。(个别幼儿也可以示范演奏八音按钟)

教师:谁是小小歌手? 让我为你们伴奏。(引导幼儿反复演唱,自由地根据音乐玩耍游戏)

提示:可以改变表演队形,围桌游玩或者围大圈表演音乐,评价幼儿对音阶的掌握程度。

四 活动延伸

1.在餐前、放学前,反复演唱。

2.将八音按钟投放至音乐区角,不断探索。

第二十二节 歌唱活动《祖国祖国我们爱你》

音乐素养

歌词：小小蜡笔穿花衣，红黄蓝绿多美丽。
小朋友们多么欢喜，画个图画比一比。
画小鸟飞在蓝天里，画小草长在春天里。
你画太阳，我画国旗。
祖国祖国，我们爱你；祖国祖国，我们爱你。

创编建议：画鲸鱼游在海洋里，画云朵飘在天空里。

一 活动目标

1. 喜欢倾听歌曲《祖国祖国我们爱你》，热爱祖国，体验音乐活动的快乐。
2. 基本能准确地演唱歌曲《祖国祖国我们爱你》。
3. 大胆想象并创编歌词内容，有情感的与同伴一起表演。

二 活动准备

1. 场景准备：围桌而坐、围成半圆皆可；有条件的可以利用区角材料布置小舞台的情境。

2. 物质准备：教学多媒体资源包；建议教师自备钢琴伴奏谱及歌词图卡。

3. 经验准备：活动开始前进行发声练习。

三 活动过程

立体感知

1.全屏播放“立体感知”的动画导入，通过视觉与听觉学习激发幼儿对“祖国祖国我们爱你”的音乐情境主题的活动兴趣。

教师：你看到了什么？（引导幼儿通过动画，初步感知歌曲内容）

2.第二次播放，缩小视频，引导幼儿专注倾听歌曲内容。（此处也可以教师范唱）

教师：听一听，这首歌让你感觉祖国大地怎么样？（引导幼儿感受祖国大地的美丽，热爱祖国）

3.第三次播放，缩小视频，引导幼儿运用自己的肢体摆动来跟着音乐动一动，呈现出对音乐歌词内容及旋律的感知。（此处也可以教师范唱第二遍）

教师：你可以用哪些身体动作为歌曲伴奏？（可以运用拍手、拍肩等多种声势动作）

提示：通过动画的导入，引导幼儿用视觉、听觉、运动觉的多维学习方式初步感受歌曲的旋律及歌词内容，为“具身融入”“自主探索”的游戏环节打下坚实的基础。

具身融入

1.通过基本的情境，进一步熟悉歌曲，尝试参与游戏。

（1）播放“具身融入”的第一页课件，玩耍歌唱游戏“我是小歌手”。

教师：谁穿上了花衣服？画出了什么颜色？（引导幼儿探索关于“小小蜡笔”的演唱）

（2）播放“具身融入”歌词图谱课件，引导幼儿通过图片理解歌曲内容。

教师：小朋友们都画了什么？（引导幼儿探索关于“画小鸟”“画小草”“画太阳”“画国旗”的演唱）

教师：你想对美丽的祖国妈妈说什么？（引导幼儿探索“祖国祖国，我们爱你”的歌词演唱）

提示：歌词图谱游戏，玩耍3遍左右，让幼儿对歌曲的内容，有了进一步的理解。

2.通过游戏初步尝试练唱歌曲，进一步熟悉歌曲的演唱。

（1）播放“具身融入”的歌词图谱课件。此阶段为多元的探索过程，通过情境提示来探索游戏，从而更加深入地理解达成预设目标。

教师：谁愿意来挑战一下，完整的演唱这首歌？（引导幼儿单句演唱歌曲）

（2）出示歌词图卡或者课件，再次播放音乐，变换游戏内容，表现出音乐的旋律特点。

教师：我们来玩一玩点兵点将，指到哪个图片，就请你唱出对应的歌词。（教师与幼儿，或幼儿与幼儿，一指一唱，相互玩耍游戏）

提示：通过指图游戏，反复玩耍几遍，幼儿试练歌曲内容，基本能演唱歌曲。

♫自主探索

通过动作与歌词的创编,能够基本流畅的边唱歌边玩耍游戏。

教师:你可以根据歌词做什么动作呢?(边唱边玩,引导幼儿为歌曲设计动作)

播放“自主探索”的动作视频,尝试创编新的歌词内容。

教师:还可以画祖国山河的哪些景色呢?(创造性地用“画鲸鱼游在海洋里”“画果实长在秋天里”“画云朵飘在天空里”“画大树长在森林里”等其他歌词内容表现歌曲)

提示:引导幼儿反复玩耍几遍,能基本流畅地根据音乐玩耍游戏。

♫多元展现

通过多元的动作及队形空间来表达音乐。

1.展示“具身融入”自主游戏课件,引导幼儿用多元的动作来表达音乐。

教师:你还可以用什么动作或者方式来表示歌曲内容呢?(引导幼儿探索不同的游戏动作)

2.出示钢琴伴奏谱,或者播放伴奏音乐,教师为幼儿演唱伴奏。

教师:谁是小小歌手? 让我为你们伴奏。(引导幼儿反复演唱,自由地根据音乐玩耍游戏)

提示:可以改变表演队形,围桌游玩或者围大圈表演音乐,评价幼儿对歌曲的掌握程度。

四　活动延伸

1.可以在餐前、放学前,反复演唱歌曲。

2.将歌曲图谱投放至音乐区角,不断探索。

第二十三节 歌唱活动《咏柳》

音乐素养

韵白内容：碧玉妆成一树高，
万条垂下绿丝绦。
不知细叶谁裁出，
二月春风似剪刀。

一 活动目标

1.喜欢与同伴一起跟随音乐说唱《咏柳》，感受说唱古诗词的乐趣。
2.初步尝试通过节奏杯用韵白节奏表演出古诗词的断句节奏。
3.初步感知音乐中的韵白节奏与古诗词的联系。

二 活动准备

1.场景准备：围桌而坐、围成半圆皆可。
2.物质准备：教学多媒体资源包；节奏杯。
3.经验准备：对中华古诗词有所了解。

三 活动过程

立体感知

1.全屏播放“立体感知”的动画导入，通过视觉与听觉学习激发幼儿对“说唱古诗词”

的音乐情境主题的活动兴趣。

教师：你看到了什么？(引导幼儿通过动画，初步感知古诗内容)

2.第二次播放，缩小视频，引导幼儿专注倾听古诗内容。(此处教师也可以示范韵白说唱)

教师：古诗中有什么样的景色？

3.第三次播放，缩小视频，引导幼儿运用自己的肢体摆动来跟着音乐动一动，呈现出对音乐古诗内容及韵白节奏的感知。(此处教师也可以示范韵白说唱第二遍)

教师：你可以用哪些身体动作为古诗伴奏？(可以运用拍手、拍肩等多种声势动作)

提示：通过动画的导入，引导幼儿用视觉、听觉、运动觉的多维学习方式初步感受古诗的韵白节奏及古诗内容，为"具身融入""自主探索"的游戏环节打下坚实的基础。

♫具身融入

1.通过基本的情境，进一步熟悉古诗，尝试参与游戏。

(1)播放"具身融入"的第一页课件，玩耍说唱游戏"我是小诗人"。

教师：这首古诗叫什么名字？(引导幼儿探索贺知章的《咏柳》)

(2)播放"具身融入"古诗图谱课件，引导幼儿通过图片理解古诗内容。

教师：每一幅图片上描绘的是什么景象？(引导幼儿探索每句古诗词的内容)

教师：怎样用韵白节奏来表现这首古诗呢？(引导幼儿探索古诗词的断句节奏)

提示：歌词图谱游戏，玩耍3遍左右，让幼儿对歌曲的内容，有了进一步的理解。

2.通过游戏初步尝试练唱歌曲，进一步熟悉歌曲的演唱。

(1)播放"具身融入"的古诗图谱课件，此阶段为多元的探索过程，通过情境提示来探索游戏，从而更加深入地理解达成预设目标。

教师：谁愿意来当小小诗人，在前面来给大家展示一下古诗内容呢？(引导幼儿单句说唱古诗)

(2)出示古诗图卡或者课件，再次播放音乐，变换游戏内容。

教师：我们来玩一玩点兵点将，指到哪个图片，就请你唱出对应的古诗。(教师与幼儿，或幼儿与幼儿，一指一唱，相互玩耍游戏)

提示：通过指图游戏，反复玩耍几遍，让幼儿试练歌曲内容，基本能演唱歌曲。

♫自主探索

通过动作的创编，能够基本流畅的边说唱古诗边玩耍游戏。

教师：你可以根据古诗做什么动作呢？(边唱边玩，引导幼儿为歌曲设计动作)

播放"自主探索"的动作视频，尝试创编新的表演动作。

教师:你还可以用什么动作或者方式来表示古诗内容呢?(引导幼儿探索不同的游戏动作)

提示:引导幼儿反复玩耍几遍,能基本流畅地根据音乐玩耍游戏。

♫多元展现

通过多元的方式及队形空间来表达音乐。

1.展示“具身融入”自主游戏课件,出示节奏杯,播放伴奏音乐。

教师:我们可以用节奏杯怎样为古诗伴奏呢?(引导幼儿反复说唱,自由地根据音乐玩耍游戏)

2.播放伴奏音乐,再次出示节奏杯,探索节奏杯的多种玩法。

提示:可以改变表演队形,围桌游玩或者围大圈表演音乐,评价幼儿对歌曲的掌握。

四 活动延伸

1.可以在餐前、放学前,反复演唱古诗。

2.将古诗图谱投放至音乐区角,不断探索。

第二十四节 歌唱活动《农场里动物多》

备注：能力强的班级，直接上歌唱活动的教案；能力弱的班级上附录4中的歌曲打击乐活动的教案，再反复熟悉演唱即可。

音乐核心经验

歌词：农场里动物多，公鸡为我唱首歌；
农场里动物多，老牛为我唱首歌；
农场里动物多，百灵鸟为我唱首歌；
农场里动物多，鸭子为我唱首歌。
创编建议：农场里动物多，小兔为我唱首歌。

一　活动目标

1.通过玩耍"农场音乐节"的音乐游戏，感受到歌唱活动的快乐。

2.基本能准确地演唱歌曲《农场里动物多》，尝试创编其他动物参与农场音乐节，并融入音乐。

3.在游戏活动中，大胆创编自己化身为某种动物参与农场音乐节，积极与同伴一起快乐表演。

二　活动准备

1.场景准备：围桌而坐、围成半圆皆可；有条件的可以利用区角材料布置小舞台的情境。

2.物质准备:教学多媒体资源包;建议教师自备公鸡、老牛、百灵鸟和鸭子的图卡;小话筒。

3.经验准备:活动开始前进行发声练习。

三 活动过程

立体感知

1.全屏播放"立体感知"的动画导入,通过视觉与听觉学习激发幼儿对"农场里动物多"的音乐情境主题的活动兴趣。

教师:你看到了什么?(引导幼儿通过动画,初步感知歌曲内容)

2.第二次播放,缩小视频,引导幼儿专注倾听歌曲内容。(此处也可以教师范唱)

教师:听一听,歌曲里有哪些动物? 他们的歌声是怎样的?

3.第三次播放,缩小视频,引导幼儿运用自己的肢体摆动来跟着音乐动一动,呈现出对音乐歌词内容及旋律的感知。(此处也可以教师范唱第二遍)

教师:你可以用哪些身体动作为歌曲伴奏?(可以运用拍手、拍肩等多种声势动作)

提示:通过动画的导入,引导幼儿用视觉、听觉、运动觉的多维学习方式初步感受歌曲的旋律及歌词内容,为"具身融入""自主探索"的游戏环节打下坚实的基础。

具身融入

1.通过基本的情境,进一步熟悉歌曲,尝试参与游戏。

(1)播放"具身融入"的第一页课件,玩耍歌唱游戏"农场音乐节"。

教师:农场里的动物是多还是少呢?(引导幼儿探索歌曲《农场里动物多》的歌词内容)

(2)播放"具身融入"歌词图谱课件,引导幼儿通过图片理解歌曲内容。

教师:"农场里动物多"出现了几次? 有哪些小动物在唱歌?(引导幼儿探索农场里动物多的歌曲演唱)

提示:歌词图谱游戏,玩耍3遍左右,让幼儿对歌曲的内容,有了进一步的理解。

2.初步尝试练唱歌曲,进一步熟悉歌曲的演唱。

(1)播放"具身融入"的歌词图谱课件。此阶段为多元的探索过程,通过情境提示来探索游戏,从而更加深入地理解达成预设目标。

教师:谁愿意扮演公鸡、老牛、百灵鸟或鸭子?(引导幼儿单句演唱歌曲)

(2)出示动物的图卡或者课件,再次播放音乐,变换游戏内容,表现出音乐特点。

教师:请小朋友们一起唱《农场里动物多》,指到对应的动物时,请对应的动物小组齐唱。

提示:通过指图游戏,反复玩耍几遍,让幼儿试练歌曲内容,基本能演唱歌曲。

♫自主探索

通过动作与歌词的创编,能够基本流畅的边唱歌边玩耍游戏。

教师:你可以根据歌词做什么动作呢?(边唱边玩,引导幼儿为歌曲设计动作)

播放"自主探索"的动作视频,尝试创编新的歌词内容。

教师:还有什么动物可以来参加农场音乐节? 你会用什么动作来表现它?(创造性地用小兔、蝴蝶、大象等其他歌词内容来演唱歌曲)

提示:引导幼儿反复玩耍几遍,能基本流畅地根据音乐玩耍游戏。

♫多元展现

通过多元的动作及队形空间来表达音乐。

1.展示"具身融入"自主游戏课件,引导幼儿用多元的动作来表达音乐。

教师:你还可以用什么动作或者方式来表示歌曲内容呢?(引导幼儿探索不同的游戏动作)

2.准备小话筒,再次播放音乐,玩耍歌手大赛的游戏。

教师:谁是小小歌手?(引导幼儿反复演唱,自由地根据音乐玩耍游戏)

提示:可以改变表演队形,围桌游玩或者围大圈表演音乐,评价幼儿对歌曲的掌握程度。

四　活动延伸

1.可以在餐前、放学前,反复演唱歌曲。

2.将歌曲图谱投放至音乐区角,不断探索。

第六章

幼儿园情境音乐教学法

实践案例——欣赏活动篇

第一节 欣赏活动《竹林深处》

音乐核心经验

乐器：葫芦丝。

音色：轻柔、优美等。

情绪：温柔的、舒缓的。

乐段：A段熊猫出发找竹子；B段吃竹子；C段玩耍及睡觉。

基本情境：可爱的熊猫出发找竹子、吃竹子、玩耍的情境游戏。

共鸣情境：生活中感到活泼、愉悦的场景。

一 活动目标

1.喜欢倾听葫芦丝名曲《竹林深处》选段，感受音乐活动带来的乐趣。

2.通过游戏初步感受葫芦丝轻柔、优美的音色特点。

3.大胆想象熊猫缓慢走路、愉快吃竹子、开心玩耍的情境并表演。

二 活动准备

1.场景准备：围桌而坐、围成半圆皆可，也可以准备关于竹子的场景装饰品。

2.物质准备：教学多媒体资源包；葫芦丝或者葫芦丝图卡。

3.经验准备：知道中华民族的国宝就熊猫，了解熊猫走路很慢，喜欢吃竹子。

三 活动过程

立体感知

1.全屏播放“立体感知”的动画导入，通过视觉与听觉学习激发幼儿对“熊猫找竹子”的音乐情境主题的活动兴趣。

教师：宝贝们，你们知道国宝熊猫爱吃什么食物吗？（引导幼儿通过动画，初步感知游戏内容）

2.第二次播放，缩小视频，引导幼儿专注倾听音乐，感知情境内容。

教师：听一听，熊猫今天都干了什么呢？（教师可用“走路”“吃竹子”“玩耍”的口令对应音乐提示）

3.第三次播放，缩小视频，引导幼儿运用自己的肢体摆动来跟着音乐动一动，呈现出对音乐情境内容及音乐旋律的感知。

教师：让我们用身体为这个音乐的旋律伴奏吧！（可以运用拍手、拍肩等多种声势动作感受音乐）

提示：通过动画的导入，引导幼儿用视觉、听觉、运动觉的多维学习方式初步感受ABC段的音乐旋律，为“具身融入”“自主探索”的游戏环节打下坚实的基础。

具身融入与自主探索

1.通过基本的情境，初步尝试理解音乐的音色特点。

（1）播放“具身融入”的第一页课件，通过情境感受“熊猫找竹子”的游戏内容，在脑海里清晰地再现本次活动的情境。

教师：熊猫是怎么走路的？（引导幼儿自主探索A段中熊猫缓慢走路的游戏内容）

（2）播放“具身融入”ABC段旋律课件，引导幼儿通过角色理解音乐的不同旋律。

教师：熊猫吃竹子的动作是怎样的？（引导幼儿自主探索B段中熊猫愉悦吃竹子的游戏内容）

（3）再次播放本页的音乐，可以结合“自主探索”的视频呈现。

教师：熊猫吃饱后，玩了什么游戏呢？（自由探索音乐中C段熊猫活泼欢快玩耍的游戏内容）

提示：通过熊猫的角色代入，玩耍3遍左右，让幼儿对ABC段的音乐旋律及情绪有了初步的感知。

2.旋律中主乐器音色的感受——通过对葫芦丝音色的感受，与音乐产生情绪情感的共鸣。

（1）播放“具身融入”课件，结合“自主探索”中的视频呈现。此阶段为多元的探索过

程，通过对乐器音色的提示来探索游戏，从而更加深入地理解达成预设目标。

教师：熊猫找竹子的游戏音乐是什么乐器演奏的？（引导幼儿初步认识乐器葫芦丝）

（2）再次播放音乐，感知乐器的演奏方式及音色特点。

教师：葫芦丝有什么特点？是怎样演奏的呢？它的声音有什么特点？（引导幼儿理解葫芦丝是中国传统乐器，由吹口、葫芦、竹管组成，属于吹管乐器。带领幼儿随音乐模仿葫芦丝演奏）

提示：通过对中华传统乐器葫芦丝的了解，感知《竹林深处》的情绪特点。

3.理解音乐温柔、舒缓的情绪特点，带着情绪特点去感受音乐。

播放“具身融入”情绪特点课件，感受音乐的情绪。

教师：这首葫芦丝演奏的《竹林深处》，你听了感觉怎么样？（引导幼儿感受温柔、舒缓的情绪）

教师：你会根据音乐的情绪特点，怎样表现熊猫走路、吃竹子、玩耍的游戏内容呢？

提示：幼儿与音乐情绪产生共鸣，通过语言、身体、表情等方式有情绪情感地表征游戏内容。

♫多元展现

通过多元的动作及队形空间来表达音乐。

1.展示“具身融入”自主游戏课件，引导幼儿用多元的角色动作来表达音乐。

教师：熊猫在竹林里会遇到谁？其他动物在干什么？（引导幼儿探索兔子、松鼠等其他角色）

2.再次播放音乐，根据《竹林深处》温柔、舒缓的特点，创造性地、有情绪地表达音乐。

教师：怎样有表情地展现出兔子、松鼠活泼、愉悦的游戏内容呢？（引导幼儿反复玩耍几遍）

提示：可以改变游戏内容，评价幼儿对音乐音色及情绪特点的掌握程度。

总结：今天我们扮演成国宝熊猫，跟着乐器葫芦丝演奏的温柔、舒缓的《竹林深处》玩了游戏，让我们感受到了快乐，也知道国宝熊猫很可爱，更喜欢熊猫了。

四　活动延伸

1.对国宝熊猫及乐器葫芦丝的继续探索。

2.完整欣赏本首音乐。

第二节 欣赏活动《学徒跳跳兔》

音乐核心经验

乐器:单簧管。

音色:明朗、优美、浑厚等。

情绪:活泼的、快乐的。

乐段:A段大兔子跳和吃萝卜;B段小兔子跳和吃萝卜。

基本情境:小兔子学大兔子跳和吃萝卜的情境游戏。

共鸣情境:生活中感到快乐的场景。

一 活动目标

1.愿意倾听音乐,喜爱兔子的角色,感受音乐活动的快乐。

2.通过游戏初步感受单簧管明朗、优美、浑厚的音色特点。

3.积极与同伴一起扮演大兔子师傅和小兔子徒弟随乐跳跃、吃食、玩耍。

二 活动准备

1.场景准备:围桌而坐、围成半圆皆可,有条件的可用区角材料展示兔子、胡萝卜等情境元素。

2.物质准备:教学多媒体资源包;单簧管或者单簧管图卡。

3.经验准备:知道兔子走路是跳来跳去的,喜欢吃胡萝卜。

三 活动过程

♫立体感知

1.全屏播放“立体感知”的动画导入，通过视觉与听觉学习激发幼儿对“学徒跳跳兔”的音乐情境主题的活动兴趣。

教师：宝贝们，你们知道兔子师傅和兔子徒弟的故事吗？（引导幼儿通过动画，初步感知游戏内容）

2.第二次播放，缩小视频，引导幼儿专注倾听音乐，感知情境内容。

教师：兔子师傅都教会了兔子徒弟什么本领呢？（教师可用“小兔子跳”“小兔子吃萝卜”等口令对应音乐提示）

3.第三次播放，缩小视频，引导幼儿运用自己的肢体摆动来跟着音乐动一动，呈现出对音乐情境内容及音乐旋律的感知。

教师：让我们用身体为这个音乐的旋律伴奏吧！（可以运用拍手、拍肩等多种声势动作感受音乐）

提示：通过动画的导入，引导幼儿用视觉、听觉、运动觉的多维学习方式初步感受ABAB段的音乐旋律，为“具身融入”“自主探索”的游戏环节打下坚实的基础。

♫具身融入与自主探索

1.通过基本的情境，初步尝试理解音乐的音色特点。

（1）播放“具身融入”的第一页课件，通过情境感受“学徒跳跳兔”的游戏内容，在脑海里清晰地再现本次活动的情境。

教师：兔子师傅和兔子徒弟是怎样跳的？（引导幼儿自主探索第一个AB段大小兔子快乐跳跃的游戏内容）

（2）播放“具身融入”ABAB段旋律课件，引导幼儿通过角色理解音乐的不同旋律。

教师：大小兔子是怎么吃食物的？（引导幼儿自主探索第二个AB段中兔子愉快吃食物的游戏内容）

（3）再次播放本页的音乐，可以结合“自主探索”的视频呈现。

教师：兔子师傅和兔子徒弟谁先出来谁后出来呢？（巩固对活泼的、快乐的ABAB段旋律的感知）

提示：通过兔子的角色代入，玩耍3遍左右，让幼儿对ABAB段的音乐情绪有了初步的感知。

2.旋律中主乐器音色的感受——通过对单簧管音色的感受，与音乐产生情绪情感的共鸣。

(1)播放“具身融入”课件,结合“自主探索”中的视频呈现。此阶段为多元的探索过程,通过对乐器音色的提示来探索游戏,从而更加深入地理解达成预设目标。

教师:大小兔子游戏的音乐是什么乐器演奏的?(引导幼儿初步认识乐器单簧管)

(2)再次播放音乐,感知乐器的演奏方式及音色特点。

教师:单簧管有什么特点? 是怎样演奏的呢? 它的声音是怎样的?(引导幼儿理解单簧通体黑色,有簧片和喇叭口,属于吹管乐器。带领幼儿随音乐模仿单簧管演奏)

提示:通过对乐器单簧管的了解,感知音乐的情绪特点。

3.理解音乐活泼、快乐的情绪特点,带着情绪特点去感受音乐。

播放“具身融入”情绪特点课件,感受音乐的情绪。

教师:这首单簧管演奏的音乐,你听了感觉怎么样?(引导幼儿感受活泼、快乐的情绪)

教师:你会根据音乐的情绪特点,怎样表现大兔子小兔子跳跃和吃食物的游戏内容呢?

提示:幼儿与音乐情绪产生共鸣,通过语言、身体、表情等方式有情绪情感地表征游戏内容。

♫多元展现

通过多元的动作及队形空间来表达音乐。

1.展示“具身融入”自主游戏课件,引导幼儿用多元的角色动作来表达音乐。

教师:大兔子师傅还会教小兔子什么本领呢?(引导幼儿探索大小兔子快乐地穿衣、吃饭、背书包等)

2.再次播放音乐,根据音乐活泼、快乐的特点,创造性地、有情绪地表达音乐。

教师:怎样有表情的展现出兔子活泼、快乐的游戏内容呢?(引导幼儿反复玩耍几遍)

提示:可以改变游戏内容,评价幼儿对音乐音色及情绪特点的掌握程度。

总结:今天我们扮演成大兔子师傅和小兔子徒弟,跟着乐器单簧管演奏的活泼的、快乐的音乐玩了游戏,让我们也感受到了快乐,真是太开心了。

四 活动延伸

生活中积极向老师学习自主穿衣、背包、吃饭等新本领。

第三节 欣赏活动《啊,我的蛋》

音乐核心经验

乐器:钢琴、小提琴。

音色:柔美、清脆、浑厚等。

情绪:高兴、急促、紧张的。

乐段:A段母鸡出场与下蛋(钢琴);B段公鸡出场(小提琴)。

基本情境:母鸡下蛋,公鸡看见“大灰狼”来报信的情境游戏。

共鸣情境:生活中感到高兴、紧张的时候。

一 活动目标

1. 喜欢倾听圣-桑名曲《母鸡与公鸡》,积极参与活动,感受音乐活动的趣味。

2. 通过游戏初步感受钢琴与小提琴柔美、清脆、浑厚的音色特点。

3. 积极与同伴一起扮演母鸡与公鸡大胆表演。

二 活动准备

1. 场景准备:围桌而坐、围成半圆皆可,有条件的可用区角材料展示母鸡与公鸡等情境元素。

2. 物质准备:教学多媒体资源包;钢琴、小提琴或者乐器图卡。

3. 经验准备:见过母鸡和公鸡,能够用身体动作模仿母鸡和公鸡。

三 活动过程

立体感知

1.全屏播放“立体感知”的动画导入，通过视觉与听觉学习激发幼儿对“啊，我的蛋”的音乐情境主题的活动兴趣。

教师：宝贝们，你们见过母鸡下蛋吗？我们一起去看看母鸡下蛋时发生了什么？（引导幼儿通过动画，初步感知游戏内容）

2.第二次播放，缩小视频，引导幼儿专注倾听音乐，感知情境内容。

教师：母鸡下完蛋，公鸡来说了什么？（教师可用“母鸡下蛋”“公鸡报信”的口令对应音乐提示）

提示：通过动画的导入，引导幼儿用视觉、听觉、运动觉的多维学习方式初步感受音乐的情绪特点的，为“具身融入”“自主探索”的游戏环节打下坚实的基础。

具身融入与自主探索

1.通过基本的情境，初步尝试理解音乐的音色特点。

（1）播放“具身融入”的第一页课件，通过情境感受“母鸡与公鸡”的游戏内容，在脑海里清晰地再现本次活动的情境。

教师：母鸡是怎样下蛋的？它下蛋时的心情是怎样的？（引导幼儿自主探索高兴的母鸡下蛋的游戏）

（2）播放“具身融入”旋律课件，引导幼儿通过角色理解音乐的不同旋律。

教师：公鸡看见了什么？是怎样来报信的？公鸡当时的心情是怎样的？（引导幼儿自主探索公鸡紧张报信的游戏内容）

（3）再次播放本页的音乐，可以结合“自主探索”的视频呈现。

教师：你觉得公鸡看到了什么？报信后，公鸡母鸡会怎么做？（自主探索母鸡与公鸡紧张躲藏的画面）

提示：通过不同的角色代入，玩耍3遍左右，让幼儿对音乐情绪有了初步的感知。

2.旋律中主乐器音色的感受——通过对钢琴和小提琴音色的感受，与音乐产生情绪情感的共鸣。

（1）播放“具身融入”课件，结合“自主探索”中的视频呈现。此阶段为多元的探索过程，通过对乐器音色的提示来探索游戏，从而更加深入地理解达成预设目标。

教师：猜猜这首音乐是什么乐器演奏的？（引导幼儿初步认识乐器钢琴和小提琴）

（2）再次播放音乐，感知乐器的演奏方式及音色特点。

教师：钢琴和小提琴的声音有什么特点？是怎样演奏的呢？（引导幼儿初步理解钢琴，

弹奏乐器;小提琴,木质乐器,四弦,拉弦乐器。带领幼儿随音乐模仿钢琴与小提琴演奏)

提示:通过对乐器钢琴与小提琴的了解,感知音乐的情绪特点。

3.理解音乐开始高兴、后面急促、紧张的情绪特点,带着情绪特点去感受音乐。

播放“具身融入”情绪特点课件,感受音乐的情绪。

教师:这首钢琴与小提琴演奏的音乐,你听了感觉怎么样?(引导幼儿感受高兴与急促的情绪)

教师:你会根据音乐的情绪特点,怎样表现高兴的母鸡下蛋、急促的公鸡报信的游戏内容呢?

提示:幼儿与音乐情绪产生共鸣,通过语言、身体、表情等方式有情绪情感地表征游戏内容。

♫ 多元展现

通过多元的动作及队形空间来表达音乐。

1.展示“具身融入”自主游戏课件,引导幼儿用多元的角色动作来表达音乐。

教师:公鸡发现“大灰狼”报信后,会和母鸡躲到哪里?(引导幼儿继续探索高兴的、急促紧张的情绪)

2.再次播放音乐,根据音乐开始高兴、后面紧张的特点,创造性地、有情绪地表达音乐。

教师:日常生活中,什么时候会让你感觉到高兴或者紧张呢?(引导幼儿反复玩耍几遍)

提示:可以改变游戏内容,评价幼儿对音乐音色及情绪特点的掌握程度。

总结:今天我们扮演成母鸡与公鸡,跟着乐器钢琴与小提琴演奏的高兴的、紧张的音乐玩了游戏,让我们也体验到生活中各色各样的情绪状态,真是太有趣了。

四　活动延伸

继续探索乐器钢琴与小提琴。

第四节 欣赏活动《火车嘀嘀嘀》

音乐核心经验

乐器:弦乐器。

音色:优美、丰富等。

情绪:有趣的、丰富的、快乐的。

乐段:ABAB段。

基本情境:火车开啦,火车路过了哪里? 火车过山洞啦。

共鸣情境:生活中感到有趣、快乐的场景。

一 活动目标

1.喜欢倾听弦乐器演奏的《火车波尔卡》,感受音乐活动的快乐。

2.通过游戏初步感受音乐中弦乐器带来的有趣、丰富、快乐的情绪特点。

3.积极与同伴一起玩耍开火车,大胆随乐快乐表演。

二 活动准备

1.场景准备:围桌而坐、围成半圆皆可,有条件的可以利用区角材料模仿火车轨道布置情境。

2.物质准备:教学多媒体资源包。

3.经验准备:知道火车鸣笛的声音,了解火车会转弯、会过山洞。

三　活动过程

♫立体感知

1.全屏播放“立体感知”的动画导入，通过视觉与听觉学习激发幼儿对“火车嘀嘀嘀”的音乐情境主题的活动兴趣。

教师：你们见过小火车吗？火车是什么样的呢？（引导幼儿通过动画，初步感知游戏内容）

2.第二次播放，缩小视频，引导幼儿专注倾听音乐，感知情境内容。

教师：你听到火车在干什么？（教师可用“行驶”“鸣笛”“过山洞”等口令对应音乐提示）

3.第三次播放，缩小视频，引导幼儿运用自己的肢体摆动来跟着音乐动一动，呈现出对音乐情境内容及音乐旋律的感知。

教师：火车行驶的速度是怎样的？（初次通过火车行驶的状态探索音乐快速、丰富的情绪）

提示：通过动画的导入，引导幼儿用视觉、听觉、运动觉的多维学习方式初步感受音乐旋律，为“具身融入”“自主探索”的游戏环节打下坚实的基础。

♫具身融入与自主探索

1.通过基本的情境，初步尝试理解音乐的音色特点。

(1)播放“具身融入”的第一页课件，通过情境感受“开小火车”的游戏内容，在脑海里清晰地再现本次活动的情境。

教师：快速的小火车是怎样行驶的？它路过了哪里？你怎样用动作表现？（引导幼儿自主探索小火车快速行驶的状态）

(2)播放“具身融入”旋律课件，引导幼儿通过角色理解音乐的不同旋律。

教师：你听到小火车是怎么过山洞的？（引导幼儿自主探索小火车鸣笛、过山洞的状态）

(3)再次播放本页的音乐，可以结合“自主探索”的视频呈现。

教师：有趣的小火车是怎么转弯和会车的呢？（自由探索小火车转弯、会车的状态）

提示：通过火车的角色代入，玩耍3遍左右，让幼儿对音乐旋律及情绪有了初步的感知。

2.旋律中主乐器音色的感受——通过对中华传统乐器音色的感受，与音乐产生情绪情感的共鸣。

(1)播放“具身融入”课件，结合“自主探索”中的视频呈现。此阶段为多元的探索过程，通过对乐器音色的提示来探索游戏，从而更加深入地理解达成预设目标。

教师:猜猜火车嘀嘀嘀的游戏音乐是什么乐器演奏的?(播放多元展现的视频)

(2)再次播放音乐,感知乐器的演奏方式及音色特点。

教师:都有什么乐器呢? 是怎样演奏的呢?(引导幼儿初步感知弦乐器;带领幼儿随音乐模仿视频中的演奏家演奏)

提示:通过对乐器的了解,感知《火车波尔卡》有趣、丰富、快乐的情绪特点。

3.初步理解音乐有趣、丰富、快乐的情绪特点,带着情绪特点去感受音乐。

播放"具身融入"情绪特点课件,感受音乐的情绪。

教师:这首弦乐器演奏的音乐,你听了感觉怎么样?(引导幼儿感受音乐有趣、丰富、快乐的情绪特点)

教师:你会根据音乐的情绪特点,怎样表现开小火车玩耍的游戏内容呢?

提示:幼儿与音乐情绪产生共鸣,通过语言、身体、表情等方式有情绪情感地表征游戏内容。

♫多元展现

通过多元的动作及队形空间来表达音乐。

1.展示"具身融入"自主游戏课件,引导幼儿用多元的角色动作来表达音乐。

教师:小火车会载上哪些动物呢?(引导幼儿探索扮演小猫、小狗、小兔等多种乘客)

2.再次播放音乐,根据有趣、丰富、快乐的特点,创造性地、有情绪地表达音乐。

教师:怎样有表情地展现出小猫、小狗、小兔有趣、快乐的游戏内容呢?(引导幼儿反复玩耍几遍)

提示:可以改变游戏内容,评价幼儿对音乐音色及情绪特点的掌握程度。

总结:今天我们随音乐开了小火车,跟着弦乐器演奏的有趣、丰富、快乐的音乐玩了游戏,真是太好玩了,原来生活中有这么多有趣味的事情。

四 活动延伸

1.继续探索各种各样的小火车。

2.可以将小火车呈现到幼儿园的主题墙上去。

第五节 欣赏活动《捉迷藏》

音乐核心经验

乐器：葫芦丝。

音色：轻柔、优美等。

情绪：愉快的、有趣的。

乐段：A段捉迷藏；B段玩耍；C段回家睡觉。

基本情境：国宝熊猫约上好朋友一起玩耍的情境游戏。

共鸣情境：生活中感到愉快、有趣的场景。

一　活动目标

1.喜欢倾听葫芦丝名曲《竹林深处》选段，感受音乐活动带来的乐趣。

2.通过游戏初步感受葫芦丝轻柔、优美的音色特点。

3.专注倾听音乐，积极与同伴一起玩耍捉迷藏的游戏。

二　活动准备

1.场景准备：围桌而坐、围成半圆皆可，也可以准备关于竹子的场景装饰品。

2.物质准备：教学多媒体资源包；葫芦丝或者葫芦丝图卡。

3.经验准备：知道熊猫是中华民族的国宝，玩过捉迷藏的游戏。

三 活动过程

立体感知

1. 全屏播放"立体感知"的动画导入，通过视觉与听觉学习激发幼儿对"熊猫捉迷藏"的音乐情境主题的活动兴趣。

教师：宝贝们，你们玩过捉迷藏吗？（引导幼儿通过动画，初步感知游戏内容）

2. 第二次播放，缩小视频，引导幼儿专注倾听音乐，感知情境内容。

教师：听一听，熊猫的一天是怎么过的呢？（教师可用"藏起来""玩耍""睡觉"的口令对应音乐提示）

3. 第三次播放，缩小视频，引导幼儿运用自己的肢体摆动来跟着音乐动一动，呈现出对音乐情境内容及音乐旋律的感知。

教师：让我们用身体为这个音乐的旋律伴奏。（可以运用拍手、拍肩等多种声势动作感受音乐）

提示：通过动画的导入，引导幼儿用视觉、听觉、运动觉的多维学习方式初步感受ABC段的音乐旋律，为"具身融入""自主探索"的游戏环节打下坚实的基础。

具身融入与自主探索

1. 通过基本的情境，初步尝试理解音乐的音色特点。

（1）播放"具身融入"的第一页课件，通过情境感受"熊猫捉迷藏"的游戏内容，在脑海里清晰地再现本次活动的情境。

教师：熊猫是怎么捉迷藏的？（引导幼儿自主探索A段中熊猫快乐捉迷藏的游戏内容）

（2）播放"具身融入"ABC段旋律课件，引导幼儿通过角色理解音乐的不同旋律。

教师：熊猫玩耍的动作是怎样的？（引导幼儿自主探索B段中熊猫活泼欢快玩耍的游戏内容）

（3）再次播放本页的音乐，可以结合"自主探索"的视频呈现。

教师：熊猫吃饱后，是怎样睡觉的呢？（自由探索音乐中C段熊猫优美、有趣的睡姿）

提示：通过熊猫的角色代入，玩耍3遍左右，让幼儿对ABC段的音乐旋律及情绪有了初步的感知。

2. 旋律中主乐器音色的感受——通过对葫芦丝音色的感受，与音乐产生情绪情感的共鸣。

（1）播放"具身融入"课件，结合"自主探索"中的视频呈现。此阶段为多元的探索过程，通过对乐器音色的提示来探索游戏，从而更加深入地理解达成预设目标。

教师:熊猫捉迷藏的游戏音乐是什么乐器演奏的?(引导幼儿初步认识乐器葫芦丝)

(2)再次播放音乐,感知乐器的演奏方式及音色特点。

教师:葫芦丝的声音有什么特点?是怎样演奏的呢?(引导幼儿理解葫芦丝是中国传统乐器,由吹口、葫芦、竹管组成,属于吹管乐器。带领幼儿随音乐模仿葫芦丝演奏)

提示:通过对中华传统乐器葫芦丝的了解,感知《竹林深处》的情绪特点。

3.理解音乐愉快、有趣的情绪特点,带着情绪特点去感受音乐。

播放"具身融入"情绪特点课件,感受音乐的情绪。

教师:这首葫芦丝演奏的《竹林深处》,你听了感觉怎么样?(引导幼儿感受愉快、有趣的情绪)

教师:你会根据音乐的情绪特点,怎样表现熊猫捉迷藏、玩耍、睡觉的游戏内容呢?

提示:幼儿与音乐情绪产生共鸣,通过语言、身体、表情等方式有情绪情感地表征游戏内容。

♫多元展现

通过多元的动作及队形空间来表达音乐。

1.展示"具身融入"自主游戏课件,引导幼儿用多元的角色动作来表达音乐。

教师:竹林里还会有谁来和熊猫一起玩呢?(引导幼儿探索小猫、小兔等其他角色)

2.再次播放音乐,根据《竹林深处》愉快、有趣的特点,创造性地、有情绪地表达音乐。

教师:怎样有表情地展现出小猫、小兔愉快、有趣的游戏内容呢?(引导幼儿反复玩耍几遍)

提示:可以改变游戏内容,评价幼儿对音乐音色及情绪特点的掌握程度。

总结:今天我们扮演成国宝熊猫,跟着乐器葫芦丝演奏的愉快、有趣的《竹林深处》玩了游戏,让我们感受到了快乐,也知道国宝熊猫很可爱,更喜欢熊猫了。

四　活动延伸

1.对国宝熊猫及乐器葫芦丝继续探索。

2.完整欣赏本首音乐。

第六节 欣赏活动《黄鼠狼和小鸟》

音乐核心经验

乐器：巴松管。

音色：厚重、阴沉等。

情绪：平稳的、紧张的。

乐曲表现：巴松管音色出现时，跟随小鸟；其他乐器音色，捉小鸟。

基本情境：黄鼠狼非常喜欢吃小鸟及鸟蛋，今天他又发现了几只小鸟，他会成功捉到小鸟吗？

共鸣情境：生活中感到紧张的时候。

一 活动目标

1. 喜欢倾听音乐《彼得与狼》选段，积极参与活动，体验音乐活动的趣味。
2. 通过游戏初步感受巴松管厚重、阴沉的音色特点。
3. 专注倾听音乐，尝试表演出黄鼠狼稳重、小鸟紧张的情绪特点。

二 活动准备

1. 场景准备：围桌而坐、围成半圆皆可，有条件的可用区角材料展示黄鼠狼、小鸟等情境元素。

2. 物质准备：教学多媒体资源包；巴松管或者巴松管图卡。

3. 经验准备：知道黄鼠狼喜欢吃小鸟及鸟蛋。

三　活动过程

♫立体感知

1.全屏播放“立体感知”的动画导入，通过视觉与听觉学习激发幼儿对“黄鼠狼和小鸟”的音乐情境主题的活动兴趣。

教师：宝贝们，你们知道黄鼠狼爱吃什么吗？（引导幼儿通过动画，初步感知游戏内容）

2.第二次播放，缩小视频，引导幼儿专注倾听音乐，感知情境内容。

教师：黄鼠狼在什么时候发动捉小鸟呢？（教师可用“跟随”“捉”的口令对应音乐提示）

3.第三次播放，缩小视频，引导幼儿运用自己的肢体摆动来跟着音乐动一动，呈现出对音乐情境内容及音乐旋律的感知。

教师：让我们用身体为这个音乐的旋律伴奏吧！（可以运用拍手、拍肩等多种声势动作感受音乐）

提示：通过动画的导入，引导幼儿用视觉、听觉、运动觉的多维学习方式初步感受音乐的情绪特点的，为“具身融入”“自主探索”的游戏环节打下坚实的基础。

♫具身融入与自主探索

1.通过基本的情境，初步尝试理解音乐的音色特点。

（1）播放“具身融入”的第一页课件，通过情境感受“黄鼠狼捉小鸟”的游戏内容，在脑海里清晰地再现本次活动的情境。

教师：沉稳的黄鼠狼是怎样跟随小鸟的？（引导幼儿自主探索跟随小鸟的缓慢的黄鼠狼的游戏）

（2）播放“具身融入”旋律课件，引导幼儿通过角色理解音乐的不同旋律。

教师：小鸟在干什么呢？它发现黄鼠狼了吗？（引导幼儿自主探索小鸟啄食、散步、休息的游戏内容）

（3）再次播放本页的音乐，可以结合“自主探索”的视频呈现。

教师：黄鼠狼捉小鸟的时候，你的心情是怎样的？（自主探索黄鼠狼捉小鸟紧张的画面）

提示：通过不同的角色代入，玩耍3遍左右，让幼儿对音乐情绪有了初步的感知。

2.旋律中主乐器音色的感受——通过对巴松管音色的感受，与音乐产生情绪情感的共鸣。

（1）播放“具身融入”课件，结合“自主探索”中的视频呈现。此阶段为多元的探索过程，通过对乐器音色的提示来探索游戏，从而更加深入地理解达成预设目标。

教师:黄鼠狼捉小鸟的游戏音乐是什么乐器演奏的?(引导幼儿初步认识乐器巴松管)

(2)再次播放音乐,感知乐器的演奏方式及音色特点。

教师:巴松管的声音有什么特点? 是怎样演奏的呢?(引导幼儿初步理解单巴松管长长的、吹口细细的,竖着吹。带领幼儿随音乐模仿巴松管演奏)

提示:通过对乐器巴松管的了解,感知音乐的情绪特点。

3.理解音乐平稳、紧张的情绪特点,带着情绪特点去感受音乐。

播放“具身融入”情绪特点课件,感受音乐的情绪。

教师:这首巴松管演奏的音乐,你听了感觉怎么样?(引导幼儿感受平稳、紧张的情绪)

教师:你会根据音乐的情绪特点,怎样表现黄鼠狼捉小鸟的游戏内容呢?

提示:幼儿与音乐情绪产生共鸣,通过语言、身体、表情等方式有情感地表征游戏内容。

♫多元展现

通过多元的动作及队形空间来表达音乐。

1.展示“具身融入”自主游戏课件,引导幼儿用多元的角色动作来表达音乐。

教师:黄鼠狼还有什么不同跟随小鸟的动作呢?(引导幼儿探索黄鼠狼边跟边藏的游戏内容)

2.再次播放音乐,根据音乐平稳、紧张的特点,创造性地、有情绪地表达音乐。

教师:日常生活中,什么时候会让你感觉到紧张呢?(引导幼儿反复玩耍几遍)

提示:可以改变游戏内容,评价幼儿对音乐音色及情绪特点的掌握程度。

总结:今天我们扮演成黄鼠狼和小鸟,跟着乐器巴松管演奏的平稳、紧张的音乐玩了游戏,让我们也体验到生活中各色各样的情绪状态,大家都有紧张、担心的时候,是正常的。

四 活动延伸

1.与大家一起分享生活中让自己感到紧张、担心的事情。

2.完整欣赏本首音乐。

第七节　欣赏活动《哨兵小猴》

音乐核心经验

乐器：小提琴、口哨声。

音色：优美、圆润、清脆等。

情绪：喜悦的、快乐的。

乐段：A段果园地上巡逻；B段果园树上巡逻。

基本情境：哨兵小猴很喜欢自己的巡逻兵工作，每天都非常喜悦地在果园的地上或者树上巡逻。听，他又发出了表示安全的口哨声。

共鸣情境：生活中感到喜悦、快乐的场景。

一　活动目标

1. 喜欢倾听音乐《D大调交响曲“农夫的婚礼”》第五乐章，感受音乐活动的快乐。
2. 通过游戏初步感受音乐中小提琴优美、圆润、清脆的音色特点。
3. 积极与同伴一起扮演哨兵小猴、果树、小兔等角色进行表演。

二　活动准备

1. 场景准备：围桌而坐、围成半圆皆可，有条件的可以利用区角材料布置果园的情境。
2. 物质准备：教学多媒体资源包；小提琴或者小提琴图卡。
3. 经验准备：知道果园巡逻兵是什么意思。

三 活动过程

立体感知

1.全屏播放“立体感知”的动画导入，通过视觉与听觉学习激发幼儿对“哨兵小猴”的音乐情境主题的活动兴趣。

教师：宝贝们，你们知道果园巡逻兵是干什么的吗？（引导幼儿通过动画，初步感知游戏内容）

2.第二次播放，缩小视频，引导幼儿专注倾听音乐，感知情境内容。

教师：哨兵小猴都会在哪些地方巡逻呢？（教师可用“地上”“树上”的口令对应音乐提示）

3.第三次播放，缩小视频，引导幼儿运用自己的肢体摆动来跟着音乐动一动，呈现出对音乐情境内容及音乐旋律的感知。

教师：哨兵小猴巡逻果园时的心情是怎样的？（初次通过小猴的心情探索音乐的情绪）

提示：通过动画的导入，引导幼儿用视觉、听觉、运动觉的多维学习方式初步感受AB段的音乐旋律，为“具身融入”“自主探索”的游戏环节打下坚实的基础。

具身融入与自主探索

1.通过基本的情境，初步尝试理解音乐的音色特点。

（1）播放“具身融入”的第一页课件，通过情境感受“哨兵小猴在果园巡逻”的游戏内容，在脑海里清晰地再现本次活动的情境。

教师：你听到哨兵小猴发出的安全口哨声了吗？有几个口哨声呢？（引导幼儿自主探索A段中小猴的口哨声）

（2）播放“具身融入”AB段旋律课件，引导幼儿通过角色理解音乐的不同旋律。

教师：小猴是怎样开心地在地面巡逻的？（引导幼儿自主探索A段小猴快乐地在地面巡逻的游戏）

（3）再次播放本页的音乐，可以结合“自主探索”的视频呈现。

教师：小猴是怎样喜悦地在树上巡逻的呢？（自由探索音乐B段小猴快速地在树上巡逻的游戏）

提示：通过小猴的角色代入，玩耍3遍左右，让幼儿对AB段的音乐旋律及情绪有了初步的感知。

2.旋律中主乐器音色的感受——通过对小提琴音色的感受，与音乐产生情绪情感的共鸣。

（1）播放“具身融入”课件，结合“自主探索”中的视频呈现。此阶段为多元的探索过

程，通过对乐器音色的提示来探索游戏，从而更加深入地理解达成预设目标。

教师：猜猜小猴巡逻的游戏音乐是什么乐器演奏的？（引导幼儿初步认识乐器小提琴）

（2）再次播放音乐，感知乐器的演奏方式及音色特点。

教师：小提琴的声音有什么特点？是怎样演奏的呢？（引导幼儿初步理解小提琴，木质乐器，四弦，由琴弓拉奏发出声音，属于拉弦乐器。带领幼儿随音乐模仿小提琴演奏）

提示：通过对乐器小提琴的了解，感知《D大调交响曲“农夫的婚礼”》第五乐章的情绪特点。

3.初步理解音乐喜悦、快乐的情绪特点，带着情绪特点去感受音乐。

播放“具身融入”情绪特点课件，感受音乐的情绪。

教师：这首小提琴演奏的音乐，你听了感觉怎么样？（引导幼儿感受音乐喜悦、快乐的情绪特点）

教师：你会根据音乐的情绪特点，怎样表现小猴在地面巡逻和在树上巡逻的游戏内容呢？

提示：幼儿与音乐情绪产生共鸣，通过语言、身体、表情等方式有情绪情感地表征游戏内容。

♫多元展现

通过多元的动作及队形空间来表达音乐。

1.展示“具身融入”自主游戏课件，引导幼儿用多元的角色动作来表达音乐。

教师：果园里还会有谁来和小猴一起巡逻呢？（引导幼儿探索扮演果树、小鸟、小兔等其他角色）

2.再次播放音乐，根据喜悦、快乐的特点，创造性地、有情绪地表达音乐。

教师：怎样有表情地展现出果树、小鸟以及小兔喜悦、快乐的游戏内容呢？（引导幼儿反复玩耍几遍）

提示：可以改变游戏内容，评价幼儿对音乐音色及情绪特点的掌握程度。

总结：今天我们扮演成小猴巡逻兵，跟着乐器小提琴演奏的喜悦、快乐的交响曲玩了游戏。哨兵小猴很喜欢每天的工作和生活，我们也像小猴一样，开心快乐地度过每天的生活。

四　活动延伸

回家跟家人分享一件在幼儿园感到非常快乐的事情。

第八节 欣赏活动《小猪出行记》

音乐核心经验

乐器：竹笛、琵琶。

音色：清脆、高亢、圆润、柔美等。

情绪：愉快的、喜悦的。

乐段：A段小猪兴高采烈地出门散步；B段捡蘑菇；A段继续散步；C段放风筝、网蝴蝶等。

基本情境：小猪喜欢出门游玩，探索自然界里面的好春光，听，他又快乐出门了。

共鸣情境：生活中感到愉快、喜悦的场景。

一 活动目标

1. 喜欢倾听民族乐器演奏的《好春光》，感受音乐活动的快乐。
2. 通过游戏初步感受音乐中华传统乐器竹笛与琵琶等带来的愉快、喜悦的情绪特点。
3. 积极与同伴一起扮演小猪，大胆随乐快乐表演。

二 活动准备

1. 场景准备：围桌而坐、围成半圆皆可，有条件的可以利用区角材料布置郊外的情境。
2. 物质准备：教学多媒体资源包。
3. 经验准备：有过快乐出行的经验。

三 活动过程

♫立体感知

1.全屏播放“立体感知”的动画导入，通过视觉与听觉学习激发幼儿对“小猪出行记”的音乐情境主题的活动兴趣。

教师：天气好的时候，家人会带你们去玩什么呢？（引导幼儿通过动画，初步感知游戏内容）

2.第二次播放，缩小视频，引导幼儿专注倾听音乐，感知情境内容。

教师：今天小猪出门干了什么？（教师可用“散步”“捡蘑菇”“散步”“网蝴蝶”等口令对应音乐提示）

3.第三次播放，缩小视频，引导幼儿运用自己的肢体摆动来跟着音乐动一动，呈现出对音乐情境内容及音乐旋律的感知。

教师：小猪出行的心情是怎样的？（初次通过小猪的心情探索音乐喜悦快乐的情绪）

提示：通过动画的导入，引导幼儿用视觉、听觉、运动觉的多维学习方式初步感受ABAC段的音乐旋律，为“具身融入”“自主探索”的游戏环节打下坚实的基础。

♫具身融入与自主探索

1.通过基本的情境，初步尝试理解音乐的音色特点。

（1）播放“具身融入”的第一页课件，通过情境感受“小猪快乐出行玩耍”的游戏内容，在脑海里清晰地再现本次活动的情境。

教师：快乐的小猪是怎么随乐散步的？它散步时的心情是怎样的？（引导幼儿自主探索A段中小猪愉悦快乐的散步的状态）

（2）播放“具身融入”旋律课件，引导幼儿通过角色理解音乐的不同旋律。

教师：小猪发现路边有蘑菇，是怎么捡的？（引导幼儿自主探索B段小猪轻快捡蘑菇的游戏）

（3）再次播放本页的音乐，可以结合“自主探索”的视频呈现。

教师：小猪是怎么放风筝、网蝴蝶的呢？用什么样的动作来表现？它的心情是怎样的？（自由探索音乐C段小猪快乐玩耍的状态）

提示：通过小猪的角色代入，玩耍3遍左右，让幼儿对ABAC段的音乐旋律及情绪有了初步的感知。

2.旋律中主乐器音色的感受——通过对笛子、琵琶音色的感受，与音乐产生情绪情感的共鸣。

（1）播放“具身融入”课件，结合“自主探索”中的视频呈现。此阶段为多元的探索过

程，通过对乐器音色的提示来探索游戏，从而更加深入地理解达成预设目标。

教师：猜猜小猪出行的游戏音乐是什么乐器演奏的？（播放自主探索的视频）

（2）再次播放音乐，感知乐器的演奏方式及音色特点。

教师：都有什么乐器呢？是怎样演奏的呢？（引导幼儿初步理认识中华传统乐器竹笛、琵琶等。带领幼儿随音乐模仿“具身融入”中演奏家演奏的图片）

提示：通过对乐器的了解，感知《好春光》愉快、活泼的情绪特点。

3.初步理解音乐愉快、喜悦的情绪特点，带着情绪特点去感受音乐。

播放“具身融入”情绪特点课件，感受音乐的情绪。

教师：这首民族乐器演奏的音乐，你听了感觉怎么样？（引导幼儿感受音乐愉快、喜悦的情绪特点）

教师：你会根据音乐的情绪特点，怎样表现小猪快乐出行的游戏内容呢？

提示：幼儿与音乐情绪产生共鸣，通过语言、身体、表情等方式有情绪情感地表征游戏内容。

♫多元展现

通过多元的动作及队形空间来表达音乐。

1.展示“具身融入”自主游戏课件，引导幼儿用多元的角色动作来表达音乐。

教师：小猪在路上会遇到哪些好朋友呢？（引导幼儿探索扮演小猫、小狗、小兔等其他角色）

2.再次播放音乐，根据愉快、喜悦的特点，创造性地、有情绪的表达音乐。

教师：怎样有表情地展现出小猫、小狗以及小兔愉快、喜悦的游戏内容呢？（引导幼儿反复玩耍几遍）

提示：可以改变游戏内容，评价幼儿对音乐音色及情绪特点的掌握程度。

总结：今天我们扮演成小猪快乐出行，跟着乐器演奏的愉快、喜悦的音乐玩了游戏，真是太有趣了，我们也像小猪一样，开心快乐地度过每天的生活。

四 活动延伸

回家跟家人分享一件外出旅行，让自己感到非常快乐的事情。

第九节 欣赏活动《小胡赛马》

音乐核心经验

乐器：二胡。

音色：圆润、柔和、优美等。

情绪：激情澎湃的。

乐段：A段热身；B段赛马。

基本情境：马背上的民族——蒙古族的赛马游戏。

共鸣情境：生活中感到激动、兴奋的场景。

一 活动目标

1. 喜欢倾听音乐《赛马》，萌发对少数民族的赛马活动的探索兴趣。
2. 通过游戏初步感受音乐激情澎湃的情绪特点。
3. 了解赛马是蒙古族的传统活动。

二 活动准备

1. 场景准备：围桌而坐、围成半圆皆可。
2. 物质准备：教学多媒体资源包；二胡或者二胡图卡。
3. 经验准备：知道什么是赛马。

三 活动过程

立体感知

1.全屏播放"立体感知"的动画导入,通过视觉与听觉学习激发幼儿对"小胡赛马"的音乐情境主题的活动兴趣。

教师:你们见过赛马吗? 哪个少数民族会赛马呢?(引导幼儿通过动画,初步感知游戏内容)

2.第二次播放,缩小视频,引导幼儿专注倾听音乐,感知情境内容。

教师:听一听,马儿比赛之前做了什么活动呢?(教师可用"热身"的口令对应音乐提示)

提示:通过动画的导入,引导幼儿用视觉、听觉、运动觉的多维学习方式初步感受AB段的音乐旋律,为"具身融入""自主探索"的游戏环节打下坚实的基础。

具身融入与自主探索

1.通过基本的情境,初步尝试理解音乐的音色特点。

(1)播放"具身融入"的第一页课件,通过情境感受"小胡赛马"的游戏内容,在脑海里清晰地再现本次活动的情境。

教师:马儿会怎样热身呢?(引导幼儿自主探索A段中激动的马儿热身的游戏内容)

(2)播放"具身融入"AB段旋律课件,引导幼儿通过角色理解音乐的不同旋律。

教师:马儿赛跑的动作可以怎样表示呢?(引导幼儿自主探索B段兴奋的马儿奔跑的游戏内容)

(3)再次播放本页的音乐,可以结合"自主探索"的视频呈现。

教师:通过音乐,怎样判断马儿到达终点了?(自由探索音乐中马儿停下"吁吁吁"的马叫声)

提示:通过小马的角色代入,玩耍3遍左右,让幼儿对AB段的音乐旋律及情绪有了初步的感知。

2.旋律中主乐器音色的感受——通过对二胡音色的感受,与音乐产生情绪情感的共鸣。

(1)播放"具身融入"课件,结合"自主探索"中的视频呈现。此阶段为多元的探索过程,通过对乐器音色的提示来探索游戏,从而更加深入地理解达成预设目标。

教师:赛马的游戏音乐是什么乐器演奏的?(引导幼儿初步认识乐器二胡)

(2)再次播放音乐,感知乐器的演奏方式及音色特点,此处可结合"多元展现"的演奏视频。

教师:二胡的声音有什么特点?是怎样演奏的呢?(引导幼儿理解二胡是中国传统乐器,由二胡筒、蟒蛇皮、琴杆、琴弓等部分组成,属于拉弦乐器。带领幼儿随音乐模仿二胡演奏)

提示:通过对中华传统乐器二胡的了解,感知《赛马》的情绪特点。

3.理解音乐激情澎湃的情绪特点,带着情绪特点去感受音乐。

播放"具身融入"情绪特点课件,感受音乐的情绪。

教师:这首二胡演奏的《赛马》,你听了感觉怎么样?(引导幼儿感受激情澎湃的情绪)

教师:你会根据音乐的情绪特点,怎样表现赛马的游戏内容呢?

提示:幼儿与音乐情绪产生共鸣,通过语言、身体动作、表情等方式有情绪情感地表征游戏内容。

♫多元展现

通过多元的动作及队形空间来表达音乐。

1.展示"具身融入"自主游戏课件,引导幼儿用多元的角色及游戏来表达音乐。

教师:你还在什么时候会觉得很激动、兴奋?(引导幼儿初步理解激动、兴奋的情绪;通过家人带领孩子去买玩具手枪等心心念念的礼物的情境产生共鸣,A段激动等待,B段兴奋奔跑)

2.再次播放音乐,根据《赛马》激情澎湃的特点,创造性地、有情绪地表达音乐。

教师:怎样有表情地展现出让你觉得激动、兴奋的游戏内容呢?(引导幼儿反复玩耍几遍)

提示:可以改变游戏内容,评价幼儿对音乐音色及情绪特点的掌握程度。

总结:今天我们了解了蒙古族的赛马活动,认识了中华传统乐器二胡,欣赏了让人感觉激情澎湃的名曲《赛马》,中国的传统音乐真是太好听,太棒了!

四 活动延伸

1.回家与家人一起探索马背上的民族——蒙古族。

2.延伸至社会或健康领域,与同伴探索生活中更多激动、兴奋的时刻。

第十节 欣赏活动《竹笛姐姐》

音乐核心经验

乐器:竹笛。
音色:清脆、高亢、优美等。
情绪:开心的、愉悦的。
乐段:A段优美的舞蹈;B段轻快的舞蹈。
基本情境:竹笛姐姐跳节奏舒缓和竹笛弟弟跳节奏欢快的舞蹈的情境游戏。
共鸣情境:生活中感到开心、愉悦的场景。

一 活动目标

1.喜欢倾听竹笛演奏的音乐,体验随乐舞蹈的快乐。

2.在游戏中初步感受竹笛清脆、高亢、优美的不同音色特点。

3.积极与同伴一起随音乐创编优美的、轻快的舞蹈动作。

二 活动准备

1.场景准备:围桌而坐、围成半圆皆可,有条件的可以利用区角材料准备舞蹈扇、纱巾、头饰等。

2.物质准备:教学多媒体资源包;竹笛或者竹笛图卡。

3.经验准备:跳过舞,知道一些优美的、轻快的舞蹈动作。

三 活动过程

♫立体感知

1.全屏播放“立体感知”的动画导入，通过视觉与听觉学习激发幼儿对“竹笛姐姐“的音乐情境主题的活动兴趣。

教师：你们跳过舞吗？你知道哪些优美的舞蹈动作呢？（引导幼儿通过动画，初步感知游戏内容）

2.第二次播放，缩小视频，引导幼儿专注倾听音乐，感知情境内容。

教师：你觉得第一段和第二段音乐有什么不同？（教师可用“优美”“轻快”的口令对应音乐提示）

3.第三次播放，缩小视频，引导幼儿运用自己的肢体摆动来跟着音乐动一动，呈现出对音乐情境内容及音乐旋律的感知。

教师：让我们用身体为这个音乐的旋律伴奏吧！（可以运用拍手、拍肩等多种声势动作感受音乐）

提示：通过动画的导入，引导幼儿用视觉、听觉、运动觉的多维学习方式初步感受两段音乐旋律，为“具身融入”“自主探索”的游戏环节打下坚实的基础。

♫具身融入与自主探索

1.通过基本的情境，初步尝试理解音乐的音色特点。

（1）播放“具身融入”的第一页课件，通过情境感受“竹笛姐姐”的游戏内容，在脑海里清晰地再现本次活动的情境。

教师：你会跟着优美的、舒缓的第一段音乐跳什么舞？（引导幼儿自主探索第一段优美舒缓的情绪）

（2）播放“具身融入”AB段旋律课件，引导幼儿通过情境理解音乐的不同旋律。

教师：你会跟着活泼轻快的第二段音乐跳什么舞呢？（引导幼儿自主探索第二段活泼轻快的情绪）

（3）再次播放本页的音乐，可以结合“自主探索”的视频呈现。

教师：两段音乐的舞蹈动作有什么不同？（在动作中探索优美舒缓与活泼轻快的情绪对比）

提示：通过舞蹈的情境代入，玩耍3遍左右，让幼儿对AB段的音乐旋律及情绪有了初步的感知。

2.旋律中主乐器音色的感受——通过对竹笛音色的感受，与音乐产生情绪情感的共鸣。

(1)播放“具身融入”课件,结合“自主探索”中的视频呈现。此阶段为多元的探索过程,通过对乐器音色的提示来探索游戏,从而更加深入地理解达成预设目标。

教师:你能听出来,这首音乐是什么乐器演奏的?(引导幼儿初步认识乐器竹笛)

(2)再次播放音乐,感知乐器的演奏方式及音色特点,此处可结合“多元展现”的演奏视频。

教师:竹笛有什么特点? 是怎样演奏的呢?(引导幼儿理解竹笛是中国传统乐器,由竹子制作而成、长长的、圆圆的,属于吹管乐器。带领幼儿随音乐模仿竹笛演奏)

提示:通过对中华传统乐器竹笛的了解,感知音乐的情绪特点。

3.理解音乐开心、愉悦的情绪特点,带着情绪特点去感受音乐。

播放“具身融入”情绪特点课件,感受音乐的情绪。

教师:这首竹笛演奏的音乐,你听了感觉怎么样?(引导幼儿感受开心、愉悦的情绪)

教师:你会根据音乐的情绪特点,怎样表现不同的舞蹈内容呢?

提示:幼儿与音乐情绪产生共鸣,通过语言、身体动作、表情等方式有情绪情感地表征游戏内容。

♫多元展现

通过多元的动作及队形空间来表达音乐。

1.展示“具身融入”自主游戏课件,引导幼儿用多元的角色及游戏来表达音乐。

教师:你会在什么时候觉得很舒缓,什么时候觉得很活泼?(引导幼儿初步理解舒缓、活泼、轻快的情绪;探索在生活中,与好朋友一起跳舞是舒缓的,与好朋友一起玩跳格子是活泼的等不同情境下的相同情绪)

2.再次播放音乐,根据音乐开心、愉悦的特点,创造性地、有情绪地表达音乐。

教师:怎样有表情地展现出让你觉得开心、愉悦的游戏内容呢?(引导幼儿反复玩耍几遍)

提示:可以改变游戏内容,评价幼儿对音乐音色及情绪特点的掌握程度。

总结:今天我们认识了中华传统乐器竹笛,欣赏了让人感觉开心、愉悦的音乐,中国传统音乐真是太好听,太棒了!

四 活动延伸

探索竹笛演奏的更多优美的音乐。

第十一节　欣赏活动《斗牛表演》

音乐核心经验

乐器：小号。

音色：热烈、嘹亮等。

情绪：激动的、兴奋的、自信的。

乐段：A段斗牛士出场；B段公牛出场；C段战斗。

基本情境：斗牛士与公牛搏斗的斗牛表演。

共鸣情境：生活中感到兴奋、热烈的场景。

一　活动目标

1.喜欢倾听音乐《斗牛士进行曲》，体验音乐欣赏游戏的快乐。

2.通过游戏初步感受小号热烈、嘹亮的音色特点。

3.专注倾听音乐，感知音乐的情绪特点，有情绪地与同伴一起扮演斗牛士与公牛表演。

二　活动准备

1.场景准备：围桌而坐、围成半圆皆可，有条件的可以利用区角材料准备牛头饰、红布等。

2.物质准备：教学多媒体资源包；小号或者小号图卡。

3.经验准备：玩过中华传统民间游戏“斗鸡”；了解过西班牙的斗牛比赛。

三 活动过程

♫立体感知

1. 全屏播放“立体感知”的动画导入，通过视觉与听觉学习激发幼儿对“斗牛表演”的音乐情境主题的活动兴趣。

教师：你们了解过西班牙的斗牛比赛吗？（引导幼儿通过动画，初步感知游戏内容）

2. 第二次播放，缩小视频，引导幼儿专注倾听音乐，感知情境内容。

教师：听一听，谁先出场、谁后出场呢？（教师可用“斗牛士”“公牛”的口令对应音乐提示）

3. 第三次播放，缩小视频，引导幼儿运用自己的肢体摆动来跟着音乐动一动，呈现出对音乐情境内容及音乐旋律的感知。

教师：这首音乐有几段旋律呢？（专注倾听、自由讨论，总结出音乐有3段旋律）

提示：通过动画的导入，引导幼儿用视觉、听觉、运动觉的多维学习方式初步感受ABC段的音乐旋律，为“具身融入”“自主探索”的游戏环节打下坚实的基础。

♫具身融入与自主探索

1. 通过基本的情境，初步尝试理解音乐的音色特点。

（1）播放“具身融入”的第一页课件，通过情境感受“斗牛表演”的游戏内容，在脑海里清晰地再现本次活动的情境。

教师：斗牛士出场的状态是怎样的呢？他会做什么动作？（引导幼儿自主探索A段斗志昂扬的斗牛士出场的内容）

（2）播放“具身融入”ABC段旋律课件，引导幼儿通过角色理解音乐的不同旋律。

教师：公牛出场的状态是怎样的呢？它会做什么动作？（引导幼儿自主探索B段兴奋的公牛出场的内容）

（3）再次播放本页的音乐，可以结合“自主探索”的视频呈现。

教师：斗牛士与公牛是怎样战斗的？（自由探索C段中激烈的斗牛过程）

提示：通过不同的角色代入，玩耍3遍左右，让幼儿对ABC段的音乐旋律及情绪有了初步的感知。

2. 旋律中主乐器音色的感受——通过对小号音色的感受，与音乐产生情绪情感的共鸣。

（1）播放“具身融入”课件，结合“自主探索”中的视频呈现。此阶段为多元的探索过程，通过对乐器音色的提示来探索游戏，从而更加深入地理解达成预设目标。

教师:斗牛的游戏音乐是什么乐器演奏的?(引导幼儿初步认识乐器小号)

(2)再次播放音乐,感知乐器的演奏方式及音色特点,此处可结合"多元展现"的演奏视频。

教师:小号的声音有什么特点? 是怎样演奏的呢?(引导幼儿理解小号由号嘴、三个按键、喇叭口等部分组成,竖着吹,属于吹管乐器。带领幼儿随音乐模仿小号演奏)

提示:通过对乐器小号的了解,感知《斗牛士进行曲》的情绪特点。

3.理解小号音乐激动、兴奋、自信的情绪特点,带着情绪特点去感受音乐。

播放"具身融入"情绪特点课件,感受音乐的情绪。

教师:小号演奏的《斗牛士进行曲》,听了感觉怎么样?(引导幼儿感受激动、兴奋、自信的情绪)

教师:你会根据音乐的情绪特点,怎样表现斗牛的游戏内容呢?

提示:幼儿与音乐情绪产生共鸣,通过语言、身体动作、表情等方式有情绪情感地表征游戏内容。

♫多元展现

通过多元的动作及队形空间来表达音乐。

1.展示"具身融入"自主游戏课件,引导幼儿用多元的角色及游戏来表达音乐。

教师:什么样的中华民间游戏与斗牛相似?(引导幼儿初步理解激动、兴奋、自信的情绪;通过玩耍民间游戏"斗鸡",与激动、兴奋、自信的音乐情绪产生共鸣)

2.再次播放音乐,根据音乐激动、兴奋、自信的特点,创造性地、有情绪地表达音乐。

教师:怎样有表情地展现斗牛或者"斗鸡"的游戏内容呢?(引导幼儿反复玩耍几遍)

提示:可以改变游戏内容,评价幼儿对音乐音色及情绪特点的掌握程度。

总结:今天我们感受了小号演奏的《斗牛士进行曲》,欣赏了让人感觉激动、兴奋、自信的斗牛表演,还玩耍了中华民间传统游戏"斗鸡",太棒了!

四　活动延伸

1.回家与家人一起探索中华传统民间游戏"斗鸡",继续体验激动、热烈的时刻。

2.延伸至社会或健康领域,与同伴探索生活中更多激动、热烈的时刻。

第十二节 欣赏活动《茉莉花开》

音乐核心经验

乐器：古筝。

音色：清脆、圆润、浑厚等。

情绪：热情饱满的。

乐段：A段勤劳地种植茉莉花；B段茉莉花长大；C段茉莉花开，欣赏花朵。

基本情境：大家一起种茉莉花的情境。

共鸣情境：生活中感到热情、明亮的场景。

一 活动目标

1.喜欢倾听古筝演奏的《茉莉花》选段，体验音乐活动的快乐。

2.在游戏中初步感受古筝清脆、圆润、浑厚的音色特点。

3.积极与同伴一起随乐玩耍种植茉莉花的情境，大胆自信地表演。

二 活动准备

1.场景准备：围桌而坐、围成半圆皆可，有条件的可以利用区角材料准备茉莉花模型等。

2.物质准备：教学多媒体资源包；古筝或者古筝图卡。

3.经验准备：知道茉莉花，了解过歌曲《茉莉花》。

三 活动过程

♫立体感知

1.全屏播放“立体感知”的动画导入，通过视觉与听觉学习激发幼儿对“茉莉花开”的音乐情境主题的活动兴趣。

教师：幼儿园新增了一片种植区，用来种植茉莉花，你见过茉莉花吗？（通过动画，初步感知游戏内容）

2.第二次播放，缩小视频，引导幼儿专注倾听音乐，感知情境内容。

教师：茉莉花是怎样种植的，花的香味又是怎样的？（教师可用“种植”“长大”“花开”的口令对应音乐提示）

3.第三次播放，缩小视频，引导幼儿运用自己的肢体摆动来跟着音乐动一动，呈现出对音乐情境内容及音乐旋律的感知。

教师：让我们用身体为这个音乐的旋律伴奏。（可以运用拍手、拍肩等多种声势动作感受音乐）

提示：通过动画的导入，引导幼儿用视觉、听觉、运动觉的多维学习方式初步感受两段音乐旋律，为“具身融入”“自主探索”的游戏环节打下坚实的基础。

♫具身融入与自主探索

1.通过基本的情境，初步尝试理解音乐的音色特点。

（1）播放“具身融入”的第一页课件，通过情境感受“茉莉花开”的游戏内容，在脑海里清晰地再现本次活动的情境。

教师：你会怎样热情饱满的种植茉莉花呢？（引导幼儿自主探索A段辛勤地种植茉莉花的动作）

（2）播放“具身融入”ABC段旋律课件，引导幼儿通过情境理解音乐的不同旋律。

教师：茉莉花长大的过程可以用什么动作表示呢？（引导幼儿自主探索B段茉莉花的成长）

（3）再次播放本页的音乐，可以结合“自主探索”的视频呈现。

教师：美丽芳香的茉莉花开了，你会带着什么样的心情去观赏呢？（感受美丽、阳光的赏花之情）

提示：通过茉莉花的情境代入，玩耍3遍左右，让幼儿对ABC段的音乐旋律及情绪有了初步的感知。

2.旋律中主乐器音色的感受——通过对古筝音色的感受，与音乐产生情绪情感的共鸣。

(1)播放“具身融入”课件,结合“自主探索”中的视频呈现。此阶段为多元的探索过程,通过对乐器音色的提示来探索游戏,从而更加深入地理解达成预设目标。

教师:你能听出来,这首音乐是什么乐器演奏的?(引导幼儿初步认识乐器古筝)

(2)再次播放音乐,感知乐器的演奏方式及音色特点,此处可结合“多元展现”的演奏视频。

教师:古筝有什么特点? 是怎样演奏的呢? 它的声音是怎样的,有什么特点?(引导幼儿理解古筝是中国传统乐器,由筝首、面板、琴弦、筝尾等部分组成,属于弹拨乐器。带领幼儿随音乐模仿古筝演奏动作)

提示:通过对中华传统乐器古筝的了解,感知音乐的情绪特点。

3.初步理解音乐热情饱满的情绪特点,带着情绪特点去感受音乐。

播放“具身融入”情绪特点课件,感受音乐的情绪。

教师:这首古筝演奏的音乐,你听了感觉怎么样?(引导幼儿感受热情饱满的情绪)

教师:你会根据音乐的情绪特点,怎样表现种植茉莉花的游戏内容呢?

提示:幼儿与音乐情绪产生共鸣,通过语言、身体动作、表情等方式有情绪情感地表征游戏内容。

♫多元展现

通过多元的动作及队形空间来表达音乐。

1.展示“具身融入”自主游戏课件,引导幼儿用多元的角色及游戏来表达音乐。

教师:你还在什么时候觉得心情美丽、阳光?(引导幼儿初步理解热情饱满的情绪;探索在生活中,与好朋友一起郊游赏花、在小溪捉螃蟹的不同情境下的相同情绪)

2.再次播放音乐,根据音乐热情饱满的特点,创造性地、有情绪地表达音乐。

教师:怎样有表情地展现出让你觉得热情饱满的游戏内容呢?(引导幼儿反复玩耍几遍)

提示:可以改变游戏内容,评价幼儿对音乐音色及情绪特点的掌握程度。

总结:今天我们认知了中华传统乐器古筝,欣赏了让人感觉热情饱满的音乐,中国传统音乐真是太好听,太棒了!

四 活动延伸

1.演唱中国的民歌《茉莉花》。

2.完整欣赏本首音乐。

第十三节 欣赏活动《瑶族达努节》

音乐核心经验

乐器：葫芦丝。

音色：轻柔、优美等。

情绪：欢快的、热情的。

乐段：A段优美柔和；B段热情激烈。

基本情境：参加瑶族达努节的情境游戏。

共鸣情境：生活中感到欢快、热情的场景。

一 活动目标

1.喜欢倾听音乐《瑶族舞曲》，在音乐游戏中体验瑶族达努节欢快热闹的场面。

2.通过游戏初步感受葫芦丝轻柔、优美的音色特点。

3.了解达努节是瑶族传统的节日，积极与同伴一起表现“在节日上骑马、射箭、跳铜鼓舞”的游戏。

二 活动准备

1.场景准备：围桌而坐、围成半圆皆可，有条件的可以利用区角材料展示瑶族头饰、服饰等。

2.物质准备：教学多媒体资源包；葫芦丝或者葫芦丝图卡。

3.经验准备：知道瑶族是中国最古老的民族之一；了解铜鼓舞和斗画眉（斗鸟）的游戏。

三 活动过程

立体感知

1.全屏播放“立体感知”的动画导入，通过视觉与听觉学习激发幼儿对“瑶族达努节”的音乐情境主题的活动兴趣。

教师：你们知道瑶族达努节吗？（引导幼儿通过动画，初步感知游戏内容）

2.第二次播放，缩小视频，引导幼儿专注倾听音乐，感知情境内容。

教师：在瑶族达努节上，瑶民会干什么呢？（教师可用“骑马”“射箭”“跳铜鼓舞”的口令对应音乐提示）

3.第三次播放，缩小视频，引导幼儿运用自己的肢体摆动来跟着音乐动一动，呈现出对音乐情境内容及音乐旋律的感知。

教师：这首音乐有几段旋律呢？（专注倾听、自由讨论，总结出音乐有两段旋律）

提示：通过动画的导入，引导幼儿用视觉、听觉、运动觉的多维学习方式初步感受AB段的音乐旋律，为“具身融入”“自主探索”的游戏环节打下坚实的基础。

具身融入与自主探索

1.通过基本的情境，初步尝试理解音乐的音色特点。

（1）播放“具身融入”的第一页课件，通过情境感受“热闹过瑶族达努节”的游戏内容，在脑海里清晰地再现本次活动的情境。

教师：你会在优美空灵的A段旋律中玩什么游戏？（引导幼儿自主探索骑马、射箭等游戏内容）

（2）播放“具身融入”AB段旋律课件，引导幼儿通过角色理解音乐的不同旋律。

教师：你会在欢快热情的B段旋律中玩什么游戏？（引导幼儿自主探索跳舞、打铜鼓、斗画眉等游戏内容）

（3）再次播放本页的音乐，可以结合“自主探索”的视频呈现。

教师：AB两段音乐的速度有什么不同？（自由探索两段音乐不同的速度特点）

提示：通过瑶族达努节的情境代入，玩耍3遍左右，让幼儿对AB段的音乐特点有了初步的感知。

2.旋律中主乐器音色的感受——通过对葫芦丝音色的感受，与音乐产生情绪情感的共鸣。

（1）播放“具身融入”课件，结合“自主探索”中的视频呈现。此阶段为多元的探索过程，通过对乐器音色的提示来探索游戏，从而更加深入地理解达成预设目标。

教师:瑶族达努节的游戏音乐是什么乐器演奏的?(引导幼儿巩固对乐器葫芦丝的认识)

(2)再次播放音乐,感知乐器的演奏方式及音色特点。

教师:葫芦丝的声音有什么特点? 是怎样演奏的呢?(引导幼儿理解葫芦丝是中国传统乐器,由吹口、葫芦、竹管组成,属于吹管乐器。带领幼儿随音乐模仿葫芦丝演奏)

提示:通过对中华传统乐器葫芦丝的了解,感知《瑶族舞曲》的情绪特点。

3.理解音乐欢快、热情的情绪特点,带着情绪特点去感受音乐。

播放"具身融入"情绪特点课件,感受音乐的情绪。

教师:这首葫芦丝演奏的《瑶族舞曲》,你听了感觉怎么样?(引导幼儿感受欢快、热情的情绪)

教师:你会根据音乐的情绪特点,怎样表现赛马、斗画眉、打铜鼓、跳铜鼓舞的游戏内容呢?

提示:幼儿与音乐情绪产生共鸣,通过语言、身体、表情等方式有情绪情感地表征游戏内容。

♫多元展现

通过多元的动作及队形空间来表达音乐。

1.展示"具身融入"自主游戏课件,引导幼儿用多元的角色动作来表达音乐。

教师:你还想玩什么瑶族游戏呢? 怎样有情绪的表现?(引导幼儿跟着音乐探索更多的瑶族游戏)

2.再次播放音乐,根据《瑶族舞曲》欢快、热情的特点,创造性地、有情绪地表达音乐。

教师:生活中,还有什么时候让你觉得欢快、热情呢? 请跟着音乐表现一下吧。

提示:可以改变游戏内容,评价幼儿对音乐音色及情绪特点的掌握程度。

总结:今天我们参加了瑶族达努节,达努节是瑶族最重要的传统节日。我们跟着葫芦丝演奏的音乐《瑶族舞曲》,玩耍了"跳铜鼓舞""骑马""斗画眉"等多种游戏,太好了!

四　活动延伸

继续探索瑶族达努节及瑶族更多的传统节日,感受中华少数民族别样的文化风情。

第十四节 欣赏活动《蜜蜂之舞》

音乐核心经验

乐器：钢琴。

音色：柔美、清脆、浑厚等。

情绪：有趣的、忙碌的。

乐段：一段体。

基本情境：蜜蜂四处采花蜜的游戏。

共鸣情境：生活中感到急速、有趣的场景。

一 活动目标

1.喜欢倾听音乐《野蜂飞舞》，积极参与活动，体验音乐活动的快乐。

2.通过游戏初步感受钢琴柔美、清脆、浑厚的音色特点。

3.大胆想象蜜蜂快速忙碌采蜜的情境并有表情的表演，想象力与表现力得到发展。

二 活动准备

1.场景准备：围桌而坐、围成半圆皆可，有条件的可以利用区角材料布置花园的情境。

2.物质准备：教学多媒体资源包；钢琴、电子琴或者钢琴图卡。

3.经验准备：知道蜜蜂飞得很快，喜欢采集花朵上的花粉，将花粉酿造为喜欢吃的蜂蜜。

三 活动过程

♫立体感知

1.全屏播放“立体感知”的动画导入，通过视觉与听觉学习激发幼儿对“蜜蜂之舞”的音乐情境主题的活动兴趣。

教师：蜜蜂最喜欢干什么事情呢？（引导幼儿通过动画，初步感知游戏内容）

2.第二次播放，缩小视频，引导幼儿专注倾听音乐，感知情境内容。

教师：蜜蜂采蜜的速度，你们感觉是怎样的？（教师可用“急速”的口令对应音乐提示）

3.第三次播放，缩小视频，引导幼儿运用自己的肢体摆动来跟着音乐动一动，呈现出对音乐情境内容及音乐旋律的感知。

教师：蜜蜂采蜜的心情如何呢？（引导幼儿通过蜜蜂采蜜的心情感受有趣的、忙碌的音乐情绪）

提示：通过动画的导入，引导幼儿用视觉、听觉、运动觉的多维学习方式初步感受音乐的速度与情绪特点，为“具身融入”“自主探索”的游戏环节打下坚实的基础。

♫具身融入与自主探索

1.通过基本的情境，初步尝试理解音乐的音色特点。

（1）播放“具身融入”的第一页课件，通过情境感受“蜜蜂之舞”的游戏内容，在脑海里清晰地再现本次活动的情境。

教师：为什么蜜蜂这么急着采花粉？（引导幼儿自主探索音乐快速、急迫的蜜蜂）

提示：花开有期，蜜蜂必须在花开的时候采集足够多的花粉，酿造为蜂蜜，以便冬天食用，不挨饿。

（2）播放“具身融入”旋律课件，引导幼儿通过角色理解音乐的不同旋律。

教师：忙碌快速的蜜蜂采蜜动作是怎样的？（引导幼儿自主探索蜜蜂快速的、忙碌的采蜜游戏）

（3）再次播放本页的音乐，可以结合“自主探索”的视频呈现。

教师：忙碌的蜜蜂会到哪些地方采蜜呢？

提示：通过蜜蜂的角色代入，玩耍3遍左右，让幼儿对音乐的情绪有了初步的感知。

2.旋律中主乐器音色的感受——通过对钢琴音色的感受，与音乐产生情绪情感的共鸣。

（1）播放“具身融入”课件，结合“自主探索”中的视频呈现。此阶段为多元的探索过程，通过对乐器音色的提示来探索游戏，从而更加深入地理解达成预设目标。

教师：蜜蜂采蜜的游戏音乐是什么乐器演奏的？（引导幼儿初步认识乐器钢琴）

(2)再次播放音乐,感知乐器的演奏方式及音色特点,此处可结合“多元展现”的演奏视频。

教师:钢琴有什么特点?是怎样演奏的呢?它的声音有什么特点?(随音乐在桌子上模仿钢琴演奏)

提示:通过对乐器钢琴的了解,感知《野蜂飞舞》的情绪特点。

3.初步理解《野蜂飞舞》有趣、忙碌的情绪特点,带着情绪特点去感受音乐。

播放“具身融入”情绪特点课件,感受音乐的情绪。

教师:钢琴演奏的《野蜂飞舞》,听了感觉怎么样?你的心情是怎样的?(引导幼儿感受急速、有趣、忙碌的情绪)

教师:你会根据音乐的情绪特点,怎样表现蜜蜂采蜜的游戏内容呢?

提示:幼儿与音乐情绪产生共鸣,通过语言、身体动作、表情等方式有情绪情感地表征游戏内容。

♫多元展现

通过多元的动作及扩大表演空间来表达音乐。

1.展示“具身融入”自主游戏课件,引导幼儿用多元的角色及游戏来表达音乐。

教师:勤劳的蜜蜂每天要采集多少花粉,会到哪些地方去采蜜呢?

2.再次播放音乐,根据音乐忙碌、有趣的特点,创造性地、有情绪地表达音乐。

教师:还有什么动物会采集花粉?(引导幼儿通过蝴蝶、金龟子、蜜蜂等多种角色来玩耍游戏)

提示:可以改变游戏内容,评价幼儿对音乐音色及情绪特点的掌握程度。

总结:今天我们感受了钢琴演奏的《野蜂飞舞》,扮演了让人感觉快速的、忙碌的、有趣的蜜蜂。蜜蜂非常的勤劳,我们也要像蜜蜂一样,做一个勤劳的好宝宝!

四 活动延伸

回家帮助家人做家务,做一个勤劳的“小蜜蜂”。

第十五节 欣赏活动《小小京剧员》

音乐核心经验

音乐：京剧《穆桂英挂帅》选段。

情绪：坚强的、有斗志的。

乐段：A段准备；B段主帅出征；C段士兵对战。

基本情境：穆桂英挂帅出征的基本情境。

共鸣情境：生活中感到斗志昂扬、保家卫国的场景。

一 活动目标

1.喜欢倾听京剧《穆桂英挂帅》选段，体验音乐活动的丰富性、多样性。

2.在游戏中感受京剧传统剧目《穆桂英挂帅》中斗志昂扬、保家卫国的场景。

3.专注倾听音乐，感知音乐的情绪特点，积极与同伴一起配合音乐表演。

二 活动准备

1.场景准备：围桌而坐、围成半圆皆可，有条件的可以利用区角材料准备京剧头饰、道具等。

2.物质准备：教学多媒体资源包。

3.经验准备：知道京剧是国家级非物质文化遗产，对京剧动作有基本的了解。

三 活动过程

♫立体感知

1. 全屏播放“立体感知”的动画导入，通过视觉与听觉学习激发幼儿对“穆桂英挂帅”的音乐情境主题的活动兴趣。

教师：你们听过京剧吗？（引导幼儿通过动画，初步感知《穆桂英挂帅》的大致内容）

2. 第二次播放，缩小视频，引导幼儿专注倾听音乐，感知情境内容。

教师：听一听，这首京剧唱的谁出征呢？（教师可用“穆桂英”的口令对应音乐提示）

3. 第三次播放，缩小视频，引导幼儿运用自己的肢体摆动来跟着音乐动一动，呈现出对音乐情境内容及音乐旋律的感知。

教师：你知道哪些京剧动作可以表示穆桂英出征呢？（专注倾听、自由讨论）

提示：通过动画的导入，引导幼儿用视觉、听觉、运动觉的多维学习方式初步感受ABC段的音乐旋律，为“具身融入”“自主探索”的游戏环节打下坚实的基础。

♫具身融入与自主探索

1. 通过基本的情境，初步尝试理解音乐的音色特点。

（1）播放“具身融入”的第一页课件，通过情境感受“小小京剧员”的游戏内容，在脑海里清晰地再现本次活动的情境。

教师：穆桂英和将士准备出征时的状态是怎样的呢？心情是怎样的呢？（引导幼儿自主探索A段信心满满保家卫国的准备场景）

（2）播放“具身融入”ABC段旋律课件，引导幼儿通过角色理解音乐的不同旋律。

教师：穆桂英是怎样统领三军，鼓舞将士的？你会用什么动作表现？（引导幼儿自主探索B段出征的内容）

（3）再次播放本页的音乐，可以结合“自主探索”的视频呈现。

教师：将士如何战斗的？（自由探索C段中激烈的打仗的内容）

提示：通过不同的角色代入，玩耍3遍左右，让幼儿对ABC段的音乐旋律及情绪有了初步的感知。

2. 通过在旋律中对京剧唱腔的感受，与音乐产生情绪情感的共鸣。

（1）播放“具身融入”课件，结合“自主探索”中的视频呈现。此阶段为多元的探索过程，通过对京剧动作和情绪的提示来探索游戏，从而更加深入地理解达成预设目标。

教师：怎样用京剧动作将穆桂英和将士准备出征的内容表现出来？（引导幼儿初步感受京剧）

（2）再次播放音乐，此处可结合“多元展现”的演奏视频。

教师:怎样用京剧动作将穆桂英统帅三军展示出来?

教师:怎样用京剧动作将士战斗的场面展示出来?

提示:通过对穆桂英挂帅的基本京剧动作的了解,感知非物质文化遗产京剧的魅力。

3.初步理解《穆桂英挂帅》中坚强的、有斗志的情绪特点,带着情绪特点去感受音乐。

播放“具身融入”情绪特点课件,感受音乐的情绪。

教师:你听了京剧剧目《穆桂英挂帅》,感觉怎么样?(引导幼儿感受坚强的、有斗志的情绪)

教师:你会根据音乐的情绪特点,怎样表现《穆桂英挂帅》的游戏内容呢?

提示:幼儿与音乐情绪产生共鸣,通过语言、身体动作、表情等方式有情绪情感地表征游戏内容。

♫多元展现

通过多元的动作及队形空间来表达音乐。

1.展示“具身融入”自主游戏课件,引导幼儿用多元的角色及游戏来表达音乐。

教师:祖国妈妈养育了我们,我们用什么方式保卫家乡,保卫祖国呢?(引导幼儿初步理解斗志昂扬、保家卫国的情绪。面对家,爱护家人,做力所能及的事;面对国,爱护国旗、长大当军人等)

2.再次播放音乐,根据音乐坚强的、有斗志的特点,创造性地、有情绪地表达音乐。

教师:你会用怎样的动作和表情展现出爱家、爱国的游戏内容呢?(引导幼儿反复玩耍几遍)

提示:可以改变游戏内容,评价幼儿对音乐音色及情绪特点的掌握程度。

总结:今天我们变身小小京剧员,感受了传统京剧曲目《穆桂英挂帅》,体验了让人感觉斗志昂扬、保家卫国的情绪,我们都要做一个爱家爱国、有斗志、有理想的人!

四　活动延伸

继续探索《穆桂英挂帅》的历史背景,在生活中多做一些保家卫国的小事。

第十六节 欣赏活动《丝路驼商》

音乐核心经验

乐器：中阮。

音色：恬静、柔和、圆润等。

情绪：舒畅的、欢快的。

乐段：一段体。

基本情境：一望无际的沙漠上，有一队运送丝绸的驼商。随着暮色的降临，商人们扎营落脚，点起篝火开始晚餐，接着围着篝火载歌载舞，为平淡的旅途增加一些欢乐。

共鸣情境：生活中感到舒畅、美好的场景。

一 活动目标

1. 喜欢倾听中阮演奏《丝路驼铃》选段的音乐，体验随乐舞蹈的快乐。

2. 在游戏中初步感受中阮恬静、柔和、圆润的不同音色特点。

3. 积极与同伴一起随音乐创编具有异域风情的舞蹈动作。

二 活动准备

1. 场景准备：围桌而坐、围成半圆皆可，有条件的可以利用区角材料准备舞蹈扇、纱巾、头饰等。

2. 物质准备：教学多媒体资源包；中阮或者中阮图卡。

3. 经验准备：跳过舞，对异域风情的舞蹈动作有一定的了解。

三　活动过程

♫立体感知

1.全屏播放“立体感知”的动画导入，通过视觉与听觉学习激发幼儿对“丝路驼商“的音乐情境主题的活动兴趣。

教师：你们知道什么是丝路驼商吗？（引导幼儿通过动画，初步感知游戏内容）

2.第二次播放，缩小视频，引导幼儿专注倾听音乐，感知情境内容。

教师：你知道哪些异域风情的舞蹈动作呢？

3.第三次播放，缩小视频，引导幼儿运用自己的肢体摆动来跟着音乐动一动，呈现出对音乐情境内容及音乐旋律的感知。

教师：这首音乐听起来像哪个民族的音乐呢？（探索新疆维吾尔族音乐的特点）

提示：通过动画的导入，引导幼儿用视觉、听觉、运动觉的多维学习方式初步感受音乐旋律，为“具身融入”“自主探索”的游戏环节打下坚实的基础。

♫具身融入与自主探索

1.通过基本的情境，初步尝试理解音乐的音色特点。

（1）播放“具身融入”的第一页课件，通过情境感受“丝路驼商”的游戏内容，在脑海里清晰地再现本次活动的情境。

教师：你会跟着舒畅、欢快的音乐跳什么动作？（引导幼儿自主探索欢快的新疆舞的部分动作）

（2）播放“具身融入”旋律课件，引导幼儿通过情境理解音乐的不同旋律。

教师：怎样跟着音乐的速度把动作表现出来？（引导幼儿自主探索音乐的速度特点）

（3）再次播放本页的音乐，可以结合“自主探索”的视频呈现。

教师：随乐跳舞你感觉怎么样？（在舞蹈动作中探索舒畅、欢快的情绪特点）

提示：通过舞蹈的情境代入，玩耍3遍左右，让幼儿对音乐旋律及情绪有了初步的感知。

2.旋律中主乐器音色的感受——通过对中阮音色的感受，与音乐产生情绪情感的共鸣。

（1）播放“具身融入”课件，结合“自主探索”中的视频呈现。此阶段为多元的探索过程，通过对乐器音色的提示来探索游戏，从而更加深入地理解达成预设目标。

教师：你能听出来，这首音乐是什么乐器演奏的吗？（引导幼儿初步认识乐器中阮）

（2）再次播放音乐，感知乐器的演奏方式及音色特点，此处可结合“多元展现”的演奏视频。

教师:中阮有什么特点？是怎样演奏的呢？它的声音有什么特点?(引导幼儿理解中阮是中国传统乐器,由琴头、琴颈、琴身、弦轴等部分组成,琴身呈扁圆形,属于弹拨乐器。带领幼儿随音乐模仿中阮演奏动作)

提示:通过对中华传统乐器中阮的了解,感知音乐的情绪特点。

3.理解音乐舒畅、欢快的情绪特点,带着情绪特点去感受音乐。

播放“具身融入”情绪特点课件,感受音乐的情绪。

教师:这首中阮演奏的音乐,你听了感觉怎么样？你的心情是怎样的?(引导幼儿感受舒畅、欢快的情绪)

教师:你会根据音乐的情绪特点,怎样表现不同的舞蹈内容呢?

提示:幼儿与音乐情绪产生共鸣,通过语言、身体动作、表情等方式有情绪情感地表征游戏内容。

♫多元展现

通过多元的动作及队形空间来表达音乐。

1.展示“具身融入”自主游戏课件,引导幼儿用多元的角色及游戏来表达音乐。

教师:你在什么时候会觉得很舒畅、欢快?(引导幼儿初步理解舒畅、欢快的情绪;探索在生活中,与家人一起骑马是舒畅的,与好朋友一起玩滑滑梯是欢快的等不同情境下的相同情绪)

2.再次播放音乐,根据音乐舒畅、欢快的特点,创造性地、有情绪地表达音乐。

教师:怎样有表情地展现出让你觉得舒畅、欢快的游戏内容呢?(引导幼儿反复玩耍几遍)

提示:可以改变游戏内容,评价幼儿对音乐音色及情绪特点的掌握程度。

总结:今天我们认识了中华传统乐器中阮,欣赏了让人感觉舒畅、欢快的音乐,也在游戏里扮演驼商体会到异域风情的舞蹈,太棒了！宝贝们,丝路驼商行走的丝绸之路到底具有怎样的历史?

四 活动延伸

1.与家人一起探索丝绸之路的历史。

2.完整欣赏本首音乐。

第十七节 欣赏活动《七彩云南》

音乐核心经验

乐器：葫芦丝、琵琶。

音色：轻柔、优美、圆润等。

情绪：轻松的、高兴的。

乐段：A段采茶；B段制茶；C段品茶。

基本情境：在云南茶乡采茶的情境游戏。

共鸣情境：生活中感到轻松、高兴的场景。

一 活动目标

1. 喜欢倾听音乐《采茶舞曲》，萌发对中华茶文化的探索欲望。

2. 通过游戏初步感受音乐轻柔、优美、圆润的音色特点。

3. 专注倾听音乐，根据乐器葫芦丝和琵琶的音乐特点，大胆表现采茶、做茶、品茶的游戏内容。

二 活动准备

1. 场景准备：围桌而坐、围成半圆皆可；有条件的可以利用材料布置茶叶、茶框、茶具等情境。

2. 物质准备：教学多媒体资源包；葫芦丝、琵琶或者乐器图卡。

3. 经验准备：对云南茶乡有所了解，在小班和中班对葫芦丝和琵琶的音色有一定的了解。

三 活动过程

立体感知

1.全屏播放“立体感知”的动画导入,通过视觉与听觉学习激发幼儿对“七彩云南”的音乐情境主题的活动兴趣。

教师:你们了解过云南茶乡吗?(引导幼儿初步感知游戏内容)

2.第二次播放,缩小视频,引导幼儿专注倾听音乐,感知情境内容。

教师:一杯好茶是怎么制作出来的呢?(教师可用“采茶”“制茶”“品茶”的口令对应音乐提示)

3.第三次播放,缩小视频,引导幼儿运用自己的肢体摆动来跟着音乐动一动,呈现出对音乐情境内容及音乐旋律的感知。

教师:都有哪些动作表示采茶、制茶、品茶呢?(自由讨论、第一次自由探索)

提示:通过动画的导入,引导幼儿用视觉、听觉、运动觉的多维学习方式初步感受ABC段的音乐旋律,为“具身融入”“自主探索”的游戏环节打下坚实的基础。

具身融入与自主探索

1.通过基本的情境,初步尝试理解音乐的音色特点。

(1)播放“具身融入”的第一页课件,通过情境感受“去云南茶乡采茶”的游戏内容,在脑海里清晰地再现本次活动的情境。

教师:采茶是轻快的还是笨重的?(引导幼儿自主探索A段轻快的采茶内容)

(2)播放“具身融入”ABC段旋律课件,引导幼儿通过情境理解音乐的不同旋律。

教师:制茶有哪些流程呢?(引导幼儿自主探索B段灵动活泼的炒茶、揉茶、烘干等游戏内容)

(3)再次播放本页的音乐,可以结合“自主探索”的视频呈现。

教师:你会怎样品茶呢?(自由探索音乐中C段舒适的充满成就感的品茶游戏)

提示:通过采茶的情境游戏,玩耍3遍左右,让幼儿对ABC段的音乐旋律及情绪有了初步的感知。

2.旋律中主乐器音色的感受——通过对葫芦丝及琵琶音色的感受,与音乐产生情绪情感的共鸣。

(1)播放“具身融入”课件,结合“自主探索”中的视频呈现。此阶段为多元的探索过程,通过对乐器音色的提示来探索游戏,从而更加深入地理解达成预设目标。

教师:采茶的音乐是由哪两种乐器演奏的?(引导幼儿加深对乐器葫芦丝、琵琶的音色理解)

(2)再次播放音乐,感知乐器的演奏方式及音色特点。

教师:葫芦丝和琵琶有什么特点? 是怎样演奏的?(引导幼儿理解葫芦丝和琵琶是中国传统乐器,葫芦丝属于吹管乐器,琵琶属于弹拨乐器。带领幼儿随音乐模仿葫芦丝、琵琶演奏)

提示:通过对中华传统乐器葫芦丝及琵琶的了解,感知《采茶舞曲》的情绪特点。

3.理解音乐轻松、高兴的情绪特点,带着情绪特点去感受音乐。

播放"具身融入"情绪特点课件,感受音乐的情绪。

教师:这首《采茶舞曲》,你听了感觉怎么样? 你的心情是怎样的?(引导幼儿感受轻松、高兴的情绪)

教师:你会根据音乐的情绪特点,用什么方式表现轻快地采茶,灵动地制茶,舒适地品茶呢?

提示:幼儿与音乐情绪产生共鸣,通过语言、身体动作、表情等方式有情绪情感地表征游戏内容。

♫多元展现

通过多元的动作及队形空间来表达音乐。

1.展示"具身融入"自主游戏课件,引导幼儿用多元的角色及游戏来表达音乐。

教师:创想大爆发,在生活中,玩什么会让你感到轻松、高兴呢?(引导幼儿初步理解轻松、高兴的音乐情绪。幼儿可扮演葫芦丝及琵琶演奏家、采茶人、制茶人、品茶师、舞蹈家等多角色游戏)

2.再次播放音乐,根据音乐轻松、高兴的特点,创造性地、有情绪地表达音乐。

教师:怎样有表情地展现出让你觉得轻松、高兴的游戏内容呢?(引导幼儿反复玩耍几遍)

提示:可以改变游戏内容,评价幼儿对音乐音色及情绪特点的掌握程度。

总结:我们一起感受了琵琶和葫芦丝为主旋律的《采茶舞曲》,给我们带来了轻松、高兴等有趣的心情,仿佛让我们身临其境云南的茶山。

四 活动延伸

探索茶文化——茶的文化是中国特有的文化,通过制茶、泡茶、品茶,培养了平和包容的心态,形成了含蓄内敛的品格,提升了精神境界和道德修养。茶的饮用与分享也是人们交流、沟通的重要方式,以茶待客、长者为先等与茶相关的礼俗彰显着中国人谦、和、礼、敬的人文精神。

第十八节 欣赏活动《我的礼物》

音乐核心经验

乐器：圆号。

音色：温和、高雅、宽广等。

情绪：激动的、愉悦的。

乐段：一段体。

基本情境：乘坐不同的交通工具去好朋友家分享礼物的情境游戏。

共鸣情境：生活中感到激动、愉悦的时候。

一 活动目标

1. 喜欢倾听音乐《圆号协奏曲》选段，积极参与活动，体验活动的快乐。
2. 通过游戏初步感受圆号温和、高雅、宽广的音色特点。
3. 积极联想在去好朋友家玩的过程中，乘坐不同交通工具的状态及心情。

二 活动准备

1. 场景准备：围桌而坐、围成半圆皆可；有条件的可用区角材料展示公交车、地铁等交通工具。
2. 物质准备：教学多媒体资源包；圆号或者圆号图卡。
3. 经验准备：有过乘坐汽车、公交车、地铁、自行车、滑板车等其中一种的经验。

三　活动过程

♫立体感知

1.全屏播放“立体感知”的动画导入，通过视觉与听觉学习激发幼儿对“去好朋友家分享礼物”的音乐情境主题的活动兴趣。

教师：你们都坐过哪些交通工具呢？我们一起去看看动画里的小朋友乘坐的什么交通工具去好朋友家吧。(引导幼儿初步感知游戏内容)

2.第二次播放，缩小视频，引导幼儿专注倾听音乐，感知情境内容。

教师：交通工具在路上行驶的速度有没有什么变化呢？(教师可用“慢”“快”的口令对应音乐)

提示：通过动画的导入，引导幼儿用视觉、听觉、运动觉的多维学习方式初步感受本首音乐旋律，为“具身融入”“自主探索”的游戏环节打下坚实的基础。

♫具身融入与自主探索

1.通过基本的情境，初步尝试理解音乐的音色特点。

(1)播放“具身融入”的第一页课件，通过情境感受“乘坐不同交通工具”的游戏内容，在脑海里清晰地再现本次活动的情境。

教师：听着这此起彼伏的音乐，你感觉乘坐的是什么交通工具？(幼儿自主探索不同的交通工具)

(2)播放“具身融入”旋律课件，引导幼儿通过情境理解音乐的不同旋律的情绪。

教师：怎样随乐用动作将你乘坐的交通工具表现出来？(自主探索乘坐不同交通工具的动作)

(3)再次播放本页的音乐，可以结合“自主探索”的视频呈现。

教师：你乘坐的交通工具速度有什么不同？(自由讨论、自主探索一会儿慢，一会儿快的速度)

提示：通过乘坐不同交通工具的情境游戏，玩耍3遍左右，让幼儿对音乐的音色有了初步的感知。

2.旋律中主乐器音色的感受——通过对圆号音乐的感受，与音乐产生情绪情感的共鸣。

(1)播放“具身融入”课件，结合“自主探索”中的视频呈现。此阶段为多元的探索过程，通过对主乐器音色的提示来探索游戏，从而更加深入地理解达成预设目标。

教师：车速时快时慢，快速是小提琴演奏，平稳的速度是什么乐器演奏？它的声音有什么特点？(引导幼儿探索乐器圆号)

(2)再次播放音乐,感知乐器的演奏方式及音色特点。

教师:圆号有什么特点? 是怎样演奏的?(圆号通体金色,有螺旋形管身、漏斗形吹嘴、大大的喇叭口。引导幼儿随乐模仿圆号演奏)

提示:通过对乐器圆号的了解,感知《圆号协奏曲》的情绪特点。

3.理解音乐激动、愉悦的情绪特点,带着情绪特点去感受音乐。

播放“具身融入”情绪特点课件,感受音乐的情绪。

教师:这首《圆号协奏曲》,你听了感觉怎么样?(引导幼儿感受激动、愉悦的情绪)

教师:你会根据音乐的情绪特点,用什么方式表现激动、愉悦的坐车的情绪状态呢?

提示:幼儿与音乐情绪产生共鸣,通过语言、身体动作、表情等方式有情绪情感地表征游戏内容。

♫多元展现

通过多元的动作及队形空间来表达音乐。

1.展示“具身融入”自主游戏课件,引导幼儿用多元的角色及游戏来表达音乐。

教师:创想大爆发,你会跟据圆号的音色特点扮演谁来玩这个游戏呢? 怎样表现出浑厚、宽广、此起彼伏的音色特点呢?(引导幼儿扮演开车的司机、乘客等多种角色有情绪地玩游戏)

2.再次播放音乐,根据音乐激动、愉悦的特点,创造性地、有情绪地表达音乐。

教师:生活中的什么事物会让你感觉激动、愉悦呢?(引导幼儿联想在生活中的共鸣)

提示:评价幼儿对音乐情绪的表达。

总结:我们一起欣赏了圆号演奏的《圆号协奏曲》,感受了音乐和生活中激动、愉悦的情绪特点。体验了不同的交通工具,原来用心体验出行工具,是如此有趣的一件事!

四 活动延伸

1.与家人一起探索更多的交通工具。

2.完整欣赏本首音乐。

第十九节 欣赏活动《赶集》

音乐核心经验

乐器：二胡、扬琴、竹笛、古筝。

情绪：热闹的、开心的。

乐段：ABCD段，一种乐器音色一段。

基本情境：开心地去赶热闹的集市的基本情境。

共鸣情境：生活中热闹的场面。

一　活动目标

1.喜欢倾听音乐《市集》选段，体验音乐活动的乐趣。

2.在音乐游戏中感受热闹非凡的集市氛围。

3.专注倾听音乐，大胆想象赶集的情境，并主动表演。

二　活动准备

1.场景准备：围桌而坐、围成半圆皆可；有条件的可用区角材料展示糖葫芦、服装店、美食店等。

2.物质准备：教学多媒体资源包；乐器图卡。

3.经验准备：了解过赶集，体验过热闹非凡的集市。

三 活动过程

♫立体感知

1.全屏播放“立体感知”的动画导入，通过视觉与听觉学习激发幼儿对“开心去赶集”的音乐情境主题的活动兴趣。

教师：你们知道什么是赶集吗？（引导幼儿初步感知游戏内容）

2.第二次播放，缩小视频，引导幼儿专注倾听音乐，感知情境内容。

教师：热闹的集市上都有哪些地方呢？（教师可用“美食店”“服装店”等口令对应音乐提示）

3.第三次播放，缩小视频，引导幼儿运用自己的肢体摆动来跟着音乐动一动，呈现出对音乐情境内容及音乐旋律的感知。

教师：这首音乐有几段旋律呢？（自由讨论、第一次自由探索）

提示：通过动画的导入，引导幼儿用视觉、听觉、运动觉的多维学习方式初步感受音乐的四段旋律，为“具身融入”“自主探索”的游戏环节打下坚实的基础。

♫具身融入与自主探索

1.通过基本的情境，初步尝试理解音乐的音色特点。

（1）播放“具身融入”的第一页课件，通过情境感受“在热闹的集市上玩耍”的游戏内容，在脑海里清晰地再现本次活动的情境。

教师：听着这热闹非凡的四段旋律，你想到了什么？（引导幼儿自主探索在集市上的不同游戏）

（2）播放“具身融入”ABCD段旋律课件，引导幼儿通过情境理解音乐的不同旋律的情绪。

教师：通过什么动作来表示在集市上的游戏呢？（自主创编吃糖葫芦、套圈、看喷火等游戏动作）

（3）再次播放本页的音乐，可以结合“自主探索”的视频呈现。

教师：玩吃糖葫芦、套圈、看喷火游戏的心情是怎样的？（自由探索音乐热闹、开心的情绪特点）

提示：通过赶集的情境游戏，玩耍3遍左右，让幼儿对ABCD段的音乐的情绪有了初步的感知。

2.旋律中主乐器音色的感受——通过对乐器音色的感受，与音乐产生情绪情感的共鸣。

(1)播放“具身融入”课件，结合“自主探索”中的视频呈现。此阶段为多元的探索过程，通过对乐器音色的提示来探索游戏，从而更加深入地理解达成预设目标。

教师：这首音乐是由哪些乐器演奏的？你听出了几种？(引导幼儿探索二胡、扬琴、竹笛、古筝)

(2)再次播放音乐，感知乐器的演奏方式及音色特点，可结合“多元展现”的视频内容。

教师：这些乐器有什么特点？是怎样演奏的？(引导幼儿理解二胡、扬琴、竹笛、古筝都是中国传统的乐器。带领幼儿随音乐模仿二胡、扬琴、竹笛、古筝演奏)

提示：通过对中国传统乐器二胡、扬琴、竹笛、古筝的了解，感知《市集》热闹、开心的情绪特点。

3.理解音乐热闹、开心的情绪特点，带着情绪特点去感受音乐。

播放“具身融入”情绪特点课件，感受音乐的情绪。

教师：这首《市集》，你听了感觉怎么样？(引导幼儿感受热闹、开心的情绪)

教师：你会根据音乐的情绪特点，用什么方式表现热闹、开心的情绪状态呢？

提示：幼儿与音乐情绪产生共鸣，通过语言、身体动作、表情等方式有情绪情感地表征游戏内容。

♫多元展现

通过多元的动作及队形空间来表达音乐。

1.展示“具身融入”自主游戏课件，引导幼儿用多元的角色及游戏来表达音乐。

教师：创想大爆发，生活中什么时候会让你感觉热闹、开心呢？(引导幼儿初步理解热闹、开心的音乐情绪。引导幼儿讨论情绪在生活中的共鸣)

2.再次播放音乐，根据音乐热闹、开心的特点，创造性地、有情绪地表达音乐。

教师：怎样的动作和表情可以展现出让你觉得热闹、开心的游戏内容呢？(引导幼儿反复玩耍几遍)

提示：评价幼儿对音乐情绪的表达。

总结：我们一起欣赏了中国传统乐器二胡、扬琴、竹笛、古筝带来的《市集》，感受了音乐中热闹、开心的情绪特点。生活中原来有这么多情绪，真是太棒了！

四　活动延伸

探索这4种乐器演奏的其他曲目。

第二十节 欣赏活动《丝丝与金翅雀》

音乐核心经验

乐器：长笛。

音色：灵巧、明亮等。

情绪：快乐的、活泼的。

乐段：A段寻找小鸟；B段倾听小鸟唱歌。

基本情境：丝丝去公园找小鸟金翅雀玩耍的游戏。

共鸣情境：生活中感到快乐、活泼的时候。

一 活动目标

1.喜欢倾听音乐《长笛协奏曲》选段，萌发探索自然的意愿。

2.通过游戏初步感受长笛灵巧、明亮的音色特点。

3.积极扮演丝丝与小鸟玩耍，爱护小鸟，爱护自然。

二 活动准备

1.场景准备：围桌而坐、围成半圆皆可；有条件的可以利用区角材料展示树上的小鸟。

2.物质准备：教学多媒体资源包；长笛或者长笛图卡。

3.经验准备：在生活中见过小鸟，早晨听过小鸟的叫声。

三　活动过程

♫立体感知

1.全屏播放“立体感知”的动画导入，通过视觉与听觉学习激发幼儿对“丝丝与金翅雀”的音乐情境主题的活动兴趣。

教师：你们听过小鸟唱歌吗？（引导幼儿初步感知游戏内容）

2.第二次播放，缩小视频，引导幼儿专注倾听音乐，感知情境内容。

教师：丝丝发现了多少只小鸟？小鸟在什么时候唱歌呢？（教师可用“寻找小鸟”“倾听小鸟唱歌”的口令对应音乐）

3.第三次播放，缩小视频，引导幼儿运用自己的肢体摆动来跟着音乐动一动，呈现出对音乐情境内容及音乐旋律的感知。

教师：这首音乐有几段旋律呢？（专注倾听、自由讨论，总结出音乐有两段旋律）

提示：通过动画的导入，引导幼儿用视觉、听觉、运动觉的多维学习方式初步感受AB段的音乐旋律，为“具身融入”“自主探索”的游戏环节打下坚实的基础。

♫具身融入与自主探索

1.通过基本的情境，初步尝试理解音乐的音色特点。

（1）播放“具身融入”的第一页课件，通过情境感受“在自然中寻找小鸟”的游戏内容，在脑海里清晰地再现本次活动的情境。

教师：听着这明亮活泼的A段旋律，你发现了几只小鸟？（引导幼儿自主探索快乐的找小鸟的游戏）

（2）播放“具身融入”旋律课件，引导幼儿通过情境理解音乐的不同旋律的音乐情绪。

教师：活泼灵巧的小鸟是怎样唱歌的？（自主探索B段音乐中小鸟空灵、优美的歌声）

（3）再次播放本页的音乐，可以结合“自主探索”的视频呈现。

教师：你会跟着活泼欢快、灵巧优美的旋律找到多少只小鸟呢？（自由讨论、自主探索）

提示：通过找小鸟的情境游戏，玩耍3遍左右，让幼儿对AB段的音乐的音色有了初步的感知。

2.旋律中主乐器音色的感受——通过对长笛音乐的感受，与音乐产生情绪情感的共鸣。

（1）播放“具身融入”课件，结合“自主探索”中的视频呈现。此阶段为多元的探索过程，通过对乐器音色的提示来探索游戏，从而更加深入地理解达成预设目标。

教师：小鸟的歌声是什么乐器发出来的呢？（引导幼儿探索乐器长笛）

（2）再次播放音乐，感知乐器的演奏方式及音色特点。

教师：长笛有什么特点？是怎样演奏的？它的声音有什么特点？（长笛由笛头、笛身、笛尾3部分构成，横吹。引导幼儿随乐模仿长笛演奏）

提示：通过对乐器长笛的了解，感知《长笛协奏曲》的情绪特点。

3.理解音乐快乐、活泼的情绪特点，带着情绪特点去感受音乐。

播放“具身融入”情绪特点课件，感受音乐的情绪。

教师：这首《长笛协奏曲》，你听了感觉怎么样？（引导幼儿感受快乐、活泼的情绪）

教师：你会根据音乐的情绪特点，用什么方式表现快乐、活泼的情绪状态呢？

提示：幼儿与音乐情绪产生共鸣，通过语言、身体动作、表情等方式有情绪情感地表征游戏内容。

♫多元展现

通过多元的动作及队形空间来表达音乐。

1.展示“具身融入”自主游戏课件，引导幼儿用多元的角色及游戏来表达音乐。

教师：创想大爆发，你会跟着长笛的音色特点扮演谁来玩游戏呢？怎样表现出快乐、活泼的情绪特点呢？（引导幼儿扮演小鸟、大树、松鼠、长笛演奏家、石头等多种角色有情绪地玩游戏）

2.再次播放音乐，根据音乐快乐、活泼的特点，创造性地、有情绪地表达音乐。

教师：你在生活中什么时候会感觉快乐、活泼呢？（引导幼儿联想在生活中的共鸣）

提示：评价幼儿对音乐情绪的表达。

总结：我们一起欣赏了长笛演奏的《长笛协奏曲》，感受了音乐和生活中快乐、活泼的情绪特点。体验了小鸟美妙的歌声，我们要和小鸟做好朋友，爱护小鸟、爱护自然！

四 活动延伸

1.探索长笛的音色特点，探索自然界中歌声如长笛般明亮的金翅雀。

2.完整欣赏本首音乐。

第二十一节 欣赏活动《草原之声》

音乐核心经验

乐器:马头琴。

音色:悠扬、婉转、宽广、高亢等。

情绪:开阔的、豁达的。

乐段:引子部分+ABC段;引子部分主奏乐器为洞箫,ABC段为马头琴。

基本情境:在草原上散步、骑马、跳舞、烤羊肉的情境游戏。

共鸣情境:生活中感到开阔、豁达的场景。

一 活动目标

1.喜欢倾听音乐《达古拉》选段,积极参与活动,萌发对草原民族的探索欲望。

2.通过游戏初步感受马头琴悠扬、婉转、宽广、高亢的音色特点。

3.专注倾听音乐,随乐大胆想象在草原上骑马、挤奶、载歌载舞等情境游戏并表演。

二 活动准备

1.场景准备:围桌而坐、围成半圆皆可;有条件的可以利用区角材料展示蒙古族头饰、哈达等。

2.物质准备:教学多媒体资源包;马头琴或者马头琴图卡。

3.经验准备:对蒙古大草原有一定的了解。

三 活动过程

立体感知

1.全屏播放“立体感知”的动画导入,通过视觉与听觉学习激发幼儿对“草原之声”的音乐情境主题的活动兴趣。

教师:你们知道草原上的蒙古族人民每天都会干什么吗?(引导幼儿初步感知游戏内容)

2.第二次播放,缩小视频,引导幼儿专注倾听音乐,感知情境内容。

教师:听到这首音乐,你想象自己在哪里?在玩什么?

3.第三次播放,缩小视频,引导幼儿运用自己的肢体摆动来跟着音乐动一动,呈现出对音乐情境内容及音乐旋律的感知。

教师:这首音乐有几段旋律呢?(专注倾听、自由讨论,总结出音乐有4段旋律)

提示:通过动画的导入,引导幼儿用视觉、听觉、运动觉的多维学习方式初步感受引子+ABC段的音乐旋律,为“具身融入”“自主探索”的游戏环节打下坚实的基础。

具身融入与自主探索

1.通过基本的情境,初步尝试理解音乐的音色特点。

(1)播放“具身融入”的第一页课件,通过情境感受“在草原上玩耍”的游戏内容,在脑海里清晰地再现本次活动的情境。

教师:听着这悠扬、宽广的4段旋律,你想到了什么?(引导幼儿自主探索雄鹰翱翔、挤奶、骑马等)

(2)播放“具身融入”引子+ABC段旋律课件,引导幼儿通过情境理解音乐的不同旋律的音乐情绪。

教师:通过什么动作来表示在草原上散步、骑马呢?(自主探索挤奶、骑马等创编的游戏动作)

(3)再次播放本页的音乐,可以结合“自主探索”的视频呈现。

教师:骑马、挤奶、跳舞等游戏的速度是怎样的?(自由探索音乐开阔、豁达的情绪特点)

提示:通过草原生活的情境游戏,玩耍3遍左右,让幼儿对引子+ABC段的音乐的情绪有了初步的感知。

2.旋律中主乐器音色的感受——通过对马头琴音乐的感受,与音乐产生情绪情感的共鸣。

(1)播放“具身融入”课件,结合“自主探索”中的视频呈现。此阶段为多元的探索过程,通过对乐器音色的提示来探索游戏,从而更加深入地理解达成预设目标。

教师:这首音乐是由什么乐器演奏的?(引导幼儿探索蒙古族特有的乐器马头琴)

(2)再次播放音乐,感知乐器的演奏方式及音色特点。

教师:马头琴有什么特点?是怎样演奏的?它的声音有什么特点?(引导幼儿理解马头琴是蒙古族音乐文化的典型代表,琴身有一个马头、呈梯形,为两弦拉弦乐器。带领幼儿随音乐模仿马头琴演奏)

提示:通过对中国传统乐器马头琴的了解,感知《达古拉》的情绪特点。

3.理解音乐开阔、豁达的情绪特点,带着情绪特点去感受音乐。

播放"具身融入"情绪特点课件,感受音乐的情绪。

教师:这首《达古拉》,你听了感觉怎么样?(引导幼儿感受开阔、豁达的情绪)

教师:你会根据音乐的情绪特点,用什么方式表现开阔、豁达的情绪状态呢?

提示:幼儿与音乐情绪产生共鸣,通过语言、身体动作、表情等方式有情绪情感地表征游戏内容。

♫多元展现

通过多元的动作及队形空间来表达音乐。

1.展示"具身融入"自主游戏课件,引导幼儿用多元的角色及游戏来表达音乐。

教师:创想大爆发,生活中什么时候会让你感觉开阔、豁达呢?(引导幼儿初步理解开阔、豁达的音乐情绪。引导幼儿讨论情绪在生活中的共鸣)

2.再次播放音乐,根据音乐悠扬、婉转、宽广、高亢的特点,创造性地、有情绪地表达音乐。

教师:怎样有表情地展现出让你觉得悠扬、宽广的游戏内容呢?(引导幼儿反复玩耍几遍)

提示:评价幼儿对音乐情绪的表达。幼儿可以随乐扮演演奏家、骑马的人、山顶看风景的人等。

总结:我们一起欣赏了蒙古族特色乐器马头琴演奏的《达古拉》,感受了马头琴悠扬、婉转、宽广、高亢的特点。生活中原来有这么多情绪,真是太棒了!

四　活动延伸

1.探索非物质文化遗产马头琴音乐。蒙古族马头琴音乐是国家级非物质文化遗产代表项目,幼儿与教师、幼儿与家长可以继续探索马头琴音乐的魅力。

2.完整欣赏本首音乐。

第二十二节 欣赏活动《钓小鱼与抓螃蟹》

音乐核心经验

乐器：单簧管、三角铁。

音色：明亮、清脆等。

情绪：愉悦的、明朗的、活泼的。

乐段：A段单簧管演奏等待鱼上钩，三角铁演奏时起钓；B段三角铁演奏时抓螃蟹。

基本情境：在河边钓鱼和抓螃蟹的游戏。

共鸣情境：生活中感到愉悦、明朗、活泼的时候。

一 活动目标

1. 喜欢倾听音乐《单簧管波尔卡》，体验在音乐游戏中的快乐。
2. 通过游戏初步感受单簧管明亮、清脆的音色特点。
3. 积极联想与家人在公园快乐游玩的场景，大胆表现愉悦、明朗、活泼的情绪状态。

二 活动准备

1. 场景准备：围桌而坐、围成半圆皆可；有条件的可以利用区角材料展示鱼与螃蟹等。
2. 物质准备：教学多媒体资源包；三角铁；单簧管或者单簧管图卡。
3. 经验准备：有与家人一起快乐出行的游玩经验，知道乐器三角铁的音色特点。

三　活动过程

♫立体感知

1.全屏播放“立体感知”的动画导入，通过视觉与听觉学习激发幼儿对“钓鱼与抓螃蟹”的音乐情境主题的活动兴趣。

教师：周末，家人会带你们去玩一些什么游戏？（引导幼儿初步感知游戏内容）

2.第二次播放，缩小视频，引导幼儿专注倾听音乐，感知情境内容。

教师：听到这首音乐，你想象自己在哪里？玩什么？

3.第三次播放，缩小视频，引导幼儿运用自己的肢体摆动来跟着音乐动一动，呈现出对音乐情境内容及音乐旋律的感知。

教师：这首音乐有几段旋律呢？（专注倾听、自由讨论，总结出音乐有两段旋律）

提示：通过动画的导入，引导幼儿用视觉、听觉、运动觉的多维学习方式初步感受AB段的音乐旋律，为“具身融入”“自主探索”的游戏环节打下坚实的基础。

♫具身融入与自主探索

1.通过基本的情境，初步尝试理解音乐的音色特点。

（1）播放“具身融入”的第一页课件，通过情境感受“在公园里游玩”的游戏内容，在脑海里清晰地再现本次活动的情境。

教师：听着这明朗活泼的两段旋律，你想到了什么？（引导幼儿自主探索钓鱼、抓螃蟹等）

（2）播放“具身融入”AB段旋律课件，引导幼儿通过情境理解音乐的不同旋律的音乐情绪。

教师：两段旋律中你有听到一个特别的打击乐器的声音吗？是什么乐器呢？（探索AB段音乐中三角铁的演奏）

教师：AB两段中三角铁音乐出现的速度有什么不同？（自由探索B段比A段三角铁出现得快）

（3）再次播放本页的音乐，可以结合“自主探索”的视频呈现。

教师：你会怎样跟着三角铁出现的特点，设计“钓鱼”“抓螃蟹”的游戏？（自由讨论、自主探索）

提示：通过公园游玩的情境游戏，玩耍3遍左右，让幼儿对AB段的音乐的音色有了初步的感知。

2.旋律中主乐器音色的感受——通过对单簧管音乐的感受，与音乐产生情绪情感的共鸣。

(1)播放“具身融入”课件,结合“自主探索”中的视频呈现。此阶段为多元的探索过程,通过对乐器音色的提示来探索游戏,从而更加深入地理解达成预设目标。

教师:这首音乐除了三角铁,另一个声音是什么乐器发出来的?(引导幼儿探索乐器单簧管)

(2)再次播放音乐,感知乐器的演奏方式及音色特点。

教师:单簧管有什么特点?是怎样演奏的?它的声音有什么特点?(竖着吹,通体黑色,有簧片和喇叭口)

提示:通过对乐器单簧管的了解,感知《单簧管波尔卡》的情绪特点。

3.理解音乐愉悦、明朗、活泼的情绪特点,带着情绪特点去感受音乐。

播放“具身融入”情绪特点课件,感受音乐的情绪。

教师:这首《单簧管波尔卡》,你听了感觉怎么样?你的心情是怎样的?(引导幼儿感受愉悦、明朗、活泼的情绪)

教师:你会根据音乐的情绪特点,用什么方式表现愉悦、明朗、活泼的情绪状态呢?

提示:幼儿与音乐情绪产生共鸣,通过语言、身体动作、表情等方式有情绪情感地表征游戏内容。

♫多元展现

通过多元的动作及队形空间来表达音乐。

1.展示“具身融入”自主游戏课件,引导幼儿用多元的角色及游戏来表达音乐。

教师:创想大爆发,你还会跟着单簧管和三角铁的音色特点玩什么游戏呢?怎样表现出愉悦欢快的情绪特点呢?(引导幼儿玩耍“抓蝴蝶”“植物大战僵尸”“网鱼”“抓螃蟹”等游戏)

2.再次播放音乐,根据音乐愉悦、明朗、活泼的特点,创造性地、有情绪地表达音乐。

教师:你在生活中什么时候会感觉愉悦、明朗、活泼呢?(引导幼儿联想在生活中的共鸣)

提示:评价幼儿对音乐情绪的表达。

总结:我们一起欣赏了单簧管和三角铁演奏的《单簧管波尔卡》,感受了音乐和生活中愉悦、明朗、活泼的情绪特点。生活中原来有这么多情绪,真是太棒了!

四 活动延伸

在生活中多与家人和朋友体验让我们觉得愉悦、明朗、活泼的事情。

第二十三节 欣赏活动《武林大侠》

音乐核心经验

乐器：琵琶。

音色：优美、圆润等。

情绪：大气磅礴的。

乐段：一段体。

基本情境：中华武术大侠练武的情境。

共鸣情境：生活中感到大气、激烈的场景。

一　活动目标

1. 喜欢倾听音乐《十面埋伏》选段，萌发对中华武术的探索欲。
2. 通过游戏初步感受琵琶优美、圆润的音色特点。
3. 了解中华武术，积极与同伴一起运用中华武术动作随乐表演。

二　活动准备

1. 场景准备：围桌而坐、围成半圆皆可；有条件的可以利用区角材料展示刀剑、长枪道具等。
2. 物质准备：教学多媒体资源包；琵琶或者琵琶图卡。
3. 经验准备：对中华武术咏春拳、太极拳、长枪术等的动作有一定的了解。

三 活动过程

立体感知

1.全屏播放“立体感知”的动画导入，通过视觉与听觉学习激发幼儿对“武林大侠”的音乐情境主题的活动兴趣。

教师：你们了解中华武术吗？（引导幼儿初步感知游戏内容）

2.第二次播放，缩小视频，引导幼儿专注倾听音乐，感知情境内容。

教师：中华武术有哪些呢？（教师可用“咏春拳”“太极拳”等口令对应音乐提示）

3.第三次播放，缩小视频，引导幼儿运用自己的肢体摆动来跟着音乐动一动，呈现出对音乐情境内容及音乐旋律的感知。

教师：中华武术都有哪些动作呢？（自由讨论、第一次自由探索）

提示：通过动画的导入，引导幼儿用视觉、听觉、运动觉的多维学习方式初步感受音乐旋律，为“具身融入”“自主探索”的游戏环节打下坚实的基础。

具身融入与自主探索

1.通过基本的情境，初步尝试理解音乐的音色特点。

（1）播放“具身融入”的第一页课件，通过情境感受“成为武林大侠”的游戏内容，在脑海里清晰地再现本次活动的情境。

教师：这首音乐的速度有什么特点？（引导幼儿自主探索音乐时而激烈、时而舒缓的特点）

（2）播放“具身融入”旋律课件，引导幼儿通过情境理解音乐的不同旋律。

教师：你会跟着时而激烈、时而舒缓的音乐怎样表现中国武术呢？（引导幼儿自主探索音乐特点）

（3）再次播放本页的音乐，可以结合“自主探索”的视频呈现。

教师：中国武术都有哪些动作呢？（随乐探索咏春、太极拳、长枪等多种武术的动作）

提示：通过武林大侠的情境游戏，玩耍3遍左右，让幼儿对音乐情绪特点有了初步的感知。

2.旋律中主乐器音色的感受——通过对琵琶音色的感受，与音乐产生情绪情感的共鸣。

（1）播放“具身融入”课件，结合“自主探索”中的视频呈现。此阶段为多元的探索过程，通过对乐器音色的提示来探索游戏，从而更加深入地理解达成预设目标。

教师：武林大侠的音乐是由什么乐器演奏的？（引导幼儿巩固对琵琶的音色理解）

（2）再次播放音乐，感知乐器的演奏方式及音色特点。

教师：琵琶有什么特点？是怎样演奏的？(引导幼儿理解琵琶是中国传统弹拨乐器，带领幼儿随音乐的速度模仿琵琶演奏)

提示：通过对中国传统乐器琵琶的了解，感知《十面埋伏》的情绪特点。

3.初步理解音乐大气磅礴的情绪特点，带着情绪特点去感受音乐。

播放“具身融入”情绪特点课件，感受音乐的情绪。

教师：这首《十面埋伏》，你听了感觉怎么样？(引导幼儿感受大气磅礴的情绪)

教师：你会根据音乐的情绪特点，用什么方式表现出音乐的大气磅礴？

提示：幼儿与音乐情绪产生共鸣，通过语言、身体动作、表情等方式有情绪情感地表征游戏内容。

♫多元展现

通过多元的动作及队形空间来表达音乐。

1.展示“具身融入”自主游戏课件，引导幼儿用多元的角色及游戏来表达音乐。

教师：创想大爆发，在生活中，玩什么会让你感到大气、激烈呢？(引导幼儿初步理解大气磅礴的音乐情绪。幼儿可扮演琵琶演奏家、武术师等多角色玩耍游戏)

2.再次播放音乐，根据音乐大气磅礴的特点，创造性地、有情绪地表达音乐。

教师：怎样用动作有表情地展现出让你觉得大气磅礴的游戏内容呢？(引导幼儿反复玩耍几遍)

提示：可以改变游戏内容，评价幼儿对音乐音色及情绪特点的掌握程度。

总结：我们一起欣赏了琵琶演奏的《十面埋伏》，感受了中华咏春拳、太极拳、长枪的武术动作，体验了什么是大气磅礴的情绪特点，真的是太好了。

四 活动延伸

1.了解曲目《十面埋伏》的历史故事。

2.与家人一起探索中华武术的更多动作。

3.完整欣赏本首音乐。

第二十四节 欣赏活动《我爱你，中国》

音乐核心经验

乐器：小提琴。

音色：优美、圆润等。

情绪：感人的、广阔的。

乐段：一段体。

基本情境：乘坐飞机，在天空观看五十六个民族不同的生活，玩耍民族大集合的情境游戏。

共鸣情境：生活中感到感动、广阔的时候。

一 活动目标

1.喜欢倾听音乐《我爱你，中国》，积极参与活动，体验活动的快乐。

2.通过游戏初步感受小提琴优美、圆润的音色特点。

3.随乐大胆想象五十六个民族不同的生活场景，并用动作表现出来。

二 活动准备

1.场景准备：围桌而坐、围成半圆皆可。

2.物质准备：教学多媒体资源包；小提琴或者小提琴图卡。

3.经验准备：对音乐的情绪特点有一定的乐感，能随音乐的特点联想游戏内容。

三 活动过程

♫立体感知

1.全屏播放“立体感知”的动画导入，通过视觉与听觉学习激发幼儿对“民族大集合”的音乐情境主题的活动兴趣。

教师：我们的国家叫什么？有多少民族？多少人民？（引导幼儿初步感知游戏内容）

2.第二次播放，缩小视频，引导幼儿专注倾听音乐，感知情境内容。

教师：我们一起坐上飞机，看看我们的祖国大地吧。

3.第三次播放，缩小视频，引导幼儿运用自己的肢体摆动来跟着音乐动一动，呈现出对音乐情境内容及音乐旋律的感知。

教师：听着这首音乐你会想到什么呢？（专注倾听、自由讨论）

提示：通过动画的导入，引导幼儿用视觉、听觉、运动觉的多维学习方式初步感受本首音乐旋律，为“具身融入”“自主探索”的游戏环节打下坚实的基础。

♫具身融入与自主探索

1.通过基本的情境，初步尝试理解音乐的音色特点。

（1）播放“具身融入”的第一页课件，通过情境感受“中国各民族人民生活”的游戏内容，在脑海里清晰地再现本次活动的情境。

教师：听着这舒缓动人的音乐，你想到自己在干什么？（幼儿自主探索、自主讨论）

（2）播放“具身融入”旋律课件，引导幼儿通过情境理解音乐的不同旋律的音乐情绪。

教师：怎样随乐用动作将你想到的内容表现出来？（自主探索随乐的游戏动作）

（3）再次播放本页的音乐，可以结合“自主探索”的视频呈现。

教师：你还想到了什么不一样的内容？（自由讨论、自主探索）

提示：通过对音乐的联想的情境游戏，玩耍3遍左右，让幼儿对音乐的音色有了初步的感知。

2.旋律中主乐器音色的感受——通过对《我爱你，中国》的感受，与音乐产生情绪情感的共鸣

（1）播放“具身融入”课件，结合“自主探索”中的视频呈现。此阶段为多元的探索过程，通过对主乐器音色的提示来探索游戏，从而更加深入地理解达成预设目标。

教师：《我爱你，中国》这首音乐是什么乐器演奏的？（引导幼儿加深对乐器小提琴的认识）

(2)再次播放音乐,感知乐器的演奏方式及音色特点。

教师:小提琴有什么特点?是怎样演奏的?(引导幼儿随乐有感情、有联想地模仿小提琴演奏)

提示:通过乐器小提琴音色的感染,感知《我爱你,中国》感人的情绪特点。

3.理解音乐感人、广阔的情绪特点,带着情绪特点去感受音乐。

播放"具身融入"情绪特点课件,感受音乐的情绪。

教师:这首《我爱你,中国》,你听了感觉怎么样?(引导幼儿感受感人、广阔的情绪)

教师:你会根据音乐的情绪特点,用什么方式表现感人、广阔的人民生活的情绪状态呢?

提示:幼儿与音乐情绪产生共鸣,通过语言、身体动作、表情等方式有情绪情感地表征游戏内容。

♫多元展现

通过多元的动作及队形空间来表达音乐。

1.展示"具身融入"自主游戏课件,引导幼儿用多元的角色及游戏来表达音乐。

教师:祖国妈妈非常伟大,跟随这优美动人的音乐,你最想跟祖国妈妈说什么?(引导幼儿通过不同的语言内容,表征对祖国母亲的热爱)

2.再次播放音乐,根据音乐感人、广阔的特点,创造性地、有情绪地表达音乐。

教师:跟随音乐,你最想送祖国妈妈一份什么礼物呢?(自由讨论、唱首歌、画幅画、跳个舞等)

提示:评价幼儿对音乐情绪的表达。

总结:我们一起欣赏了小提琴演奏的《我爱你,中国》,感受了音乐感人、广阔的情绪特点。在音乐中,感受到祖国妈妈的伟大与壮丽,让我们一起说声"我爱你,中国"!

四 活动延伸

演唱《我爱你,中国》。

第七章

幼儿园情境音乐教学法

评估体系

第一节 幼儿园情境音乐教学法的评估对象

一 幼儿园情境音乐教学法的评估范畴

(一)幼儿园情境音乐教学法的评估目的

评估目的是通过评估想要获得的结果或想要解决的问题。在做幼儿园情境音乐教学法的评估之前,要先明确本次评估的目的是什么,以便于确定评估的内容,选择恰当的评估工具和方法。幼儿园情境音乐教学法的评估目的既包含对幼儿音乐素养的评估,也包含利用音乐促进幼儿身心发展的评估,还要综合考虑文化性等方面,评估目的包括以下几点。

1.评估幼儿对音乐兴趣的激发,为幼儿提高音乐素养打下基础。

幼儿活泼好动,对新事物充满好奇,富有想象力。教师和学校可以利用幼儿对事物的求知欲激发幼儿对音乐的学习兴趣,在幼儿对音乐的探索过程中,不断培养幼儿对音乐旋律和节奏的把握,从而丰富幼儿的音乐知识、能力、技能,使幼儿从中获得审美的愉悦。

2.评估幼儿身体素质的提高,促进幼儿身体技能协调发展。

幼儿园情境音乐教学法中的韵律活动需要幼儿运用身体各部位与音乐相互配合完成。在演奏教学活动中,幼儿的需要充分调动手、脚、眼、耳和脑等身体器官,可以锻炼幼儿身体的灵活性和协调性。同时,可以让幼儿养成良好的歌唱习惯,合理发声,科学用嗓。

3.评估音乐促进幼儿注意、记忆、语言表达和想象创造等能力的发展。

在情境音乐的教学过程中,幼儿需要运用五感去观察音乐的节奏、音色、速度等,将自己已有的知识经验与音乐作品结合起来,可以提高幼儿的观察能力和对音乐的节奏感,使幼儿在体验中了解音乐的特点和意境。同时，在教学过程中，幼儿需要自主搭建歌曲的想象世界，通过情境记忆歌词，创编动作和改编歌词，还可以提高幼儿的注意、记忆、语言表达和想象创造等能力的发展。

4.评估幼儿团队合作意识的增强，促进幼儿的社会性发展。

情境音乐教学法一般需要幼儿与幼儿之间、幼儿与教师之间相互配合。因此，对于幼儿沟通能力和团队协作能力有一定的要求，需要幼儿理解并学会与同伴交往合作，学会共情，及时控制情绪。在这样的教学过程中，幼儿的合作能力和交往能力都会得到发展，促进了幼儿的社会性发展。

5.评估幼儿对民族音乐的认同，培养幼儿的爱国主义情怀。

音乐和乐器的选择可以影响幼儿的情感。中国的音乐有着悠久的历史，并拥有许多的民间乐器。教师在组织演奏教学活动过程中，可以将中国传统音乐和乐器运用到教学过程中。这样既能培养幼儿的乐感，同时也能让幼儿认识民族乐器，感受民族乐器的音色特点，体验民族音乐的魅力，从而推动本民族音乐文化的持续发展。

(二)幼儿园情境音乐教学法的评估内容

确定评估目的之后，就要考虑评估的具体内容。一份完整的评估方案通常包括以下三方面内容。

1.确定评估的指标体系。

幼儿园情境音乐教学法主要包括韵律活动、演奏活动、歌唱活动和欣赏活动四方面。因此，可以确定幼儿园情境音乐教学法评估的内容如表7-1，评估体系如图7-1。

表7-1　幼儿园情境音乐教学法评估内容

	音乐认知概念	音乐素养	发展领域
韵律	√	力度、强弱、快慢、节奏	粗大动作、想象
演奏	√	节奏、结构、曲调、曲式	精细动作、专注、记忆
歌唱	√	音准、高低、时值	表达、想象、记忆
欣赏	√	音色、风格	情绪情感、感知、想象

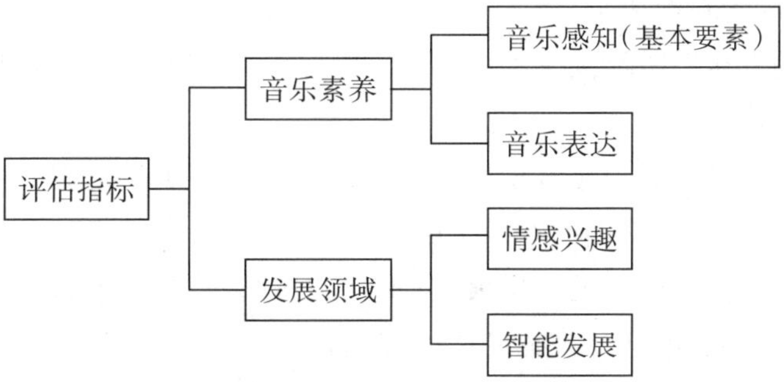

图7-1　幼儿园情境音乐教学法评估体系

2.选择收集资料的方法、途径和工具,并设计收集资料的程序。

确定了情境音乐教学法评估的指标体系以后,应该根据指标体系中所包含的内容选择收集资料的方法、途径和工具,并设计出评估的程序。

首先,选择收集评估资料的方法。收集评估资料的方法有很多,如观察法、问卷调查法、访谈法、作品分析法等,要根据每项指标的具体要求选择最适合的方法。

然后,要选择适当的工具和途径。例如测验幼儿音乐能力倾向时,可以选择《西肖尔音乐才能测验》《温格音乐能力标准化测验》等;测验幼儿音乐成就时,可以选择《科威尔音乐成就测验》等。

最后,设计评估的程度。收集资料的程序设计就是为收集资料制订一个时间表。哪种资料先收集,哪种后收集,要看收集资料的难易程度。一般来说,容易的先收集,难度大的后收集。当然,还要考虑各种客观条件。为了使资料收集工作能够有序地进行,评估者应该先了解各方面的情况,然后通过和家长、老师、校长等协商,最好制订出一个相对合适的资料收集的时间表来。

3.评估人员的选择与训练。

在幼儿园音乐情境教学法的评估中,所要收集的资料往往是多种多样的,有时评估组织者一人难以承担全部工作,需要组成一个评估小组共同来完成资料的收集工作。评估小组成员一定要经过筛选,应该符合专业人员的标准,否则,他们收集来的资料就难以保证准确、可靠。不过,有时很难找到非常合适的人选,评估的组织者可以选择一些大致符合条件的人,然后对他们进行培训,直到成为合格的评估人员为止。

二 幼儿音乐素养的评估

(一)幼儿音乐素养的内容

音乐素养,美国当代音乐教育哲学家戴维·埃里奥特在他的《关注音乐实践——新音乐教育哲学》一书中,给出了这样的定义:“音乐素养等同于音乐理解,而音乐素养是多维的有效理解,而后者在本质上是程序性的和处于情境中的。”也可这样来表述,艺术性的音乐制作和专业的音乐聆听涉及一种多维的、相关的、连贯的、生产的、开放的和可教育的认识,这就是音乐素养。

幼儿音乐素养的内容包括音乐感知和音乐表达。音乐是听觉的艺术。马克思说:“对于不辨音乐的耳朵来说,最美的音乐也毫无意义。”因此,培养音乐感知能力是音乐学习的第一步。音乐感知力是基本的音乐素质,也就是我们常说的“乐感”,包含音乐感觉和音乐知觉。音乐感觉是指借助听觉器官具体辨别音高、音强、音长、音色等细微差别的能力。音乐知觉是指人们对音乐的复杂形势与结构(节奏、旋律、和声、织体、力度、速度、调式调性等)的细微变化的辨别能力。

其中,音乐感知的基本要素包括音高、音强、音长、音色、节奏、旋律等。音高是指各种音调高低不同的声音,即音的高度,是音的基本特征的一种。音强是指声音信号中主音调的强弱程度,是判别乐音的基础。音长是指声音的长短,它决定于发音体振动时间的久暂。发音体振动持续久,声音就长,反之则短。音色是指生活中的各种声响、自然界的各种声音都彼此不同,即使是相近的声音,也有细微差别,声音的这种性质称为音色。节奏指将时值长短不一的音组合在一起(音长和音强的组合)。音乐的节奏是指音乐运动中音的长短和强弱。音乐的节奏常被比喻为音乐家的骨架。没有节奏感的演唱,如无源之水,无根之木,毫无艺术可言。节奏是音乐的生命,是音乐生命力的源泉,在奥尔夫音乐教育体系中,特别强调从节奏入手进行音乐教育。音乐节奏感的培养能够更好地发展孩子的音乐感知能力、创造力以及心理认知等方面的能力。旋律是音乐的首要要素,通常指若干乐音经过艺术构思而形成的有组织、节奏的序列。音乐表达包括理解联想、接近联想、相似联想、再造联想等活动。

(二)幼儿音乐素养的评估指标

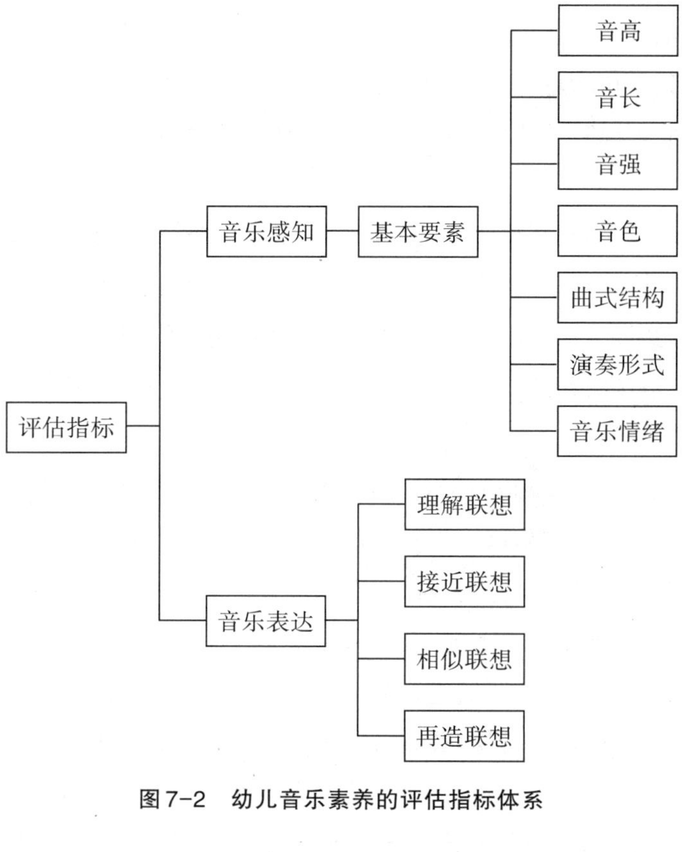

图7-2 幼儿音乐素养的评估指标体系

1. 韵律活动。

“言之不足故嗟叹之；嗟叹之不足，故永歌之；永歌之不足，不知手之舞之，足之蹈之也”。韵律是语言、音乐与舞蹈艺术整合相通的一种简单灵动的情感艺术表现方式。通过“听音乐，做动作”的形式，不断促进听觉、动觉、情感思维的发展，使幼儿在跟随音乐的律动中，体会音乐的节奏、韵律、情感与气质，诱发幼儿自身的音乐潜能，实现音乐的审美教育，情感教育。做韵律活动时，要考虑力度、强弱、速度快慢以及节奏的协调。

在幼儿园情境音乐教学法中，首先，韵律活动可以增强幼儿对音乐活动的喜爱，培养幼儿的节奏感；其次，韵律活动可以锻炼幼儿四肢的灵活性和协调性，增强幼儿体魄；再次，韵律活动有利于幼儿观察力、记忆力、思维力、想象力和创造力的发展；最后，韵律活动有利于提高幼儿的合作能力和交往能力，促进幼儿的社会性发展。

2. 演奏活动。

演奏活动注重对节奏和结构（曲调、曲式）的把握。在任何一种艺术形式中都会存在结构，每部作品的结构将会通过它的形式构架、基调以及细节等予以体现。乐句的长短在每一个作品中都不同，在同一个作品中也有不同长短的乐句出现，乐句的相同、相似、不同都是判断音乐作品曲式的标准之一。越长的音乐作品其乐句结构对于孩子们来说越难判断。教师在进行曲式教学的时候要通过视觉、听觉、符号、图谱、色彩、律动等各种手段来帮助孩子们感受到乐句的意义，观察到相同、相似、不同的区别。音乐是听觉的艺术，对于较小年龄的孩子们来说听觉艺术的教学要使用到更多视觉艺术、舞台艺术的帮助，使其更为具象化。

首先，演奏教学活动有利于激发学生演奏乐器的兴趣，提高幼儿的音乐素养；其次，有利于培养幼儿的节奏感，促进幼儿身体机能协调和认知能力的发展；再次，有利于增强幼儿的合作意识，促进幼儿的社会性发展；最后，演奏传统民间打击乐器有利于推动本民族音乐文化的发展，培养幼儿的爱国主义情怀。

3. 歌唱活动。

歌唱活动强调音准、高低以及时值。时值表示音与音之间的相对持续时间。音符时值，也称为音符值或音值，在乐谱中用来表达各音符之间的相对持续时间。一个完全音符等于两个二分音符、等于四个四分音符、八个八分音符、十六个十六分音符、三十二个三十二分音符。这只是音符时值的比例。拍号，是节拍分组呈现的方式，如二拍子、三拍子。在音乐作品中，只有加上拍号，我们才知道是以什么音符为一拍。

首先，歌唱活动有利于提高幼儿的认知能力、促进幼儿想象力的发展；其次，有利于培养幼儿良好的歌唱习惯、科学用嗓，促进幼儿音乐素养的整体提升；再次，有利于帮助幼儿扩充词汇量和句式结构，促进幼儿语言表达能力的发展；最后，有利于促进幼儿的合作能力和创造能力的发展。

4.欣赏活动。

注重音色以及风格。在幼儿园情境音乐教学法中，首先，欣赏活动有利于提高幼儿的音乐能力和音乐素养；其次，有利于发展幼儿对音乐的感受力、想象力、表现力和创造力，从中获得审美的愉悦；最后，有利于幼儿的社会性发展。

三　音乐促进幼儿发展的评估

(一)音乐促进幼儿发展的领域

学前教育是个体教育的起点与基础。其中，音乐教育是学前教育的重要环节。幼儿期的音乐教育对孩子未来的学习与生活起着重要的作用。音乐艺术作为美的载体，向个体传递着美的信息，使得个体的审美经验不断丰富，生命质量不断提升，进而为成为完满的人打下坚实的基础。美国《艺术教育国家标准》认为，"音乐教育能够培养完整的人，在发展个体直觉、推理、想象以及表达和交流能力等方面具有独特的作用；音乐艺术是人类文化的浓缩与人类文明的结晶，没有音乐艺术的教育是不完整的教育。"情境音乐教学法根据幼儿心理特点，选择贴近幼儿生活经验的场景，帮助幼儿搭建一个有趣的情境来开展音乐教学活动。幼儿通过对音乐的感受与欣赏、表达与创造，获得审美经验的不断生成，从而促进自身全面发展。在这个过程中可以让幼儿对音乐产生浓厚的兴趣，发展幼儿的想象力、创造力和表达力，进而促进幼儿情感兴趣和智能发展两大领域的成长。

1. 情感兴趣的概念。

情感是指由一定的主客观因素引起的意识的波动性与感染性。每个人都有自己的需要、态度和观念，情感就是人在这些因素的支配下，对事物的切身体验和反应。

兴趣是指个人力求接近、探索某种事物和从事某种活动的态度和倾向，亦称"爱好"，是个性倾向性的一种表现形式。兴趣在人的心理行为中具有重要作用。一个人对某事物感兴趣时，便对它产生特别的注意，对该事物观察敏锐、记忆牢固、思维活跃、情感深厚。

情感与兴趣之间存在密切关系。我们对某个事物产生强烈的情感时，往往会激发我们对该事物深入了解和研究的兴趣。而对某个领域有高度兴趣，则会形成对相关事物的积极情感。情感兴趣可以推动个体深入地了解与参与，促进自我发展与满足。

2. 智能发展的概念。

智能是智力和能力的总称。多年以来，不同的心理学家对智能的理解是不同的。传统的智能理论认为，智能的重点是语言和数理逻辑能力，对智能高低的评定是通过对智能的测验。20世纪80年代,智能三元说由美国心理学家斯腾伯格提出的,认为智能是由分析性智力、创造性智力和实践性智力这三个方面构成的。心理学家戈尔曼还提出情感智力的观点,认为人的情感对智能的影响也是至关重要的。然而对于智能概念最具有影响力的还是1983年加德纳提出的多元智能理论,将人类的智能分成言语语言智力、数学逻辑智力、视觉空间智力、身体动觉智力、音乐节奏智力、人际交往智力、自知自省智力和自然观察智力这八个范畴。

许多研究发现:大脑可以分为具有计算、语言能力的左半脑和具有音乐、绘画、感知等功能的右半脑,只有左右脑均衡发展,功能互补,才是人类智慧发挥最大潜能的要点。而音乐活动的开展能使大脑建立更多、更复杂的神经联系:右脑参与感知音乐旋律和节奏,而对音乐的性质和音乐之间联系的理解中,左脑起着决定性的作用。其中音乐技能训练的工具大都需要双手协调地使用,这很大程度上刺激了左右脑的兴奋和思维,从而促进了全脑的开发。

(二)音乐促进幼儿发展的领域指标

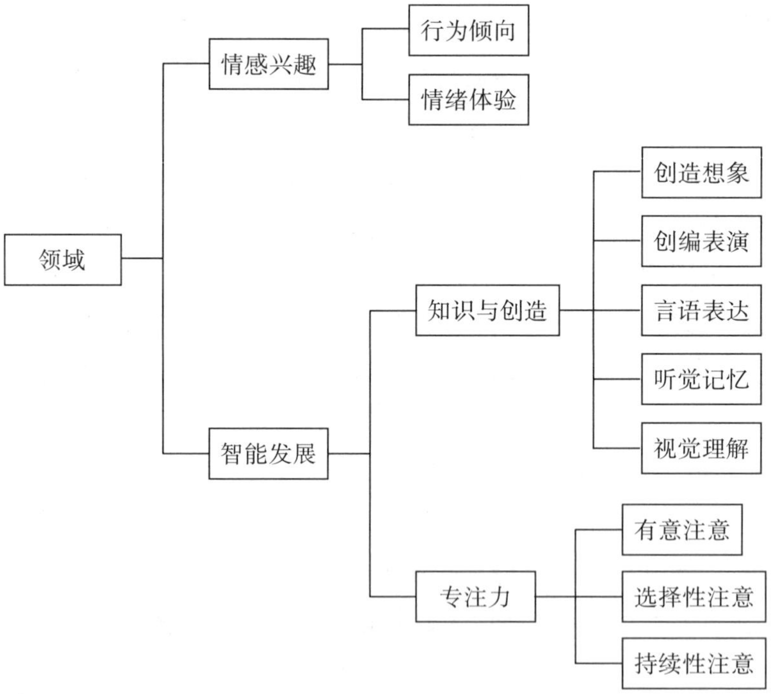

图7-3 音乐促进幼儿发展的领域指标体系图

从以上的音乐促进幼儿发展的领域指标体系图可以看出，每个领域的指标都各有不同的具体指标。

音乐是一种善于表现和激发情感的艺术。情绪是人类心理健康的窗口，幼儿的情绪情感比较不稳定，情绪体验强烈，两极性比较突出。由于神经系统的兴奋与抑制过程不平衡，因而他们的情绪具有冲动性和易感性。在音乐情境游戏中，幼儿通过参与音乐表演，获得喜悦、兴奋、安静、紧张等情绪体验。音乐欣赏的过程也是情感体验的过程，音乐能刺激人体的自主神经系统。科学家们发现轻柔的音乐会使人体脑中的血液循环减慢，而活泼的音乐则会增加人体的血液流速；高音或节奏快的音乐会使人体肌肉紧张，而低音或慢板音乐则会让人感觉放松。通过欣赏不同类型的音乐，可以引起幼儿的情绪变化。

音乐教育是在幼儿愉快的音乐活动中进行的。它的教育影响像春雨点点滴滴渗透到幼儿的内心情感、心灵深处，起着熏陶、感染的教育作用。在情境音乐教学过程中，幼儿在音乐游戏中自由玩乐、想象、表演，有效地丰富了幼儿的想象能力。

音乐活动是培养幼儿创造力的良好途径。在唱歌活动中鼓励幼儿随意、即兴创作，展开想象创编，不仅调动了幼儿学习歌曲的积极性，培养了幼儿的动作协调能力，也使幼儿从中得到了创造的源泉。要给幼儿提供自由表现的机会，鼓励幼儿用不同艺术形式大胆表达自己的情感，唤起他们初步进行创造活动的兴趣和愿望，从而增强自信心，发展各种能力。

音乐的本身就是通过听觉感受美的意境，可以帮助幼儿提高听觉能力。在情境音乐教学中，音乐与图片、动作指令结合，而极自然的旋律又能调动起幼儿极强能动性的联想，从而使听觉形象转化为视觉形象，让视觉感知在想象的景物中得以实现。

音乐也是一种语言。音乐有一种独特的节奏感和韵律感，可以帮助孩子提高语感。学习音乐可以让孩子更好地理解节奏和韵律，从而更加敏感地感受语言的节奏和韵律。在集体互动式的音乐活动，让孩子们进行语言、目光的交流，并通过有趣的舞蹈促使孩子们间的肢体接触，以此来提高他们的语言表达能力。

幼儿时期的注意特点是无意注意占优势，注意力集中时间较短，稳定性较差。音乐作为一种转瞬即逝的时间艺术，要求幼儿保持注意力稳定，习惯于音乐的运动和变化，以便了解音乐的内容和情感，形成对音乐整体的感受。学音乐的过程也是锻炼孩子专注力的过程。因为不仅要听老师的讲解，还要注意乐器发出的声音，以及声调和节奏，在合奏中，更要注意听辨，达到和谐的演奏。

第二节 幼儿园情境音乐教学法的评估工具

一 幼儿音乐素养的相关评估工具

音乐能力倾向测验

音乐能力倾向(Music Aptitude)指的是获得音乐技巧的潜能。它通过某种可以测量的、外显的能力来显示出个体对某项音乐活动可能具有的潜力。换句话说人们可以通过它有把握地预言某个体在经过一定的训练后其音乐成绩将显著提高。

标准化的心理实验测验在19世纪末20世纪初兴起,成为人们广泛推崇的研究方法。最早的音乐能力测量以1919年出版的西肖尔音乐才能测量为标志,此后关于学生音乐能力的测量工具大量出现。

1. 西肖尔音乐才能测验(Seashore Measures of Musical Talent)。

作为第一个标准化音乐才能测试的设计者,西肖尔被后人称为美国"音乐心理学之父",1919年《西肖尔音乐才能测验》出版,之后分别在1939年和1961年得到两次修改。西肖尔音乐才能测试包括六个分测试:音高(Pitch)、强度(Loudness)、时值(Time)、音色(Timbre)、音调记忆(Tonal Memory)以及节奏感(Sense of Rhythm),测试对象是小学四年级至成年人,装置采用的是"科学化器材和工具",即一组音叉、一个谐振器和一个用来敲击音叉的橡胶覆盖的铅棒。测试材料分为普通人组用的A套材料和音乐专业组用的B套材料,两套材料测试项目相同,但B套较于A套的内容难度更大。表7-2中对西肖尔音乐才能测验进行简单说明。

表7-2　西肖尔音乐才能测验

内容	题量	方法
音高	50组	以频率介于2~17cps(Cycles Per Second)的两个音作比较,受试者要分辨谁高谁低,满分50。
强度	50组	以强度在0.5~4.0db(分贝,Decibel,简写为db)的两个音作比较,受试者要分辨谁强谁弱,满分50。
时值	50组	以时长介于0.05~0.30秒的两个音作比较,受试者要分辨谁长谁短,满分50。
音色	50组	以180cps的频率发音,每个音分为6个部分,测试时会改变第三或第四部分的强度,受试者需分辨出两个音的音色是否相同,满分50。
音调记忆	30组	每个音列3~5个音,受试者需分辨出前后两个音列是相同还是不同,如不同是哪个音发生变化,满分30。
节奏感	30组	由类似小鼓敲出30对节奏型,受试者需判断每对节奏型是相同还是不同,满分30。

这个测验旨在评估个体在不同音乐能力方面的水平,提供了多个维度的信息,以便更全面地了解被测试者的音乐能力。

2. 夸克瓦瑟-戴克马音乐测试(Kwalwasser-Dykema Musical Talent Tests)。

这是美国的夸克瓦瑟和戴马克共同编制的音乐能力测试,1930年出版,对象为10~18岁学生。整套测试包括十个分测试,并使用管弦乐器和钢琴演奏出的音响为感觉材料。其中六项分测试与西肖尔的音乐才能测验因素相同,包括音高、强度、时值、音色、音调记忆与节奏感;此外,K-D测试中还增加了四种分测试:音调变化、旋律鉴赏、音高意象和节奏意象,其中音调变化和旋律鉴赏属于偏好类测试,音高意象和节奏意象属于音乐成就测量。表7-3中将对K-D音乐测试进行简单说明。

表7-3　K-D音乐测试

内容	题量	方法
音高	40题	受试者需分辨出每一对音是否相同。
强度	30题	30对音调或和弦,受试者需分辨出是否相同。
时值	25题	由三个音组成的音调,第一个和第三个音的时值一样,受试者需分辨出第二个音与第一个或第三个音时值是否相同。
音色	30题	音符被演奏两次,受试者需分辨出两次演奏的乐器是否相同。
节奏感	25题	每题一对节奏型,受试者需分辨出两个节奏型是否相同。
音调记忆	30题	每题一组音列,受试者需分辨出两组音列是否相同。

续表

内容	题量	方法
音调变化(偏好)	10题	受试者需判断在连续的音高进行中所听到的最后一个音高的终止趋向。
旋律鉴赏(偏好)	10题	每题两组短旋律,受试者需指出哪一句的短旋律的结尾更好。
音高意象(成就)	25题	受试者需判断所听到的音乐与乐谱上记录的是否相同。
节奏意象(成就)	2题	受试者需判断所听到的节奏与乐谱上记录的是否相同。

3. 温格音乐能力标准化测验(Wing Standardized Tests of Musical Intelligence)。

英国的温格在1933年就开始对音乐能力测验进行研究。这套音乐智力标准化测验于1939年编制,1948年、1957年、1960年和1961年再版,适用于年龄为8~17岁,分为七个分测验。前三个测验测量听觉灵敏度,包含和弦分析(Chord Analysis)、音高变化(Pitch Change)、记忆(Memory);后四个测验测量音乐感觉及鉴赏力,属于偏好类测验,包含节奏重音(Rhythmic Accent)、和声(Harmonization)、强度(Intensity)和乐句(Phrasing)。全套测验共136题,所需时间为60分钟,表7-4中将对温格音乐智力标准化测验进行简单说明。

表7-4　温格音乐智力标准化测试

内容	题数	方法
和弦分析	20题	由钢琴演奏单音或和弦,受试者需指出每题演奏的音符数。
音高变化	30题	由钢琴演奏出两组和弦,受试者需判断出两组是否相同,如不同,是较高还是较低。
记忆	30题	由3~10个音组成的旋律,受试者需判断第二次演奏与第一次是否相同,如不同,是哪个音不同。
节奏重音(偏好)	14题	受试者需判断第二个乐句的重音与第一个乐句的重音是否相同,如不同,更喜欢哪种。
和声(偏好)	14题	受试者需判断第二个乐句的和声与第一个乐句的和声是否相同,如不同,更喜欢哪种。
强度(偏好)	14题	受试者需判断第二个乐句的强度与第一个乐句的强度是否相同,如不同,更喜欢哪种。
乐句(偏好)	14题	受试者需判断第二个乐句的旋律与第一个乐句的旋律是否相同,如不同,更喜欢哪种。

这个评估工具旨在帮助选择适合深造的音乐人才,在测试中使用的材料是钢琴曲目,以确保测验的有意义性。

4. 德拉克音乐能力倾向测试(Drake Muaical Aptitude Tests)。

1932年,英国的德拉克发表了有关音乐才能的四个测试,包括旋律记忆、音程辨别、音高记忆以及对调式中心、乐句及节奏平衡的“感觉”。1954年,修改后出版,新的测试涉及音乐能力倾向中的两个方面:音乐记忆和节奏。两项测试分A、B两卷,A卷比较容易,B

卷比较难，测试对象从七八岁的儿童至大学生。测验设备部分，音乐记忆测试采用钢琴录音和演奏，节奏测试用节拍器。表7-5将对德拉克音乐能力倾向测验进行简单说明。

表7-5　德拉克音乐能力倾向测验

内容	方法
音乐记忆	测试内容包括音乐片段的录音和钢琴演奏的答案，每个片段播放2~7次，每次在音高、音调或节奏方面略有变化，也可能不变。受试者需要判断后继出现的旋律是标准旋律的变形还是重复，甚至进一步判断是在音高、音调还是节奏上变化。
节奏	A卷：节拍器四拍后休止，要求受试者从停止之后默数拍子，听到停后在答卷上记下默数的拍子数目。 B卷：在A卷的基础上，默数拍子时会出现与之前节拍器速度不同的干扰击拍声。

5. 戈登音乐能力倾向测验（Gordon's Musical Aptitude Profile）。

美国著名音乐心理学家、音乐教育家埃德温·戈登开发的音乐能力测量工具是近年来国际上音乐心理测量的重要代表，能够有效地判断学生音乐能力的优势和劣势，为音乐教学提供因材施教的依据。

音乐能力倾向测验是戈登在1965年编制，1995年进行修订，是戈登编制的第一套音乐能力倾向测验，简称MAP，这是一项稳定的音乐能力测验，专为小学四年级到高中三年级的学生设计。这套MAP测验设计源于格式塔和原子理论，里面共有包含音调和节奏在内的七个子测试，主要分为三个部分：音调意象（Tonal Imagery）、节奏意象（Rhythm Imagery）以及音乐敏感度（Musical Sensitivity）。戈登这套测验的第一和第二部分是建立在戈登的音乐听想理论基础之上，第三部分依据的是个体的音乐偏好，而非用来听想，表7-6中将详细列出该音乐能力倾向测试的内容。

表7-6　戈登音乐能力倾向测试（MAP）

内容		题数	方法
音调意象	旋律	40题	每题给出两段小提琴演奏的旋律片段，受试者要回答第二个旋律与第一个相比是否相同。
	和声	40题	每题给出两段由小提琴和大提琴合奏的乐句，受试者要回答第二个乐句与第一个相比是否相同。
节奏意象	速度	40题	每题给出两段乐句，受试者要回答第二个乐句与第一个相比，速度是相同，较快还是较慢。
	节拍	40题	每题给出两段乐句，受试者要回答第二个乐句与第一个相比，节拍是否相同。
音乐感受性	乐句	30题	每题给出两段乐句，旋律相同但演奏方式不同，受试者要回答哪种演奏方式更好。
	平衡	30题	每题给出两段乐句，乐句开端相同结尾不同，受试者要回答哪种演奏方式更好。
	风格	30题	每题给出两段乐句，但速度不同，受试者要回答哪种演奏方式更好。

戈登认为，孩子在9岁之前的音乐能力倾向处于波动中，9岁后趋于稳定。他认为一个孩子的音乐能力倾向不可能达到比出生时更高的水平。总体而言，埃德温·戈登音乐能力测验旨在为音乐教学提供因材施教的依据，通过全面测量学生在音调、节奏和音乐敏感性方面的能力，以更好地理解其音乐倾向。

6. 本特利音乐能力测验（The Bentley's Measures of Musical Abilities）。

本特利于1966年出版了本特利音乐能力测验，这是一种简短而有效的工具，用于评估个体在音高辨认、音调记忆、和弦分析和节奏记忆等方面的音乐能力。其应用范围广泛，可适用于不同年龄段的被试，并通过相关性研究证明了其信度和效度。该测验适用于年龄从7或8岁到成人的被试，测试时间约为20分钟。测验的分数通过与教师对学生评估排名比较，发现二者的相关系数较高，这表明测验在评估音乐能力方面具有较好的效度。

该音乐能力测验包含四个测验项目，涵盖了不同方面的音乐能力，表7-7中将详细列出该音乐能力倾向测试的内容。

表7-7　本特利音乐能力测验

内容	题数	方法
音高辨认	20题	被试者需要辨别20个音符，并判断第二个音高相对于第一个音高是更高、更低还是相同。
音调记忆	10题	10对曲调，每个曲调中包含5个音符，被试者听到两个不同的曲调，然后需要判断第二个曲调是否与第一个曲调相同，如果不同，是哪里发生了变化。
和弦分析	10题	被试者需要分析10个和弦，并判断每个和弦中有几个音。
节奏记忆	10题	被试者需要听两个不同的时间模式，然后判断第二个时间模式是否与第一个相同，如果不同，被试需要指出哪一个音符发生了变化。

总而言之，音乐素养的相关评估工具在幼儿教育领域起着重要的作用，有助于了解幼儿的音乐能力和成就水平。这些评估工具在音乐教育中发挥着重要的作用，有助于教师更好地理解学生的音乐能力和需要，以实现因材施教的目标。不同工具的设计结构和评估内容多样，使其适用于不同年龄段和水平的学生。

结合上述测评工具，我们以适合本书中所提到的情境音乐教学法中涉及的韵律、演奏、歌唱、欣赏四方面为依据评估幼儿的音乐能力，需要注意的是，该测验针对的是3—6岁的幼儿，测验应由受训过的专业音乐教师执行，并根据自己的经验，评估幼儿在自己年龄组的各项发展水平，并给出相应的发展建议。附录1中将列出该音乐能力测评表的详细内容。

二　音乐促进幼儿发展的相关评估工具

音乐教学能够促进幼儿认知能力与创造力的发展。尤其在通过经过本土化的音乐教学体系影响下,幼儿的专注力包括专注力的集中性、专注力的持续性以及专注力的稳定性能力都能得到很好的发展。音乐教学也能提高幼儿各方面的记忆能力和促进言语表达能力的发展,例如记忆容量的增长、记忆的准确性能力以及记忆速度的提升,幼儿言语水平的提高等。针对幼儿不同领域能力的发展,专业人士制定了许多适宜幼儿的测评工具来实施观察评估。

(一)幼儿注意力的相关测评工具

1. 线条追踪测验。

线条追踪测验是依据2003年殷恒婵的《青少年注意力测验》上的一种用于测试青少年专注力的集中性测评工具。该工具根据幼儿的认知发展规律进行改进,通过任务测验法的评估方法进行。该测验中目标线条由简单到复杂,主试让幼儿在可借助手指的条件下,将视线在紊乱的线条中追踪目标线条,最终统计幼儿追踪正确的线条总数,从而判断幼儿的专注是不是能良好地集中在视觉任务中。

2. 词语追踪测验。

词语追踪测验是依据2003年殷恒婵的《青少年注意力测验》上的一种用于测试青少年专注力的集中性测评工具。该工具根据本研究对于专注力集中性维度的操作定义,结合流行的幼儿专注力训练题目设计而成。此任务是给幼儿听一段故事,让幼儿在听到故事里面出现目标词汇时做出拍手动作,统计故事结束后被试的正确拍手数。测验过程要求孩子将认知资源与听觉、动觉都集中在当前任务中,以此考察对幼儿专注力的集中性品质。

3. 校对改错测试。

校对改错测试源自1983年李洪曾等人在研究五至六岁幼儿有意注意时采用的一种专注力稳定性测评工具。通过采用任务测验法,观察法等测评方法,主试发给每个幼儿一张印有“○”和“□”的改错练习纸。改错练习纸上整齐排列着需要校对的随机符号,孩子听预备好的录音,录音内容为“圆圈”和“方块”连续均匀的词。幼儿根据录音校对纸上的“○”和“□”两种符号,找出纸上错误的符号。通过连续正确的数目反映了注意力集中的持续时间,并用以对幼儿有意注意的稳定性进行评定。

4. 划消实验和图形辨别实验。

划消实验和图形辨别实验来自2003年殷恒婵的《青少年注意力测验》中一种通常被用来测验注意力品质的测评工具。通过任务测验法,鉴于幼儿对数字的掌握程度,将测验中随机分布的数字改为随机分布的相似图形，让幼儿在相似图形中搜索目标图形，最终记录幼儿停止作答前完成辨别的图形个数，作为衡量幼儿专注力持续性水平的指标。

5.舒尔特注意力方格测评。

舒尔特方格是德国心理医生沃尔特·舒尔特在19世纪90年代以任务测验法为主的测评方法而设计的评估工具。这种工具起初用于测试飞行员的注意力，后来通过不断改进成为用于评估幼儿注意力的一种工具。舒尔特方格是一张画有25个小方格的表格，将1~25的数字顺序打乱，填在表格里面，然后以让幼儿以最快的速度从1数到25，要边读边指出，一人指读一人帮忙计时，最终通过幼儿完成任务时间评估幼儿的有意注意和注意力的持续性。

表7-8　注意力评估工具列表

<table>
<tr><th>领域</th><th>分项</th><th>内容</th><th>方法</th></tr>
<tr><td rowspan="5">专注力</td><td rowspan="2">集中性</td><td>线条追踪测验</td><td>幼儿在可借助手指的条件下，将视线在紊乱的线条中追踪目标线条，最终统计幼儿追踪正确的线条总数。</td></tr>
<tr><td>词语追踪测验</td><td>此任务是给幼儿听一段故事，让幼儿在听到故事里面出现目标词汇时做出拍手动作，统计故事结束后被试的正确拍手数。</td></tr>
<tr><td>稳定性</td><td>校对改错测试</td><td>幼儿根据录音校对纸上的“○”和“□”两种符号，找出纸上错误的符号。</td></tr>
<tr><td rowspan="2">持续性</td><td>划消实验和图形辨别实验</td><td>幼儿在相似图形中搜索目标图形，最终记录幼儿停止作答前完成辨别的图形个数。</td></tr>
<tr><td>舒尔特注意力方格测评</td><td>以计时方式让幼儿以最快的速度从1数到25。</td></tr>
</table>

6.达斯夫专注力测评。

幼儿园情境音乐教学法在理论探索和实践初期，通过对以上测评工具的整合，自主研发出一套“专注力测评工具”。该测评工具根据小班、中班、大班三大类别，八个阶段由简到难，由浅到深对幼儿专注力进行评估，同时基于外界刺激进入的感觉通道的分类，又将注意力的选择性和持续性这两大维度细分为视觉持续性注意、听觉持续性注意、视觉选择性注意、听觉选择性注意四大方面。研究组针对幼儿不同年龄阶段发展特点，设置不同难度的测评内容，配合音乐素材和形象的任务图卡，实现了对音乐促进幼儿专注力发展的有效评估。

表7-9　专注力测评划分维度

	选择性注意	持续性注意
视觉	视觉选择性注意	视觉持续性注意
听觉	听觉选择性注意	听觉持续性注意

该测评工具测评具体内容包括以下四个方面。

（1）视觉持续性注意：在一段较长时间内快速呈现多个视觉刺激，其中包括目标刺激和非目标刺激，要求个体对其中的目标刺激保持注意，当目标刺激出现时就快速做出反应。任务图卡见下图7-4。

图7-4　第一阶段幼儿视觉持续能力测试

（2）听觉持续性注意：在一段较长时间内依次给个体呈现多种听觉刺激，要求个体对目标刺激做出反应。任务图卡见下图7-5。

图7-5　第一阶段幼儿听觉持续能力测试

（3）视觉选择性注意：要求幼儿从多种类别的事物中根据不同要求找出某一类目标物体。任务图卡见下图7-6。

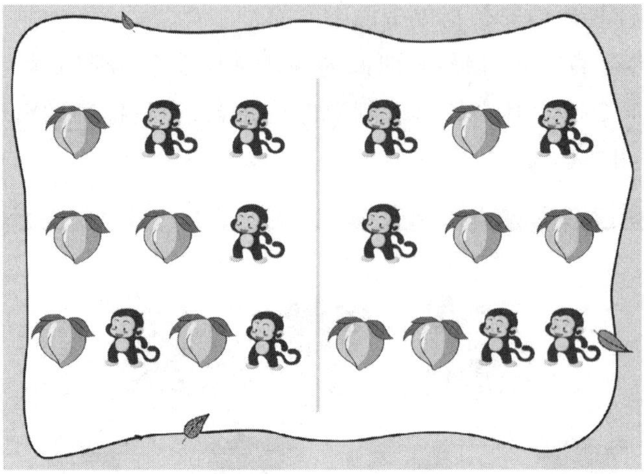

图7-6　第一阶段幼儿视觉选择能力测试

(4)听觉选择性注意:要求幼儿从多种类别的事物中根据不同要求,根据音频找出某一类目标物体。任务图卡见下图7-7。

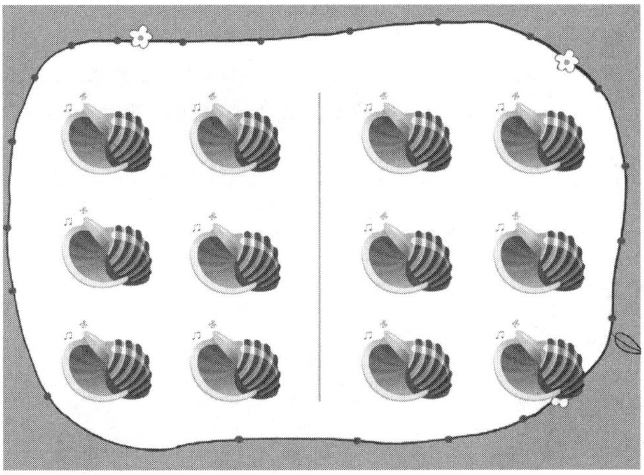

图7-7　第一阶段幼儿听觉选择能力测试

(二)幼儿记忆的相关评估工具

1.动作记忆测验。

动作记忆测验是根据苗治平等人在2011年制定的动作记忆测验以及1983年考夫曼儿童成套测验中序列手掌摆放的动作记忆进行改编一种测评工具。该测验以任务测验法为主,从动作记忆容量、动作记忆准确性、动作记忆速度三维度综合考虑个体的动作记忆力发展情况。在对幼儿动作记忆容量测验和动作记忆准确性测验中,幼儿起初观察老师一边数着节拍,一边做着相应的舞蹈动作,最后在只有节拍的情况下让幼儿还原舞蹈动作。最终通过根据幼儿正确还原动作数目和数目占比,评估幼儿记忆容量和准确性能力。

在动作速度记忆测验中，让孩子根据视频学习一种舞蹈，可重复观看视频，直至学会为止，最终根据幼儿观看视频次数评估童动作速度记忆能力。

2. 词语记忆测验。

词语记忆测验依据郭起浩等人在2001年编制的听觉词语记忆测验（AVMT）进行改编的一种测评工具，根据幼儿认知发展从《基础汉语1000词》选取字词，根据幼儿不同年龄阶段的记忆特点，组成了相应的词语记忆速度测验。测验主要以任务测验法为主，老师按每秒1个的速度依次读出词汇，要求小朋友在听完每一个词语后立即复述，在读完每一组词语后，让幼儿回忆出刚刚说过的词语，根据幼儿正确回忆的词语数评估幼儿记忆容量能力，根据幼儿正确回忆词语的占比来评估幼儿记忆准确性能力。在词语记忆速度测验上，通过幼儿对特定数量词语的反复次数，评估幼儿词语记忆速度。

3. 图画记忆测验。

图画记忆测验是依据韦氏幼儿智力量表第四版（WPPSI-IV）中的图片记忆分测验，根据幼儿认知能力发展规律特点作为基础制定的一种记忆评估工具。测验以任务测验法为主，实验图片以幼儿常见事物为素材，让幼儿在规定时间内观察同一页内多个图片，最后在测试页中指出刚才在题目页看到的所有目标图片。根据幼儿正确指认图片数量和正确率评估幼儿的记忆容量能力和记忆准确性能力。

表7-10　记忆力评估工具列表

领域	分项	方法
记忆力	动作记忆测验	幼儿起初观察老师一边数着节拍，一边作着相应的舞蹈动作，最后在只有节拍的情况下让幼儿还原舞蹈动作，计算正确动作数量和正确率。
		孩子根据视频学习一种舞蹈，可重复观看视频，直至学会为止，最终计算频次。
	词语记忆测验	老师按每秒1个的速度依次读出词汇，要求小朋友在听完每一个词语后立即复述，在读完每一组词语后，让幼儿回忆出刚刚说过的词语，最终计算正确数量和正确率。
		幼儿对特定数量词语的反复记忆，直到记熟为止，最终计算次数。
	图片记忆测验	幼儿在规定时间内观察同一页内多个图片，最后在测试页中指出刚才在题目页看到的所有目标图片，最终计算正确次数和正确率。

（三）幼儿语言表达测评工具

1.S-S语言发育迟缓评价法。

“S-S语言发育迟缓评价法”是日本音声言语医学会语言发育迟缓委员会以语言障碍幼儿为对象，于1977年开始研制试用的一种测量工具。中国康复研究中心按照汉语的语言特点和文化习惯研制了汉语版。该评估工具内容包括“符号形式与指示内容关系”“基础性过程”和“交流态度”三方面，操作内容主要包括操作性课题、听觉记忆测试、手势、言语模仿（包括单音节模仿、幼儿语言、成人语言）以及交流态度测试内容（包括注意他人的动作、视线，对他人指示的回应等）。

2.伊利诺斯心理语言能力测验。

伊利诺斯心理语言能力测验由美国心理学研究者于1968年重新修订并推广，从幼儿交往活动的侧面来观察幼儿的智力活动情况的一种测验。该测验适用于2岁4个月至10岁3个月幼儿。整个测验由5大部分，12个分测验组成，其中10个为必测项目，2个为备用分测验。测验内容包括理解能力、言语推理和图画类推能力、语言和动作表达能力、构成能力、记忆能力这几个方面。

3.雷妮氏语言发展量表。

雷妮氏语言发展量表由英国语言学家雷妮氏在1969年开发的一种测评工具。该量表包括两部分：语言表达和语言理解。语言表达部分包括“句子复述”“习语”“描述”“对话”等项目，主要评估幼儿的口头表达能力；语言理解部分包括“词汇”“句子理解”“单词句子组合”等项目，主要评估幼儿的语言理解能力。通过观察分析法，观察幼儿的表现，根据量表上的评估标准，对幼儿进行记录和打分。

鉴于市面上针对音乐促进幼儿相关能力的评估工具的整理和分析，达斯夫科研组借鉴专家学者对注意力划分的维度，选取了其中持续性注意、选择性注意这两大维度，搭配自身课程内容体系，研发出了一款适于自身课程体系的幼儿专注力测评工具，详见附录3。

附录

附录1：幼儿音乐能力测量评估表

姓名： 性别： 出生日期：				
维度	分项	内容	方法	评分
情感兴趣	行为	行为倾向	被试者需要参与到音乐游戏活动中，并愿意用模仿动作的方式表达感受，对不同的声音产生好奇、发生兴趣，喜欢听音乐、看戏剧等不同表演，乐于参与到活动中去。	
	情绪	情绪体验	被试者需要参与到音乐情境游戏中，并且通过不同形象角色扮演，能够体验到兴奋、愉悦、快乐、安静、喜欢等情绪体验。	
音乐素养	音乐感知	音的高低	被试者需要辨别多个音符，并判断第二个音高相对于第一个音高是更高、更低还是相同。	
		音的长短	被试者需要辨别多个音符，并判断第二个音高相对于第一个音高是更长、更短还是相同。	
		音的强弱	被试者需要辨别多个音符，并判断第二个音高相对于第一个音高是更强、更弱还是相同。	
		音色	被试者需要辨别不同乐器的音色、人物的音色、动物的音色等。	
		曲式结构	被试者需要在情境中分辨不同段的音乐。	
		演奏形式	被试者需要辨别齐奏、齐唱等不同类型的音乐表演方式（从开始至乐曲结束）。	
		音乐情绪	被试者需要辨别不同音乐中的音乐情绪，比如是悲伤的还是欢快的。	
	音乐表达	理解联想	被试者需要用2～3种乐器按照音乐情境尝试进行有节奏的演奏。	
		接近联想	被试者需要听辨不同风格的音乐，并尝试用表情、动作等（拍手、跺脚、高举等身体动作）夸张地表达音乐情境带来的音乐。	
		相似联想	被试者需要听辨不同风格的音乐，并尝试用不同动作展现音乐情境内容。	
		再造联想	被试者需要在没有音乐的情况下自主尝试哼唱旋律或手舞足蹈。	
智能发展	认知与创造	创造想象	被试者需要在一个具体的音乐情境中，尝试创编表演内容。	
		创编表演	被试者需要在一个具体的音乐情境中尝试用不同的音乐角色完成同一音乐内容的表演。	

智能发展	认知与创造	言语表达	被试者需要在一个具体音乐情境中，用简短的语言描述该音乐情境的内容。	
		听觉记忆	被试者需要听取并记忆一段音乐旋律，并尝试随音乐完成表演，尝试自主哼唱旋律。	
		视觉理解	被试者需要在音乐绘本中找出其中的音乐细节，尝试将图像与音乐结合。	
	专注力	有意注意与选择性注意	被试者需要对音乐活动中的图片形象、角色形象乐器形象等产生好奇形成有意注意，并且在不同的图片形象、角色形象、乐器形象、声音形象中选择自己更为感兴趣的形象。	
		持续性注意	被试者需要在活动的开展过程中，维持一定时间对音乐活动的兴趣，进而迁移到其他学习中去。	
评测观察内容				
后续发展建议				

备注：

1.该测试一共20项内容，每项5分，满分为100分。

2.该测试针对人群是3—6岁幼儿。

3.测试应由受训过的专业音乐教师执行，按照顺序对每个项目进行评估测试，教师应根据自己的经验，评估孩童在自己年龄组里的各项发展水平，并给出发展建议。

4.每项评分为1—5分，其中1分为严重落后；2分为略欠发展；3分为满足预期；4分为超出预期；5分为远超同龄人平均值。

5.最后总分相加低于20分为严重落后，20分—40分为略欠发展，40分—60分为满足预期，60分—80分为满足预期，80分—100分为远超同龄人平均值。

附录2:幼儿能力发展评估表

姓名：　　性别：　　出生日期：

<table>
<tr><th rowspan="2">领域</th><th rowspan="2">分项</th><th rowspan="2">内容</th><th colspan="2">分数</th></tr>
<tr><th>正确个数</th><th>总数</th></tr>
<tr><td rowspan="9">专注力</td><td rowspan="3">集中性</td><td>线条追踪测验</td><td></td><td></td></tr>
<tr><td>词语追踪测验</td><td></td><td></td></tr>
<tr><td>集中性表现</td><td colspan="2"></td></tr>
<tr><td rowspan="2">稳定性</td><td>校对改错测试</td><td></td><td></td></tr>
<tr><td>稳定性表现</td><td colspan="2"></td></tr>
<tr><td rowspan="4">持续性</td><td>划消实验和图形辨别实验</td><td></td><td></td></tr>
<tr><td rowspan="2">舒尔特注意力方格测评</td><td>所用时间</td><td rowspan="2"></td></tr>
<tr><td></td></tr>
<tr><td>持续性表现</td><td colspan="2"></td></tr>
</table>

<table>
<tr><th rowspan="2">领域</th><th rowspan="2">分项</th><th rowspan="2">内容</th><th colspan="2">分数</th></tr>
<tr><th>正确个数</th><th>总数</th></tr>
<tr><td rowspan="13">记忆力</td><td rowspan="5">动作记忆测验</td><td>记忆容量</td><td></td><td></td></tr>
<tr><td>记忆准确性</td><td></td><td></td></tr>
<tr><td rowspan="2">记忆速度</td><td>重复次数</td><td rowspan="2"></td></tr>
<tr><td></td></tr>
<tr><td>动作记忆表现</td><td colspan="2"></td></tr>
<tr><td rowspan="5">词语记忆测验</td><td>记忆容量</td><td></td><td></td></tr>
<tr><td>记忆准确性</td><td></td><td></td></tr>
<tr><td rowspan="2">记忆速度</td><td>重复次数</td><td rowspan="2"></td></tr>
<tr><td></td></tr>
<tr><td>词语记忆表现</td><td colspan="2"></td></tr>
<tr><td rowspan="3">图片记忆测验</td><td>记忆容量</td><td></td><td></td></tr>
<tr><td>记忆准确性</td><td></td><td></td></tr>
<tr><td>图片记忆表现</td><td></td><td></td></tr>
</table>

附录3：达斯夫专注力测评体系框架

专注力测评体系								
类别	持续性注意				选择性注意			
	视觉持续		听觉持续		视觉选择		听觉选择	
	数量	时间	数量	时间	数量	时间	数量	时间
小班上	5个目标图片；5个干扰图片	5秒	4个目标声音；4个干扰声音	10秒（根据单个声音长短可变）	AAA/BBB(切换1次)	无时间限制	AAA/BBB(切换1次)	无时间限制
小班下	10个目标图片；10个干扰图片	10秒	6个目标声音；6个干扰声音	15秒（根据单个声音长短可变）	AAAAA/BBBBB(切换1次)	无时间限制	AAAAA/BBBBB(切换1次)	无时间限制
中班上	15个目标图片；15个干扰图片	15秒	10个目标声音；10个干扰声音	25秒（根据单个声音长短可变）	AAAAAA/BBBBBB(切换1次)	无时间限制	AAAAAA/BBBBBB(切换1次)	无时间限制
中班下	20个目标图片；20个干扰图片	20秒	13个目标声音；13个干扰声音	30秒（根据单个声音长短可变）	AAAAAA/BBBBBB(切换2次)	无时间限制	AAAAAA/BBBBBB(切换2次)	无时间限制
大班上	25个目标图片；25个干扰图片	25秒	16个目标声音；16个干扰声音	40秒（根据单个声音长短可变）	AAAAAA/BBBBBB(切换3次)	无时间限制	AAAAAA/BBBBBB(切换3次)	无时间限制
大班下	30个目标图片；30个干扰图片	30秒	20个目标图片；20个干扰声音	50秒（根据单个声音长短可变）	AAAAAA/BBBBBB(切换4次)	无时间限制	AAAAAA/BBBBBB(切换4次)	无时间限制

附录4:歌曲打击乐活动

歌曲打击乐活动《动物大集合》

备注:乐感强的班级,直接上歌唱活动的教案;乐感弱的班级上歌曲打击乐活动的教案,再反复熟悉演唱即可。

音乐素养

节奏型:歌曲强拍节奏。

乐器:沙锤(也可以使用其他难度适宜的乐器)。

情境:蝌蚪游、公鸡叫、企鹅走、猩猩吼的情境游戏。

一 活动目标

1.愿意与同伴一起跟着音乐扮演公鸡、企鹅等动物玩耍游戏,感受到音乐游戏的快乐。

2.基本能用沙锤配合动作根据音乐的歌词内容进行表演。

3.通过音乐活动,了解蝌蚪游、公鸡叫、企鹅走、猩猩吼的行为方式。

二 活动准备

1.场景准备:围桌而坐、围成半圆皆可;有条件的可以利用区角材料布置小舞台的情境。

2. 物质准备：教学多媒体资源包；乐器沙锤。

3. 经验准备：对蝌蚪游、公鸡叫、企鹅走、猩猩吼的动作有一定的了解。

三 活动过程

♫立体感知

1. 全屏播放“立体感知”的动画导入，通过视觉与听觉学习激发幼儿对“动物大集合”的音乐情境主题的活动兴趣。

教师：你看到了哪些小动物？（引导幼儿通过动画，初步感知歌曲内容）

2. 第二次播放，缩小视频，引导幼儿专注倾听歌曲内容。

教师：听一听，谁先出来，谁最后出来？（教师可用“蝌蚪”“公鸡”“企鹅”“猩猩”的口令进行提示）

3. 第三次播放，缩小视频，引导幼儿运用自己的肢体摆动来跟着音乐动一动，呈现出对音乐节奏的初步感知。

教师：你可以用什么样的身体动作为歌曲伴奏呢？（可以运用拍手、拍肩等多种声势动作）

提示：通过动画的导入，引导幼儿用视觉、听觉、运动觉的多维学习方式初步感受歌曲中的内容，为“具身融入”“自主探索”的游戏环节打下坚实的基础。

♫具身融入与自主探索

1. 通过基本的情境，初步尝试理解音乐的旋律。

（1）播放“具身融入”的第一页课件，通过玩耍游戏“我是小动物”，在脑海里清晰地再现本次活动的情境。

教师：可以用什么样的动作表示“一起做游戏”呢？（引导幼儿在原位自主探索游戏的动作强拍）

（2）播放“具身融入”的旋律课件，引导幼儿通过情境理解音乐的不同旋律。

教师：可以用什么样的动作表示“左摇摇右摆摆”呢？（引导幼儿在原位自主探索不同表现动作）

（3）再次播放本页的音乐，可以结合“自主探索”的视频呈现。

教师：蝌蚪游、公鸡叫、企鹅走、猩猩吼时，它们怎么做的？我们跟着音乐的节奏来学一学。（引导幼儿在原位自主探索动物出现时的强拍节奏）

提示：通过动物的情境代入，玩耍3遍左右，让幼儿对音乐的旋律有了初步的理解。

2. 情境及动作的创造——通过不同的情境内容，巩固对音乐强拍的感知与理解。

（1）播放“具身融入”课件，结合“自主探索”中的视频呈现。此阶段为多元的探索过

程，通过情境提示来探索游戏，从而更加深入地理解达成预设目标。

教师：你还可以用什么不同的动作为歌曲伴舞？（引导幼儿探索出用双人游戏、小组游戏、集体游戏等不同的游戏动作）

（2）再次播放音乐，扩大表演空间，丰富表演内容，表现出音乐的节奏特点。

教师：这首歌曲的节奏是怎样的，我们可以怎样用动作表现出节奏内容？

提示：通过游戏中对节奏的感知，让幼儿基本理解了音乐的强拍。

♫多元展现

通过乐器来表达音乐。

1.出示乐器沙锤，介绍乐器的名称及演奏方法。

教师：这是什么乐器呢？他会发出哪些声音？是怎么使用的呢？

2.播放“多元展现”课件，通过乐器沙锤自由地探索音乐的强拍特点。

教师：怎样用沙锤跟着音乐一起表演呢？（引导幼儿反复玩耍，表现出音乐的节奏）

提示：可以改变表演队形，围桌游玩或者围大圈表演音乐，也可以把乐器替换成其他材料。

四 活动延伸

掌握了歌曲节奏和大致内容后，可以在餐前、放学前，反复演唱歌曲。

歌曲打击乐活动《大雨小雨》

备注：乐感强的班级，直接上歌唱活动的教案；乐感弱的班级上歌曲打击乐活动的教案，再反复熟悉演唱即可。

音乐素养

节奏型：慢节奏与快节奏。

节拍：四四拍。

乐器：听雨筒（也可以使用其他乐器）。

情境：小雨慢节奏，大雨快节奏的情境游戏。

一 活动目标

1. 喜欢倾听音乐《大雨小雨》，乐于用乐器为歌曲伴奏。
2. 基本能用听雨筒为四四拍歌曲《大雨小雨》进行伴奏表演。
3. 初步感知音乐中的“慢与快”的节奏特点。

二 活动准备

1. 场景准备：围桌而坐、围成半圆皆可。
2. 物质准备：乐器听雨筒；建议教师自备大小雨滴卡片。

三 活动过程

立体感知

1.全屏播放“立体感知”的动画导入，通过视觉与听觉学习激发幼儿对“大雨小雨”的音乐情境主题的活动兴趣。

教师：你看到了什么？（引导幼儿通过动画，初步感知歌曲内容）

2.第二次播放，缩小视频，引导幼儿专注倾听歌曲内容。

教师：听一听，谁先落下来，谁后落下来？（教师可用“大雨”“小雨”的口令进行提示）

3.第三次播放，缩小视频，引导幼儿运用自己的肢体摆动来跟着音乐动一动，呈现出对音乐节奏的初步感知。

教师：你可以用什么样的身体动作为歌曲伴奏呢？（可以运用拍手、拍肩等多种声势动作）

提示：通过动画的导入，引导幼儿用视觉、听觉、运动觉的多维学习方式初步感受歌曲中的内容，为“具身融入”“自主探索”的游戏环节打下坚实的基础。

具身融入与自主探索

1.通过基本的情境，初步尝试理解音乐的旋律。

（1）播放“具身融入”的第一页课件，通过玩耍游戏“下雨了”，在脑海里清晰地再现本次活动的情境。

教师：用什么样的动作表示“滴答”和“稀里哗啦”呢？（引导幼儿在原位自主探索游戏的动作）

（2）播放“具身融入”的旋律课件，引导幼儿通过情境理解音乐的不同旋律。

教师：小雨滴和大雨滴出现的时候速度有什么不同？你会用什么动作来表示小雨和大雨？（引导幼儿感受音乐节奏的“慢与快”，在原位自主探索不同表现动作）

（3）再次播放本页的音乐，可以结合“自主探索”的视频呈现。

教师：小雨的“滴答”和大雨“稀里哗啦”出现时的节拍是怎样的呢？（引导幼儿在原位自主探索小雨和大雨出现时的节奏）

提示：通过下雨了的情境代入，玩耍3遍左右，让幼儿对音乐的旋律有了初步的理解。

2.情境及动作的创造——通过不同的情境内容，巩固对音乐强拍的感知与理解。

（1）播放“具身融入”课件，结合“自主探索”中的视频呈现。此阶段为多元的探索过程，通过情境提示来探索游戏，从而更加深入地理解达成预设目标。

教师：你还可以用什么不同的动作为歌曲伴舞？（引导幼儿探索出用双人游戏、小组游

戏、集体游戏等不同的游戏动作)

(2)再次播放音乐,扩大表演空间,丰富表演内容,表现出音乐的节奏特点。

教师:这首歌曲的节奏是怎样的,我们可以怎样用动作表现出节奏内容?

提示:通过游戏中对节奏的感知,幼儿基本理解了音乐的强拍。

♫多元展现

通过乐器来表达音乐。

1.出示乐器听雨筒,介绍乐器的名称及演奏方法。

教师:这是什么乐器呢?他会发出哪些声音?是怎么使用的呢?

2.播放"多元展现"课件,通过乐器听雨筒自由地探索音乐的节奏"慢与快"的特点。

教师:怎样用听雨筒跟着音乐一起表演呢?(引导幼儿反复玩耍,表现出音乐的节奏)

提示:可以改变表演队形,围桌游玩或者围大圈表演音乐,也可以把乐器替换成其他材料。

四 活动延伸

掌握了歌曲节奏和大致内容后,可以在餐前、放学前,反复演唱歌曲。

歌曲打击乐活动《小乐队》

备注:乐感强的班级,直接上歌唱活动的教案;乐感弱的班级上歌曲打击乐活动的教案,再反复熟悉演唱即可。

音乐素养

乐段:前奏+歌词+间奏+歌词+尾奏。

节奏:四二拍“X X | X X X |(哒哒 | 哒哒哒 |)”的节奏型。

乐器:环保摇铃(也可以使用其他乐器)。

情境:根据歌词内容扮演小猫、小狗、小鸭表演。

一 活动目标

1. 喜欢跟着歌词扮演不同的动物玩耍游戏。
2. 基本能用环保摇铃为四二拍歌曲《动物乐队》进行伴奏表演。
3. 初步感知音乐中的“X X | X X X |(哒哒 | 哒哒哒 |)”的节奏型。

二 活动准备

1. 场景准备:围桌而坐、围成半圆皆可。
2. 物质准备:教学多媒体资源包;小猫、小狗、小鸭的图卡;乐器环保摇铃。
3. 经验准备:知道小猫、小狗、小鸭的叫声。

三 活动过程

♫立体感知

1.全屏播放“立体感知”的动画导入，通过视觉与听觉学习激发幼儿对“动物乐队”的音乐情境主题的活动兴趣。

教师：你看到了哪些小动物？（引导幼儿通过动画，初步感知歌曲内容）

2.第二次播放，缩小视频，引导幼儿专注倾听歌曲内容。

教师：听一听，谁先出来，谁最后出来？（教师可用“小猫”“小狗”“小鸭”的口令进行提示）

3.第三次播放，缩小视频，引导幼儿运用自己的肢体摆动来跟着音乐动一动，呈现出对音乐节奏的初步感知。

教师：你可以用什么样的身体动作为歌曲伴奏呢？（可以运用拍手、拍肩等多种声势动作）

提示：通过动画的导入，引导幼儿用视觉、听觉、运动觉的多维学习方式初步感受歌曲中的内容，为“具身融入”“自主探索”的游戏环节打下坚实的基础。

♫具身融入与自主探索

1.通过基本的情境，初步尝试理解音乐的旋律。

（1）播放“具身融入”的第一页课件，通过玩耍游戏“我是动物歌唱家”，在脑海里清晰地再现本次活动的情境。

教师：用什么样的动作表示小猫、小狗、小鸭呢？（引导幼儿在原位自主探索游戏的动作）

（2）播放“具身融入”的旋律课件，引导幼儿通过情境理解音乐的不同旋律。

教师：可以用什么样的动作和声音表示小猫、小狗、小鸭呢？（引导幼儿在原位自主探索不同表现动作）

（3）再次播放本页的音乐，可以结合“自主探索”的视频呈现。

教师：3种动物是怎样跟着音乐的节拍发出声音的？（引导幼儿在原位自主探索动物叫声时的节奏）

提示：通过动物的情境代入，玩耍3遍左右，让幼儿对音乐的旋律有了初步的理解。

2.情境及动作的创造——通过不同的情境内容，巩固对音乐强拍的感知与理解。

（1）播放“具身融入”课件，结合“自主探索”中的视频呈现。此阶段为多元的探索过程，通过情境提示来探索游戏，从而更加深入地理解达成预设目标。

教师：你还可以用什么不同的动作为歌曲伴舞？（引导幼儿探索出用双人游戏、小组游

戏、集体游戏等不同的游戏动作)

(2)再次播放音乐,扩大表演空间,丰富表演内容,表现出音乐的节奏特点。

教师:这首歌曲动物们叫声的节奏是怎样的?我们可以怎样用动作来表现动物们的叫声节奏呢?

提示:通过游戏中对节奏的感知,幼儿基本理解了音乐的节奏。

♫多元展现

通过乐器来表达音乐。

1.出示乐器环保摇铃,介绍乐器的名称及演奏方法。

教师:这是什么乐器呢?他会发出哪些声音?是怎么使用的呢?

2.播放“多元展现”课件,通过乐器环保摇铃自由地探索音乐的节奏特点。

教师:怎样用环保摇铃跟着音乐一起表演呢?(引导幼儿反复玩要,表现出音乐的节奏)

提示:可以改变表演队形,围桌游玩或者围大圈表演音乐,也可以把乐器替换成其他材料。

四 活动延伸

掌握了歌曲节奏和大致内容后,可以在餐前、放学前,反复演唱歌曲。

歌曲打击乐活动《毛毛虫变蝴蝶》

备注：乐感强的班级，直接上歌唱活动的教案；乐感弱的班级上歌曲打击乐活动的教案，再反复熟悉演唱即可。

音乐素养

乐段：歌词+间奏+歌词。

乐器：小木沙筒（也可以使用其他难度适宜的乐器）。

情境：根据歌词内容扮演毛毛虫变蝴蝶的过程。

一 活动目标

1. 喜欢与同伴一起跟着音乐玩耍“毛毛虫变蝴蝶”的游戏，感受音乐活动的快乐。
2. 基本能用小木沙筒配合动作根据音乐的歌词内容进行表演。
3. 通过音乐活动，了解毛毛虫“破茧成蝶”的过程。

二 活动准备

1. 场景准备：围桌而坐、围成半圆皆可。
2. 物质准备：教学多媒体资源包；乐器小木沙筒。
3. 经验准备：知道毛毛虫爬行和蝴蝶飞翔的动作。

三 活动过程

立体感知

1. 全屏播放“立体感知”的动画导入，通过视觉与听觉学习激发幼儿对“毛毛虫变蝴蝶”的音乐情境主题的活动兴趣。

教师：你看到了什么？(引导幼儿通过动画，初步感知歌曲内容)

2. 第二次播放，缩小视频，引导幼儿专注倾听歌曲内容。

教师：听一听，毛毛虫变成了什么？(教师可用“毛毛虫”“蝴蝶”的口令进行提示)

3. 第三次播放，缩小视频，引导幼儿运用自己的肢体摆动来跟着音乐动一动，呈现出对音乐节奏的初步感知。

教师：你可以用什么样的身体动作为歌曲伴奏呢？(可以运用拍手、拍肩等多种声势动作)

提示：通过动画的导入，引导幼儿用视觉、听觉、运动觉的多维学习方式初步感受歌曲中的内容，为“具身融入”“自主探索”的游戏环节打下坚实的基础。

具身融入与自主探索

1. 通过基本的情境，初步尝试理解音乐的旋律。

(1)播放“具身融入”的第一页课件，通过玩耍游戏“毛毛虫变蝴蝶”，在脑海里清晰地再现本次活动的情境。

教师：可以用什么动作表示慢慢爬的毛毛虫呢？(引导幼儿在原位自主探索毛毛虫爬的节奏)

(2)播放“具身融入”的旋律课件，引导幼儿通过情境理解音乐的不同旋律。

教师：可以用什么样的动作表示蝴蝶飞呢？(引导幼儿在原位自主探索蝴蝶飞的节奏)

(3)再次播放本页的音乐，可以结合“自主探索”的视频呈现。

教师：毛毛虫是怎样长大变蝴蝶的？(引导幼儿在原位自主探索间奏变化的过程)

提示：通过毛毛虫变蝴蝶的情境代入，玩耍3遍左右，让幼儿对音乐的旋律节奏有了初步的理解。

2. 情境及动作的创造——通过不同的情境内容，巩固对音乐强拍的感知与理解。

(1)播放“具身融入”课件，结合“自主探索”中的视频呈现。此阶段为多元的探索过程，通过情境提示来探索游戏，从而更加深入地理解达成预设目标。

教师：你愿意扮演毛毛虫还是蝴蝶呢，动作有什么不同？(引导幼儿探索出用双人游戏、小组游戏、集体游戏等不同的游戏动作)

(2)再次播放音乐,扩大表演空间,丰富表演内容,表现出音乐的节奏特点。

教师:这首歌曲的节奏是怎样的,我们可以怎样用动作表现出节奏内容?

提示:通过游戏中对节奏的感知,让幼儿基本理解了音乐的强拍。

♫多元展现

通过乐器来表达音乐。

1.出示乐器小木沙筒,介绍乐器的名称及演奏方法。

教师:这是什么乐器呢?他会发出哪些声音?是怎么使用的呢?

2.播放“多元展现”课件,通过乐器小木沙筒自由地探索音乐的强拍特点。

教师:怎样用小木沙筒跟着音乐一起表演呢?(引导幼儿反复玩耍,表现出音乐的节奏)

提示:可以改变表演队形,围桌游玩或者围大圈表演音乐,也可以把乐器替换成其他材料。

四 活动延伸

掌握了歌曲节奏和大致内容后,可以在餐前、放学前,反复演唱歌曲。

歌曲打击乐活动《叮叮与咚咚》

备注:乐感强的班级,直接上歌唱活动的教案;乐感弱的班级上歌曲打击乐活动的教案,再反复熟悉演唱即可。

音乐素养

乐器演奏方式:敲奏与圈奏。

节拍:四二拍。

乐器:三角铁。

情境:叮叮和咚咚飞走又回来的故事。

一 活动目标

1.通过“小鸟叮叮与咚咚”的音乐游戏,萌发对小鸟的喜爱,感受音乐活动的乐趣。

2.基本能用三角铁敲奏和圈奏的方式根据四二拍音乐的节奏进行表演。

3.大胆想象游戏内容,积极与同伴一起创造性地扮演小鸟玩耍游戏。

二 活动准备

1.场景准备:围桌而坐、围成半圆皆可。

2.物质准备:教学多媒体资源包;乐器三角铁。

3.经验准备:知道表示小鸟的手势及表示小鸟飞翔的动作。

三 活动过程

♫立体感知

1.全屏播放“立体感知”的动画导入,通过视觉与听觉学习激发幼儿对“叮叮与咚咚”的音乐情境主题的活动兴趣。

教师:我想知道歌曲中出现了几只小鸟呢?(引导幼儿通过动画,初步感知歌曲内容)

2.第二次播放,缩小视频,引导幼儿专注倾听歌曲内容。

教师:听一听,分别是谁先出来? 又是谁后出来呢?(教师可用“叮叮”“咚咚”的口令进行提示)

3.第三次播放,缩小视频,引导幼儿运用自己的肢体摆动来跟着音乐动一动,呈现出对音乐节奏的初步感知。

教师:你可以用什么样的身体动作为歌曲伴奏呢?(可以运用拍手、拍肩等多种声势动作)

提示:通过动画的导入,引导幼儿用视觉、听觉、运动觉的多维学习方式初步感受歌曲中的内容,为“具身融入”“自主探索”的游戏环节打下坚实的基础。

♫具身融入与自主探索

1.通过基本的情境,初步尝试理解音乐的旋律。

(1)播放“具身融入”的第一页课件,通过玩耍游戏“小鸟叮叮与咚咚”,在脑海里清晰地再现本次活动的情境。

教师:用什么样的动作表示叮叮飞走又回来呢?(引导幼儿在原位自主探索叮叮的游戏动作)

(2)播放“具身融入”的旋律课件,引导幼儿通过情境理解音乐的不同旋律。

教师:可以用什么样的动作表示咚咚飞走又回来呢?(引导幼儿在原位自主探索咚咚的游戏动作)

(3)再次播放本页的音乐,可以结合“自主探索”的视频呈现。

教师:叮叮与咚咚谁先飞走? 谁先回来?(引导幼儿在原位自主探索叮叮与咚咚飞走回来的顺序)

提示:通过小鸟的角色代入,玩耍3遍左右,让幼儿对音乐的旋律有了初步的理解。

2.情境及动作的创造——通过不同的情境内容,巩固对音乐强拍的感知与理解。

(1)播放“具身融入”课件,结合“自主探索”中的视频呈现,此阶段为多元的探索过程,通过情境提示来探索游戏,从而更加深入地理解达成预设目标。

教师:你还可以用什么不同的动作为歌曲伴舞?(引导幼儿探索出用双人游戏、小组游

戏、集体游戏等不同的游戏动作)

(2)再次播放音乐,扩大表演空间,丰富表演内容,表现出音乐的节奏特点。

教师:我们可以怎样用动作去表现音乐呢?

提示:通过游戏中对节奏的感知,幼儿基本理解了音乐的节奏。

♫多元展现

通过乐器来表达音乐。

1.出示乐器三角铁,介绍乐器的名称及演奏方法。

教师:这是什么乐器呢?他会发出哪些声音?是怎么使用的呢?

2.播放“多元展现”课件,通过乐器三角铁自由地探索音乐的节奏特点。

教师:怎样用三角铁跟着音乐一起表演呢?(引导幼儿反复玩耍,表现出音乐的节奏)

提示:可以改变表演队形,围桌游玩或者围大圈表演音乐,也可以把乐器替换成其他材料。

四 活动延伸

掌握了歌曲节奏和大致内容后,可以在餐前、放学前,反复演唱歌曲。

歌曲打击乐活动《大鼓与小鼓》

备注：乐感强的班级，直接上歌唱活动的教案；乐感弱的班级上歌曲打击乐活动的教案，再反复熟悉演唱即可。

音乐素养

乐曲表现：大鼓与小鼓。

节奏：大鼓“X X |”；小鼓“X X X |”。

乐器：大鼓或者铃鼓（也可以使用其他难度适宜的乐器）。

情境：玩“敲大鼓和小鼓”的游戏。

一 活动目标

1. 喜欢与同伴一起玩耍“敲大鼓与小鼓”的游戏，感受音乐活动的快乐。
2. 基本能用鼓演奏出四二拍的不同节奏型。
3. 专注倾听音乐的节奏变化，积极与同伴一起配合表演。

二 活动准备

1. 场景准备：围桌而坐、围成半圆皆可。
2. 物质准备：教学多媒体资源包；乐器大鼓或者铃鼓。
3. 经验准备：知道四二拍的“X X | 咚咚 |”及“X X X | 咚咚咚 |”的两种不同节奏型。

三 活动过程

立体感知

1.全屏播放“立体感知”的动画导入,通过视觉与听觉学习激发幼儿对“大鼓与小鼓”的音乐情境主题的活动兴趣。

教师:你看见了什么?(引导幼儿通过动画,初步感知歌曲内容)

2.第二次播放,缩小视频,引导幼儿专注倾听歌曲内容。

教师:听一听,歌曲中先唱的大鼓还是小鼓?(教师可用“大鼓”“小鼓”的口令进行提示)

3.第三次播放,缩小视频,引导幼儿运用自己的肢体摆动来跟着音乐动一动,呈现出对音乐节奏的初步感知。

教师:你可以用什么样的身体动作为歌曲伴奏呢?(可以运用拍手、拍肩等多种声势动作)

提示:通过动画的导入,引导幼儿用视觉、听觉、运动觉的多维学习方式初步感受歌曲中的内容,为“具身融入”“自主探索”的游戏环节打下坚实的基础。

具身融入与自主探索

1.通过基本的情境,初步尝试理解音乐的旋律。

(1)播放“具身融入”的第一页课件,通过玩耍游戏“敲大鼓与小鼓”,在脑海里清晰地再现本次活动的情境。

教师:大鼓是怎么敲的呢?(引导幼儿在原位自主探索大鼓“咚咚”的节奏动作)

(2)播放“具身融入”的旋律课件,引导幼儿通过情境理解音乐的不同旋律。

教师:小鼓是怎么敲的呢?(引导幼儿在原位自主探索小鼓“咚咚咚”的节奏动作)

(3)再次播放本页的音乐,可以结合“自主探索”的视频呈现。

教师:大鼓小鼓连起来是怎么敲的?(引导幼儿在原位自主探索“咚咚、咚咚咚”的节奏动作)

提示:通过敲鼓的情境游戏代入,玩耍3遍左右,让幼儿对音乐的旋律有了初步的理解。

2.情境及动作的创造——通过不同的情境内容,巩固对音乐强拍的感知与理解。

(1)播放“具身融入”课件,结合“自主探索”中的视频呈现。此阶段为多元的探索过程,通过情境提示来探索游戏,从而更加深入地理解达成预设目标。

教师:你还可以用什么不同的动作为歌曲伴舞?(引导幼儿探索出用双人拍手游戏、小

组拍桌游戏、集体敲凳子的游戏等不同的节奏动作)

(2)再次播放音乐,扩大表演空间,丰富表演内容,表现出音乐的节奏特点。

教师:这首歌中大鼓敲的节奏是怎样的?小鼓敲的节奏是怎样的?我们怎样利用教室的物体,把这个节奏表现出来呢?

提示:通过游戏中对节奏的感知,幼儿基本理解四二拍音乐的两种节奏型。

♫多元展现

通过乐器来表达音乐。

1.出示乐器大鼓或铃鼓,介绍乐器的名称及演奏方法。

教师:这是什么乐器呢?他会发出哪些声音?是怎么使用的呢?

2.播放“多元展现”课件,通过乐器大鼓或铃鼓自由地探索四二拍音乐的两种节奏型。

教师:怎样用大鼓或铃鼓跟着音乐一起表演呢?(引导幼儿反复玩耍,表现出音乐的节奏)

提示:可以改变表演队形,围桌游玩或者围大圈表演音乐,也可以把乐器替换成其他材料。

四 活动延伸

掌握了歌曲节奏和大致内容后,可以在餐前、放学前,反复演唱歌曲。

歌曲打击乐活动《大巨人与小矮人》

备注：乐感强的班级，直接上歌唱活动的教案；乐感弱的班级上附录4中的歌曲打击乐活动的教案，再反复熟悉演唱即可。

音乐素养

乐曲表现：大巨人和小矮人。

节拍：强拍——***f***，弱拍——***p***。

乐器：花鼓铃（也可以使用其他难度适宜的乐器）。

情境：变成大巨人和小矮人的故事。

一 活动目标

1. 喜欢与同伴一起玩耍“变成大巨人与小矮人”的游戏，感受音乐活动带来的乐趣。
2. 基本能用花鼓铃根据歌词变化的节奏特点进行表演。
3. 初步认识音乐的强拍——***f***，弱拍——***p***。

二 活动准备

1. 场景准备：围桌而坐、围成半圆皆可。
2. 物质准备：教学多媒体资源包；乐器花鼓铃。
3. 经验准备：理解强拍对应大声，弱拍对应小声。

三 活动过程

♫立体感知

1.全屏播放“立体感知”的动画导入,通过视觉与听觉学习激发幼儿对“大巨人与小矮人”的音乐情境主题的活动兴趣。

教师:你看见了什么?(引导幼儿通过动画,初步感知歌曲内容)

2.第二次播放,缩小视频,引导幼儿专注倾听歌曲内容。

教师:听一听,音乐里面唱了哪两种人?(教师可用“大巨人”“小矮人”的口令进行提示)

3.第三次播放,缩小视频,引导幼儿运用自己的肢体摆动来跟着音乐动一动,呈现出对音乐节奏的初步感知。

教师:你可以用什么样的身体动作为歌曲伴奏呢?(可以运用拍手、拍肩等多种声势动作)

提示:通过动画的导入,引导幼儿用视觉、听觉、运动觉的多维学习方式初步感受歌曲中的内容,为“具身融入”“自主探索”的游戏环节打下坚实的基础。

♫具身融入与自主探索

1.通过基本的情境,初步尝试理解音乐的旋律。

(1)播放“具身融入”的第一页课件,通过玩耍“变成大巨人和小矮人”的游戏,在脑海里清晰地再现本次活动的情境。

教师:大巨人可以用什么动作表示?(引导幼儿在原位自主探索大巨人的动作)

(2)播放“具身融入”的旋律课件,引导幼儿通过情境理解音乐的不同旋律。

教师:小矮人可以用什么动作表示?(引导幼儿在原位自主探索小矮人的动作)

(3)再次播放本页的音乐,可以结合“自主探索”的视频呈现。

教师:大巨人和小矮人的声音有什么不同?(引导幼儿自主探索“强与弱”对应的动作)

提示:通过大巨人与小矮人的情境游戏代入,玩耍3遍左右,让幼儿对音乐的旋律有了初步的理解。

2.情境及动作的创造——通过不同的情境内容,巩固对音乐强拍的感知与理解。

(1)播放“具身融入”课件,结合“自主探索”中的视频呈现。此阶段为多元的探索过程,通过情境提示来探索游戏,从而更加深入地理解达成预设目标。

教师:“变成大巨人和小矮人”游戏的大巨人和小矮人可以怎么跟着音乐节奏表现呢?(引导幼儿探索出在歌词变成大巨人与小矮人的动作对比与节奏表现)

(2)再次播放音乐,扩大表演空间,丰富表演内容,表现出音乐的节奏特点。

教师:多人合作,怎样变成大巨人与小矮人呢?(引导幼儿探索双人、小组、多人的节奏动作)

提示:通过游戏中对节奏的感知,让幼儿基本理解音乐中强拍——***f***,弱拍——***p***的节奏特点。

♫多元展现

通过乐器来表达音乐。

1.出示乐器花鼓铃,介绍乐器的名称及演奏方法。

教师:这是什么乐器呢?他会发出哪些声音?是怎么使用的呢?

2.播放“多元展现”课件,通过乐器花鼓铃自由地探索音乐中出现的节奏点。

教师:怎样用花鼓铃跟着音乐一起表演呢?大巨人使用花鼓铃的声音和小矮人使用花鼓铃的声音是怎样的?(引导幼儿反复玩耍,表现出音乐的节奏)

提示:可以改变表演队形,围桌游玩或者围大圈表演音乐,也可以把乐器替换成其他材料。

四 活动延伸

掌握了歌曲节奏和大致内容后,可以在餐前、放学前,反复演唱歌曲。

歌曲打击乐活动《小雨点跳舞》

备注：乐感强的班级，直接上歌唱活动的教案；乐感弱的班级上歌曲打击乐活动的教案，再反复熟悉演唱即可。

音乐素养

乐曲表现：小雨点在哪里跳舞？滴答，滴答。

节拍：四三拍。

节奏："X X 0 |"。

乐器：单响筒（也可以使用其他难度适宜的乐器）。

情境：小雨点在哪里跳舞的歌舞游戏。

一 活动目标

1. 喜欢倾听歌曲《小雨点跳舞》，积极玩耍音乐游戏，感受音乐游戏的快乐。
2. 基本能用单响筒按四三拍音乐"X X 0 |"的节奏特点进行表演。
3. 积极与同伴一起扮演小雨点参与游戏，大胆想象情境内容，专注倾听音乐并表达。

二 活动准备

1. 场景准备：围桌而坐、围成半圆皆可。
2. 物质准备：教学多媒体资源包；乐器单响筒。
3. 经验准备：在花朵上、玻璃上、鞋子上、雨伞上等多处场景见过小雨点。

三 活动过程

♫立体感知

1.全屏播放“立体感知”的动画导入，通过视觉与听觉学习激发幼儿对“小雨点跳舞”的音乐情境主题的活动兴趣。

教师：你看见了什么？（引导幼儿通过动画，初步感知歌曲内容）

2.第二次播放，缩小视频，引导幼儿专注倾听歌曲内容。

教师：听一听，歌曲中小雨点落下是什么样的声音。（教师可用“滴答”的口令进行提示）

3.第三次播放，缩小视频，引导幼儿运用自己的肢体摆动来跟着音乐动一动，呈现出对音乐节奏的初步感知。

教师：你可以用什么样的身体动作为歌曲伴奏呢？（可以运用拍手、拍肩等多种声势动作）

提示：通过动画的导入，引导幼儿用视觉、听觉、运动觉的多维学习方式初步感受歌曲中的内容，为“具身融入”“自主探索”的游戏环节打下坚实的基础。

♫具身融入与自主探索

1.通过基本的情境，初步尝试理解音乐的旋律。

（1）播放“具身融入”的第一页课件，通过玩耍游戏“扮演成小雨点跳舞”，在脑海里清晰地再现本次活动的情境。

教师：小雨点是怎样跳舞的呢？（引导幼儿在原位自主探索小雨点跳舞的动作）

（2）播放“具身融入”的旋律课件，引导幼儿通过情境理解音乐的不同旋律。

教师：小雨点落下的滴答声可以怎样用动作表示？（引导幼儿在原位自主探索滴答的节奏动作）

（3）再次播放本页的音乐，可以结合“自主探索”的视频呈现。

教师：雨点“啦啦啦”唱歌时可以用什么动作表示？（引导幼儿自主探索“啦啦啦”的动作）

提示：通过小雨点跳舞的情境游戏代入，玩耍3遍左右，让幼儿对音乐的旋律有了初步的理解。

2.情境及动作的创造——通过不同的情境内容，巩固对音乐强拍的感知与理解。

（1）播放“具身融入”课件，结合“自主探索”中的视频呈现。此阶段为多元的探索过程，通过情境提示来探索游戏，从而更加深入地理解达成预设目标。

教师：你还可以用什么不同的动作为歌曲伴舞？（引导幼儿探索出用双人游戏、小组游

戏、集体的游戏等不同的节奏动作）

(2)再次播放音乐，扩大表演空间，丰富表演内容，表现出音乐的节奏特点。

教师：我们怎样通过不同的动作，把“滴答”的节奏表现出来呢？

提示：通过游戏中对节奏的感知，幼儿基本理解音乐中滴答的节奏。

♫多元展现

通过乐器来表达音乐。

1.出示乐器单响筒，介绍乐器的名称及演奏方法。

教师：这是什么乐器呢？它会发出哪些声音？是怎么使用的呢？

2.播放“多元展现”课件，通过乐器单响筒自由地探索音乐中滴答出现的节奏。

教师：怎样用单响筒跟着音乐一起表演呢？(引导幼儿反复玩耍，表现出音乐的节奏)

提示：可以改变表演队形，围桌游玩或者围大圈表演音乐，也可以把乐器替换成其他材料。

四 活动延伸

1.掌握了歌曲节奏和大致内容后，可以在餐前、放学前，反复演唱歌曲。

2.科学探索区：探究小雨点掉在不同地方后的变化，比如掉在五彩的水池里，浴缸里，花伞上等。

3.表演区：根据不同的情境表演小雨点在不同的地方跳舞的样子。

歌曲打击乐活动《老巫婆的汤》

备注：乐感强的班级，直接上歌唱活动的教案；乐感弱的班级上歌曲打击乐活动的教案，再反复熟悉演唱即可。

音乐素养

节奏型：“X – X – | X – X – |”。

节拍：四四拍。

乐器：棒棒糖鼓（也可以使用其他难度适宜的乐器）。

情境：《老巫婆的汤》的情境故事。

一 活动目标

1. 喜欢倾听歌曲《老巫婆的汤》，乐于用乐器大胆、独立地表演，体验音乐活动的快乐。
2. 基本能用棒棒糖鼓根据四四拍音乐“X – X – | X – X – |”的节奏表演。
3. 大胆想象音乐中煮的各种食物，积极与同伴分享表达。

二 活动准备

1. 场景准备：围桌而坐、围成半圆皆可。
2. 物质准备：教学多媒体资源包；乐器棒棒糖鼓。
3. 经验准备：知道四四拍的节奏。

三 活动过程

♫立体感知

1.全屏播放“立体感知”的动画导入，通过视觉与听觉学习激发幼儿对“老巫婆的汤”的音乐情境主题的活动兴趣。

教师：你看见了什么？（引导幼儿通过动画，初步感知歌曲内容）

2.第二次播放，缩小视频，引导幼儿专注倾听歌曲内容。

教师：听一听，谁在熬汤？她是什么样的形象？（教师可用老巫婆夸张的动作进行提示）

3.第三次播放，缩小视频，引导幼儿运用自己的肢体摆动来跟着音乐动一动，呈现出对音乐节奏的初步感知。

教师：你可以用什么样的身体动作为歌曲伴奏呢？（可以运用拍手、拍肩等多种声势动作）

提示：通过动画的导入，引导幼儿用视觉、听觉、运动觉的多维学习方式初步感受歌曲中的内容，为“具身融入”“自主探索”的游戏环节打下坚实的基础。

♫具身融入与自主探索

1.通过基本的情境，初步尝试理解音乐的旋律。

（1）播放“具身融入”的第一页课件，通过玩耍游戏“扮演成老巫婆熬汤”，在脑海里清晰地再现本次活动的情境。

教师：老巫婆熬汤可以用什么动作表示？（引导幼儿在原位自主探索老巫婆熬汤的动作）

（2）播放“具身融入”的旋律课件，引导幼儿通过情境理解音乐的不同旋律。

教师：“在汤里放点什么才好喝呢”可以用什么动作表示？（引导幼儿在原位自主探索思考的动作）

（3）再次播放本页的音乐，可以结合“自主探索”的视频呈现。

教师：在汤里放各种食物可以用什么动作表示？（引导幼儿自主探索“放食物”的各种动作）

提示：通过“扮演成老巫婆熬汤”的情境游戏代入，玩耍3遍左右，让幼儿对音乐的旋律有了初步的理解。

2.情境及动作的创造——通过不同的情境内容，巩固对音乐强拍的感知与理解。

（1）播放“具身融入”课件，结合“自主探索”中的视频呈现。此阶段为多元的探索过

程,通过情境提示来探索游戏,从而更加深入地理解达成预设目标。

教师:你准备在汤里放点什么呢?请大声跟着节奏说出来。(引导幼儿探索出放南瓜、鸡蛋、花菜、土豆、牛肉等不同食物的同一节奏动作)

(2)再次播放音乐,扩大表演空间,丰富表演内容,表现出音乐的节奏特点。

教师:我们怎样通过不同的动作,把“熬汤”的节奏表现出来呢?

提示:通过游戏中对节奏的感知,幼儿基本理解音乐中四四拍的节奏。

多元展现

通过乐器来表达音乐。

1.出示乐器棒棒糖鼓,介绍乐器的名称及演奏方法。

教师:这是什么乐器呢?他会发出哪些声音?是怎么使用的呢?

2.播放“多元展现”课件,通过乐器棒棒糖鼓自由地探索音乐中四四拍的节奏。

教师:怎样用棒棒糖鼓跟着音乐一起表演呢?(引导幼儿反复玩耍,表现出音乐的节奏)

提示:可以改变表演队形,围桌游玩或者围大圈表演音乐,也可以把乐器替换成其他材料。

四 活动延伸

掌握了歌曲节奏和大致内容后,可以在餐前、放学前,反复演唱歌曲。

歌曲打击乐活动《咙咚呛》

备注：乐感强的班级，直接上歌唱活动的教案；乐感弱的班级上歌曲打击乐活动的教案，再反复熟悉演唱即可。

音乐素养

乐段：前奏+歌词+间奏+歌词+尾奏。

节奏：歌词“呛”时，演奏铜镲。

乐器：铜镲（也可以使用其他乐器）。

情境：歌曲《咙咚呛》的歌词故事。

一 活动目标

1. 喜欢与同伴一起玩耍“咙咚呛”的游戏，感受音乐活动的乐趣。
2. 基本能用铜镲根据歌词中出现“呛”时有节奏地表演。
3. 初步认识乐器铜镲以及掌握其演奏方式。

二 活动准备

1. 场景准备：围桌而坐、围成半圆皆可。
2. 物质准备：教学多媒体资源包；乐器铜镲。
3. 经验准备：知道咙咚呛是敲锣打鼓的意思。

三 活动过程

♫立体感知

1.全屏播放“立体感知”的动画导入,通过视觉与听觉学习激发幼儿对“咙咚呛”的音乐情境主题的活动兴趣。

教师:你看见了什么?(引导幼儿通过动画,初步感知歌曲内容)

2.第二次播放,缩小视频,引导幼儿专注倾听歌曲内容。

教师:听一听,他们在过新年的时候玩了什么呢?(教师可用“呛”的敲锣口令进行提示)

3.第三次播放,缩小视频,引导幼儿运用自己的肢体摆动来跟着音乐动一动,呈现出对音乐节奏的初步感知。

教师:你可以用什么样的身体动作为歌曲伴奏呢?(可以运用拍手、拍肩等多种声势动作)

提示:通过动画的导入,引导幼儿用视觉、听觉、运动觉的多维学习方式初步感受歌曲中的内容,为“具身融入”“自主探索”的游戏环节打下坚实的基础。

♫具身融入与自主探索

1.通过基本的情境,初步尝试理解音乐的旋律。

(1)播放“具身融入”的第一页课件,通过玩要“在新年敲锣打鼓”的游戏,在脑海里清晰地再现本次活动的情境。

教师:咙咚呛可以用什么动作表示?(引导幼儿在原位自主探索咙咚呛的动作)

(2)播放“具身融入”的旋律课件,引导幼儿通过情境理解音乐的不同旋律。

教师:咙咚呛出现了多少次呢? 还可以怎样用动作表示?(引导幼儿原位探索每段6次的动作)

(3)再次播放本页的音乐,可以结合“自主探索”的视频呈现。

教师:过新年和多快乐可以怎样表示?(引导幼儿自主探索“过新年”的各种动作)

提示:通过欢度新年的情境游戏代入,玩要3遍左右,让幼儿对音乐的旋律有了初步的理解。

2.情境及动作的创造——通过不同的情境内容,巩固对音乐强拍的感知与理解。

(1)播放“具身融入”课件,结合“自主探索”中的视频呈现。此阶段为多元的探索过程,通过情境提示来探索游戏,从而更加深入地理解达成预设目标。

教师:过新年会玩什么游戏呢? 请大声跟着咙咚呛的节奏说出来。(引导幼儿探索出在歌词“咙咚咙咚呛”出现时,放烟花、跳绳、贴对联等热闹的新年游戏)

(2)再次播放音乐,扩大表演空间,丰富表演内容,表现出音乐的节奏特点。

教师:我们怎样通过不同的动作,把“热闹非凡的新年”表现出来呢?

提示:通过游戏中对节奏的感知,幼儿基本理解音乐中“呛”出现的节奏点。

♫多元展现

通过乐器来表达音乐。

1.出示乐器铜镲,介绍乐器的名称及演奏方法。

教师:这是什么乐器呢?他会发出哪些声音?是怎么使用的呢?

2.播放“多元展现”课件,通过乐器铜镲自由地探索音乐中“呛”出现的节奏点。

教师:怎样用铜镲跟着音乐一起表演呢?(引导幼儿反复玩耍,表现出音乐的节奏)

提示:可以改变表演队形,围桌游玩或者围大圈表演音乐,也可以把乐器替换成其他材料。

四 活动延伸

掌握了歌曲节奏和大致内容后,可以在餐前、放学前,反复演唱歌曲。

歌曲打击乐活动《农场里动物多》

备注：乐感强的班级，直接上歌唱活动的教案；乐感弱的班级上歌曲打击乐活动的教案，再反复熟悉演唱即可。

音乐核心经验

节奏型："X X X | X X X | X X X X | X X X |"。

节拍：四二拍。

乐器：快板（也可以使用其他难度适宜的乐器）。

情境：农场里的不同动物在唱歌。

一 活动目标

1. 喜欢倾听音乐《农场里动物多》，乐于用乐器为歌曲伴奏。
2. 基本能用快板为四二拍歌曲《农场里动物多》进行伴奏表演。
3. 初步感知"X X X | X X X | X X X X | X X X |"的节奏型。

二 活动准备

1. 场景准备：围桌而坐、围成半圆皆可。
2. 物质准备：乐器快板；建议教师自备纸质节奏卡片。
3. 经验准备：知道不同动物的叫声。

三 活动过程

♫立体感知

1.全屏播放“立体感知”的动画导入，通过视觉与听觉学习激发幼儿对“农场里动物多”的音乐情境主题的活动兴趣。

教师：你看到了什么？（引导幼儿通过动画，初步感知歌曲内容）

2.第二次播放，缩小视频，引导幼儿专注倾听歌曲内容。

教师：听一听，这些动物谁先出来，谁后出来？（教师可用“公鸡”“老牛”“百灵鸟”“鸭子”等口令进行提示）

3.第三次播放，缩小视频，引导幼儿运用自己的肢体摆动来跟着音乐动一动，呈现出对音乐节奏的初步感知。

教师：你可以用什么样的身体动作来为歌曲伴奏呢？（可以运用拍手、拍肩等多种声势动作）

提示：通过动画的导入，引导幼儿用视觉、听觉、运动觉的多维学习方式初步感受歌曲中的内容，为“具身融入”“自主探索”的游戏环节打下坚实的基础。

♫具身融入与自主探索

1.通过基本的情境，初步尝试理解音乐的旋律。

（1）播放“具身融入”的第一页课件，通过玩耍游戏“农场音乐节”，在脑海里清晰地再现本次活动的情境。

教师：可以用点头的方式有节奏地表示“农场里动物多，公鸡为我唱首歌”吗？（引导幼儿在原位有意识地感受音乐节奏）

（2）播放“具身融入”的旋律课件，引导幼儿通过情境理解音乐的节奏。

教师：你还可以用什么身体动作来表示“农场里动物多，公鸡为我唱首歌”？（引导幼儿在原位感受音乐节奏，自主探索不同表现动作）

（3）再次播放本页的音乐，可以结合“自主探索”的视频呈现。

教师：“农场里动物多”和“公鸡为我唱首歌”时的节拍是怎样的呢？你可以用拍手表现节拍吗？（引导幼儿在原位自主探索不同乐句的节奏）

提示：通过农场音乐节的情境代入，玩耍3遍左右，让幼儿对音乐的旋律有了初步的理解。

2.情境及动作的创造——通过不同的情境内容，巩固对音乐节奏的感知与理解。

（1）播放“具身融入”课件，结合“自主探索”中的视频呈现。此阶段为多元的探索过程，通过情境提示来探索游戏，从而更加深入地理解达成预设目标。

教师:你还可以用什么不同的节奏动作表示老牛、百灵鸟、鸭子?(引导幼儿探索出用不同动物的节奏动作)

(2)再次播放音乐,扩大表演空间,丰富表演内容,表现出音乐的节奏特点。

教师:你可以和伙伴一起表现出音乐的节奏吗?

提示:通过游戏中对音乐的感知,幼儿基本理解了音乐的四二拍的节奏。

♫多元展现

通过乐器来表达音乐。

1.出示乐器快板,介绍乐器的名称及演奏方法。

教师:这是什么乐器呢? 他会发出哪些声音? 是怎么使用的呢?

2.播放“多元展现”课件,通过乐器快板自由地探索音乐的节奏特点。

教师:怎样用快板跟着音乐一起表演呢?(引导幼儿反复玩耍,表现出音乐的节奏)

提示:可以改变表演队形,围桌游玩或者围大圈表演音乐,也可以把乐器替换成其他材料。

四 活动延伸

掌握了歌曲节奏和大致内容后,可以在餐前、放学前,反复演唱歌曲。